新中日文化交流史大系

编委会

国家出版基金项目
NATIONAL PUBLICATION FOUNDATION

圆仁《入唐求法巡礼行记》研究

葛继勇　齐会君　[日]河野保博　著
李雪花等　译

浙江人民出版社

总　序

中日文化交流的历史悠久而灿烂，历代名人辈出且留存史料丰赡，在中日两国学术界备受关注，多年来，该领域积淀了无数的学术研究成果。

日本学者辻善之助《增订海外交通史话》、藤田元春《上代日中交通史研究》、木宫泰彦《日中文化交流史》均出版于半个世纪前，这三部著作堪称中日文化交流史领域的先驱作品，至今仍有其重要意义。其中《日中文化交流史》经胡锡年翻译成中文后，更是对从事该领域研究的中国学者产生了莫大的影响。森克己围绕“宋日贸易”所著的《日宋贸易之研究》《续日宋贸易之研究》《续续日宋贸易之研究》《日宋文化交流之诸问题》四部扛鼎之作，搜集网罗该领域的基本史料，夯实了该领域的研究基础。田中健夫的《对外关系与文化交流》《中世对外关系史》等书聚焦元明时期，他继承了森克己的学术理念，着眼于东亚地区，促成了该领域的新发展。

此外，实藤惠秀研究清末时期的中国留学生（《中国人留学日本史》），大庭修研究江户时代中国书籍的流通（《江户时代中国典籍流播日本之研究》），池田温围绕法制研究中日交流史（《东亚文化交流史》），小曾户洋、真柳诚研究中日医学交流史（《汉方的历史》），等等。学者们均在各自的研究领域颇有建树，取得了不俗的成绩。近年来，这一领域的学术新人亦层出不穷，如森公章、山内晋次、田中史生、榎本涉、河野贵美子、河内春人等活跃在国际学术舞台，成果频出，备受瞩目。

回看中国，除了民国时期王辑五所著《中国日本交通史》，我国学者对这一领域的真正研究，始于1972年中日两国邦交正常化之后。

史学领域，汪向荣的《古代的中国与日本》与王晓秋的《近代中日文化交流史》发掘新资料、提出新见解，代表20世纪该领域的顶尖水平；杨栋梁主编六卷本《近代以来日本的中国观》，称得上是“从周边看中国”的佳作。

文学方面，20世纪末严绍璗的《中日古代文学关系史稿》与王晓平的《近代中日文学交流史稿》珠联璧合，以其宏大的视角与浑厚的国学底蕴，全面梳理中日文学交流千年史脉，至今仍被视作经典。

考古学分野，王维坤的《中日文化交流的考古学研究》以出土文物为据，实证中日文化交流史事；尤其是王仲殊，围绕“三角缘神兽镜”提出“东渡吴人制镜说”（《王仲殊文集》第二卷），在日本学界引起甚大反响。

思想史层面，王家骅的《儒家思想与日本文化》关注儒家思想在日本的变容，内容极富创见；刘岳兵的《明治儒学与近代日本》探究“西化”氛围中传统儒学的命运，提出富有挑战性的命题。

此外，来自中国台湾地区、香港地区、澳门地区的学者也是一股不可忽略的研究力量，如研究明代中日关系史的郑樑生，研究东亚教育圈的高明士，研究中日书籍翻译史的谭汝谦等人，都有丰硕的研究成果问世。

综上所述，在中日文化交流史领域，日本学者比中国学者早一步着手研究，凭借对基础史料的收集、整理、解读，在学界独领风骚多年。但近20年来，中国学者潜心研究，积极吸收国内外优秀研究成果，终于取得了飞跃性进步，研究水平达到国际水平，甚至在一些特定的“点”和“线”上有领先之势。

形成上述局面的原因主要有两点：首先，中国学者的汉语功底扎实，不仅能解读日本的汉语史料，还能从中国的历史文献与新出土文物资料中发掘新史料；其次，自1972年中日两国邦交正常化以来，留学日本后归国的中国学者大多数不仅有阅读日语文献资料的能力，还具备撰写外语论文及学术著作的水平。

这些年来，在从事中日文化交流史研究的中国学者中，有不少人因为其杰出的学术成果在国际学术界受到高度评价，甚至获得重量级学术奖项。如：王仲殊因对“三角缘神兽镜”的突破性研究，获得“福冈亚洲文化奖”；严安生因对日本留学精神史的精深研究，获得“大佛次郎奖”；严绍璗因在中日文学交流史领域的巨大贡献，获得“山片蟠桃文化奖”；王晓平因从事汉诗与和歌的比较研究，获得“NARA万叶世界奖”；王勇因提出“书籍之路”理论，获得“国际交流基金奖”；等等。

中日文化交流史为中日两国共有的研究主题，从事该领域研究的学者同人们交流互动亦非常频繁。20多年前，由浙江人民出版社推出的“中日文化交流史大系”正是其成果之一。

30年前的春日，我邀请中日比较文学界的国际知名学者中西进先生到杭州大学（现浙江大学）作专题讲座。讲座结束后，时任杭州大学校长沈善洪先生让我陪同中西进先生一同考察江南园林史迹。1991年5月18日，在无锡的一家酒店中，我与中西进先生共同商定了“中日文化交流史大系”的选题计划。该计划得到了许多同人的帮助，进展顺利。该丛书日文版定名为“日中文化交流史丛书”，自1995年7月起依次出版，共十卷；中文版定名为“中日文化交流史大系”，由浙江人民出版社于1996年11月一次性出版十卷。

此后20多年间，随着考古文物资料的出土及文献资料的不断发现，中日学术界的理念及研究方法也有新的发展，中日两国的人文学术交流更是不断深入。基于此，作为中日文化交流史的研究学者，我认为召集中日两国的学者重新审视两国之间文化交流历史的机缘已然成熟，也正是出版“新中日文化交流史大系”的最佳时机。

20多年前出版的“中日文化交流史大系”以专题史的形式，把全套书分为历史卷、法制卷、思想卷、宗教卷、民俗卷、艺术卷、科技卷、典籍卷、人物卷、文学卷等十卷，而每卷又都是由多人共同执笔的通史体裁著作。“新中日文化交流史大系”（第一辑）共有九卷，邀请了研究中日文化交流领域备受关注的学者，让其用通俗易懂的语言为读者讲述其最新的研究成果，力求做到“有趣有用”。

本丛书于2016年入选国家“‘十三五’国家重点出版物出版规划”，2020年入选国家出版基金资助项目。此外，本丛书还得到2017年度国家社科基金重大项目“中日合作版‘中日文化交流史丛书’”（首席专家：葛继勇）与浙江大学“双一流”项目“经典文化传承与引领——《东亚汉典》编纂与研究”（主持人：王勇）的支持。在此特别向支持本丛书的各单位和个人表示谢意。

悠久且灿烂的中日文化交流史，是世界文化交流互鉴历史中的瑰宝。希望本丛书能够为新型中日关系的构筑以及两国民众的相互理解略尽绵薄之力。是为序。

浙江大学日本文化研究所

王　勇

2021年10月1日

目　录

绪　论
研究对象、研究视角与内容构成

一
研究对象与研究视角

本书通过分析平安时代入唐日僧圆仁的在唐活动轨迹与交友情况，试以探明古代东亚的佛教交流实相，并以此来复原唐代中原交通线路。

众所周知，《入唐求法巡礼行记》（以下简称《巡礼行记》）四卷是慈觉大师圆仁入唐期间所作的游记，记述了作为入唐求法请益僧、巡礼僧的圆仁于承和五年（838）至十四年，历时9年7个月往来于中国各地的见闻。按现行行政区划来看，圆仁的足迹遍布江苏、山东、河北、山西、陕西、河南、安徽等省。他不仅曾逗留在包括唐朝三个都城（长安、洛阳、太原）在内的主要城市，甚至还探访过沿海村落。圆仁详细记录了漫长旅途中的所见所闻，除遣唐使、留学僧以及在唐新罗人的情况外，也不乏沿途唐代地域社会，包括内政、外交以及各地的礼节、习俗等多方面的内容。《巡礼行记》对于研究9世纪中日交流的具体情况，了解唐朝社会文化以及交通状况，都是不可多得的史料。《巡礼行记》不仅与入宋僧成寻的《参天台五台山记》、入明僧策彦周良的《入明记》并称为日本人所作的三大中国游记，也与唐僧玄奘的《大唐西域记》、威尼斯商人马可·波罗的《东方见闻录》并称世界三大游记。

《巡礼行记》详尽记载了唐代中国的政治、经济、宗教、社会文化、交通地理以及人员往来之事，备受学界关注。近年来，围绕其中所载唐代政治、经济、宗教等方面的研究硕果累累。[1]但是，对于社会文化、交通地理以及人员往来的研究尚不充分。其主要原因之一是对圆仁的交通路线勘察不足。笔者在校订《巡礼行记》文本的基础上探讨圆仁在唐活动情况，以期通过对其求法巡礼交通路线的实地踏勘，复原唐代交通路线，并由此探究唐代佛教信仰的实际情况及以中原地区为中心的交通状况、地域社会景观。

除入唐日本人的动向外，《巡礼行记》还记述了新罗、渤海的遣唐使及在唐新罗人、渤海僧的活动情况。其中揭示的9世纪国际关系、商品贸易和人员往来实际情况，是无法从其他史料中窥知的。在研究古代东亚交流、交通等方面，特别是对于研究在唐新罗人的活动据点新罗坊（村）、入唐日僧传递信息的媒介唐商船，《巡礼行记》都是不可或缺的史料。中日韩三国学者多聚焦于在唐新罗人对圆仁求法巡礼所起作用的相关研究，却鲜见论及圆仁和唐朝官员、僧侣的交友以及接受唐人援助之事。如本书所述，圆仁从长安启程时，唐朝官员杨敬之、杨鲁士等人予以大力援助。他们不仅赠送圆仁衣物、佛像、经卷等物品，还致信圆仁归途所经之处的地方长官，请求给予圆仁方便。因此，即

---

1 主要的研究成果有佐藤长门编《遣唐使と入唐僧の研究》（高志书院2015年版）中收录的《〈入唐求法巡礼行記〉関係文献目録（稿）》。另外，在近年有关圆仁的研究中，有铃木靖民编《円仁とその時代》（高志书院2009年版）和《円仁と石刻の史料学》（高志书院2011年版）、佐藤长门编《遣唐使と入唐僧の研究》和《古代東アジアの仏教交流》（勉诚出版2018年版）等成果。

便在会昌灭佛的严峻形势下，圆仁仍受到各地款待，在中原地区畅通无阻。由此，不仅可以了解经历长安激烈废佛运动的异国僧人圆仁得以顺利通行中原地区的原因，也能够探明当时中原地区的佛教信仰及社会的真实情况。

此外，据统计，《巡礼行记》所载圆仁在唐所作文书共计39件。但是，除了雷闻《唐代帖文的形态与运作》，樊文礼、史秀莲《唐代公牍文"帖"研究》，以及青木孝《円仁〈入唐求法巡礼行記〉の書状》之外，中日两国学界鲜有对《巡礼行记》所载圆仁在唐文书进行细致梳理，上述先行研究分别侧重于唐、日本的角度，未深入探讨唐代文书在古代东亚世界交流中所承载的历史作用。

研究古代中原地区的交通地理，圆仁的《巡礼行记》和圆珍的《行历抄》是必不可少的史料。圆仁、圆珍的行程为唐代公共交通路线的研究提供了重要的参考。但是，目前为止对《巡礼行记》中交通路线的考察，主要集中于山东、江苏等沿海地区，且对交通路线进行的实地踏勘较少，没有充分利用古地图。此外，利用《行历抄》探讨圆珍在唐活动的研究，鲜有论及其交通路径。

2000年以来，关于圆仁交通路线的研究有了很大的进展。以铃木靖民为首的日本国学院大学"《入唐求法巡礼行记》研究会"在推进《巡礼行记》文本校订的同时，为复原圆仁途经的唐代交通路线，持续10年进行实地考察，并与现今的交通道路进行比对，利用古地图、卫星图片等进行细致分析，对包括地域景观在内的唐代交通线路进行复原，相继发表诸多实地考察成果。[1]此外，对圆仁交通线路的调查，阿南史代的勘察记录也值得关注。[2]

现代中国社会经济的迅速发展给史学研究带来了巨大影响。各地高楼拔地而起，能够溯源古代交通线路的遗迹和文物逐渐消失，村落的迁移和地形的变化，导致地域景观完全改变。历史文化遗产的消失破坏，地形、地名的变化，使得保护和管理文化遗产的形势愈发严峻。实地考察并记录保存历史文化遗产是历史学者的重要使命。

2010年5月，在河南省登封市嵩山法王寺，被称为"圆仁石刻"的《释迦舍利藏志》向世人公布。同年10月，在河南省洛阳市洛宁县，刻有"临泉驿"文字的石碑重见天日。前者为圆仁在唐活动和交通线路的研究提供了新线索，备受瞩目。后者作为研究连接唐代长安和洛阳交通路线的稀有资料，极受重视。

随着时代变迁，交通路线也发生了改变，因此需要考虑交通路线连接的地点，并对其进行勘察。复原连接唐代城郭都市和村落的交通线路，不能单纯地结合现在的城市和村落，还需要仔细查阅地方志等文献

---

1 这些实地考察的成果包括酒寄雅志《円仁の足跡を訪ねて—山東半島—》(《栃木史学》第19号，2005年)、平津加奈子《円仁の足跡を訪ねて—山東から河北へ—》(《栃木史学》第21号，2007年)、田中史生《円仁の足跡を訪ねて—河北から山西へ—》(《栃木史学》第22号，2008年)、佐藤长门《円仁の足跡を訪ねて—江蘇省—》(《栃木史学》第23号，2009年)、石见清裕《円仁の足跡を訪ねて—西安—》(《栃木史学》第24号，2010年)、河野保博《円仁の足跡を訪ねて—山西省・五臺山・忻州・太原—》(《栃木史学》第26号，2012年)、笹生卫《円仁の足跡を訪ねて—山西省—》(《栃木史学》第27号，2013年)、柿岛绫子《円仁の足跡を訪ねて—洛陽・登封（嵩山）・鄭州—》(《栃木史学》第28号，2014年)、沟口优树《円仁の足跡を訪ねて—山西省—》(《國學院大學大學院紀要・文学研究科》第47辑，2015年)、三轮仁美《円仁の足跡を訪ねて—陝西省—》(《國學院大學大學院紀要・文学研究科》第47辑，2015年）等。

2 [日]阿南史代著，小池晴子译：《円仁慈覚大師の足跡を訪ねて》，兰登书屋讲谈社2007年版。

资料。此外，也要仔细研究出土遗物，并充分利用“外邦图”等各类地图及卫星图片，参照地名和地形来考察交通线路和地域景观。通过实地考察，我们可以得到丰富多样的信息。

交通路线的复原不仅是复原路线本身，还可考证沿线的驿站、关卡、寺院和古迹等，进而考察伴随人、物迁移而产生的文化、信息的传播。本书内容并非单纯复原唐代交通路线，而是还原以古代中原地区为中心的唐代社会真实样貌。

本书的研究课题可概括为以下三点：

第一，通过具体考证入唐外国僧的活动，开展对其滞留的寺院、馆舍和交通路线及制度的研究。考察唐代交通路线的变迁及入唐外国僧对唐代社会的认识，也是唐代交通史、佛教史研究的重要课题。同时，针对入唐僧在唐期间撰写的文书与唐代的公私文书以及其在日本期间所作文书的比较研究也必不可少。对圆仁文书的比较研究有助于探明其在唐期间的人际交往情况。

第二，考察唐代社会的地域景观，复原连接都市、城郭和村落的交通路线，需要充分利用地方志等文献资料，墓志、石刻等出土文字史料以及地图、卫星图片等各种图像资料，还需要进行实地勘察。在此基础上，考察交通路线上有何种遗址，并参照遗迹、遗址、地形、地名等，复原该地区的整体多层景观。

第三，对入唐僧在中原地区的求法、巡礼活动进行研究，分析各地官员在“废佛”和“护法”运动时的政治立场、行为态度及文学创作，可以剖析唐时的政治状况乃至蕴藏在社会深层的文化动因及其对东亚诸国的影响，推动东亚文化史、交流史相关重要课题的研究。

2007年12月，笔者作为研究合作者，参与日本国学院大学的《巡礼行记》研究会的调查。之后，笔者先后七次参加在河北、山西、陕西、江苏等省进行的实地考察，由此也愈加关注《巡礼行记》，并在与研究会成员的交流中学习了日本学界的研究方法，增长了见识。得益于这些成果，笔者在执笔、发表与圆仁相关论文的同时，于2011年获批教育部科研项目。因此，可以说本书的研究始于2007年12月。

作为负责人，笔者获批2011—2013年度教育部人文社会科学研究项目“入唐僧圆仁的求法巡礼和唐代中原交通”、2013—2015年度教育部留学归国人员科研启动项目“入唐宋僧的求法巡礼和中原交通”，并同步开展了史料调查和实地考察。例如，2013年9月，笔者与共同研究者河野保博一起实地勘察从郑州到开封（汴州陈留县）的路线。此外，作为研究的一部分，河野保博继续对连接洛阳和陕州（三门峡）的南路（经由洛宁、益阳）、北路（经由新安、渑池）进行实地考察，竭力复原中原地区的交通线路和地域景观。因篇幅所限，本书并未辑录此考察记录。

基于这些研究成果，笔者作为负责人获批2017—2022年度国家社科基金重大项目（编号：17ZDA227）、2021年度郑州大学双一流重大专项（编号：2021—29）。本书作为此两项重大科研项目研究成果的一部分，对个人研究、共同研究成果进行部分汇总。中原交通线路研究方兴未艾，本书只是千里之行的第一步。今后，笔者将以复原交通线路和地域整体景观为目标，继续深入推进研究。

二
内容构成

本书分为绪论“研究对象、研究视角与内容构成”、第一章“圆仁在唐的求法巡礼与交友”、第二章“圆仁石刻的发现及相关问题”、第三章“圆仁文书的分类、格式与词汇用语”、第四章“圆仁日记与东亚佛教交流”、第五章“圆仁的足迹与唐代中原交通”、第六章“圆仁在唐的交通住宿设施”等章节。主要内容如下：

第一章“圆仁在唐的求法巡礼与交友”，分为两节。第一节“圆仁与唐人杨敬之——圆仁求法巡礼的唐人交友圈”，关注圆仁在长安的求法巡礼活动与交友关系。首先考察杨敬之的学识、佛教信仰及其与知玄、圆仁的交友情况，其次探讨在圆仁的归途中给予其援助的郑州、汴州等中原地区官员的佛教信仰，进一步梳理在长安资圣寺逗留期间的圆仁与唐朝士大夫、僧侣的交友情况，究明支撑圆仁求法巡礼的唐人的佛教信仰网络。涟水县新罗坊人对携带楚州译语刘慎言书信前来求助的圆仁极为冷淡，这与郑州、汴州的唐士大夫的热情援助形成了鲜明对比。可以说，相比以贸易关系结成的交际网络，基于佛教信仰而建立的友好关系更紧密、稳固。

第二节“圆仁的禅法受容与唐人萧庆中”，对圆仁的禅法受容以及其与唐人萧庆中的交往情况进行考察，梳理当时修禅与饮茶的关系，并探讨圆仁在唐时期的求法活动。首先，文中指出圆仁师从青州节度府判官萧庆中习得了禅宗的师资相传之法。其次，指出圆仁在求法天台显教和真言密教的同时，也接触了禅僧和禅宗。最后，指出在唐代诗人卢仝的诗中可以窥见萧庆中的人物形象，并对卢仝等唐人的饮茶习惯与禅法的关联性进行探讨，追溯萧庆中习得禅法的根源。精通禅宗的萧庆中习得“师资相传之法”，得益于与卢仝的交往。

第二章“圆仁石刻的发现及相关问题”，分为两节。第一节“圆仁石刻的发现及相关课题”指出，在中国发现的与日本遣唐使相关的史料中，圆仁石刻是继2004年发现井真成墓志后的第二例史料，备受学界关注。笔者曾多次前往法王寺调查该石刻，对其真伪及制作年代进行了细致梳理，认为现存的圆仁石刻系明末遭损坏，在雍正、乾隆年间复制而成。笔者认为，圆仁并不是经由北路的偃师—巩义—虎牢关—荥阳—

郑州这一路线，而是通过洛阳—白马寺—永宁—缑氏村（灵严寺）—参店村—府店村—轘辕关—法王寺这一路线行至登封法王寺，继而经郑州、开封踏上回国之路的。

第二节“圆仁石刻的诸问题”，首先对圆仁石刻的公开经过进行了梳理，对法王寺现存石刻进行了整理，并对法王寺塔（一号砖塔）的建造年代进行考证，推测该塔建于唐开元年间，且开元年间法王寺之所以更名为圣容寺，大概是因为隋代所建的舍利木塔倒塌，因而再建砖塔。本节着重考察了法王寺二号砖塔地宫，从地宫构造及出土的墨砚铭文来看，其建于唐天宝二年（743）以后，完成于唐后期。文中对圆仁石刻的来历进行了考察，指出现存圆仁石刻为明清时代复刻之物；通过对圆仁石刻铭文的释读，指出郑州长史辛文昱可能知晓圆仁制作《释迦舍利藏志》之事。

第三章“圆仁文书的分类、格式与词汇用语”，分为两节。第一节“圆仁文书的功能性分类及格式分析——与圆珍文书、敦煌文献之比较”，根据用途对圆仁文书进行分类，其中既有提交至官府、寺院的公文书，也有与唐人之间往来的私文书。私文书在某种程度上反映了圆仁在唐期间的人际关系。在此基础上，将圆仁文书分别与同时代的敦煌文献以及圆珍文书进行了比较。入唐僧圆仁与圆珍所作文书基本相同，但是在用语方面，圆仁文书更为恭敬谦卑。另外，圆仁文书的格式与敦煌文献中同类文书差异不大，且日本《养老令》中也可见到相同的文书格式。可知，圆仁可能在入唐前就已经学习了传至日本的唐代文书格式，在入唐后更是有意识地收集相关书仪并加以学习。

第二节“圆仁文书所载疑难词语校释”，对《巡礼行记》所载文书中出现的部分疑难词汇进行了考释。比如“起居”“万福”等词最初都是典雅的书面用语，之后逐渐从书札用语演变成人们日常生活中的问候、祝福之语。圆仁虽为日本僧人，但已经具备颇高的汉语修养与造诣，对汉语及唐代书仪的运用水平相当高。通过梳理考证入唐僧圆仁撰写的文书用语，可以了解当时中日书仪的密切关联以及中国书仪文化对日本的深远影响。

第四章“圆仁日记与东亚佛教交流”，分为三节。第一节“圆仁的入唐与在唐新罗人的活动——基于贸易离散社群的视角”，提到圆仁在在唐新罗人的帮助下，成功留在唐朝。遣唐使一行的停靠港都是新罗人的聚居地，其中最重要的据点是山东登州和江苏楚州。因为沿海地区多是新罗人的聚居地，所以需要新罗语译者。译者不仅发挥了协调者的作用，还充当了商业活动的媒介。文中还指出，唐代的对外贸易主要以朝贡贸易和互市贸易为主，只允许在国家管理之下进行贸易。

第二节“日本入唐僧与五台山”，通过对先于圆仁入唐的日僧的五台山巡礼活动进行考察，探讨日本入唐僧与五台山的关系，阐明入唐日僧灵仙赴五台山求法巡礼的缘由。五台山作为文殊信仰的中心而兴盛是在安史之乱以后，不空三藏法师的影响不容忽视。另外，梳理日本平安时代后期成书的《七大寺巡礼私记》中有关日僧玄昉巡礼五台山的记载，探讨唐代五台山与日本佛教的关系。

第三节“《入唐求法巡礼行记》传入中国与民国时期的中日佛教交流”，探讨了民国时期从日本传入《巡礼行记》以及其在中国发行的经过。在杨文会开日本佛教经典引进的先河后，日本的佛教书籍大量传入中国。《巡礼行记》由谁带到中国尚不明确，但无疑是在清末民初佛教的逆输入浪潮中传入中国的。民国时期，赴日留学僧回国和经典的再输入，以及佛教教育机构的兴起，推动了佛教的复兴。

第五章“圆仁的足迹与唐代中原交通”，分为三节。第一节“圆仁的足迹与唐代交通路线——山东至河北的交通路线复原”，围绕《巡礼行记》所载圆仁自北海县至五台山的路线，根据中国古地图、二战前日本、苏联等国绘制的地图以及卫星照片等，对圆仁途经的唐代交通路线进行了复原。渤海湾的庙岛列岛连接登州与辽东半岛的都里镇（旅顺口），新罗和渤海的使节多经由此路至山东半岛并最终抵达长安。此线路不仅是国内交通要道，更是国际外交通道。从现代地图和卫星拍摄图来看，现代都市正是依照唐代的都市和道路规划形成的。

第二节“连接长安和洛阳的两条道路——以《临泉驿碑》铭石刻为中心”，探讨了唐代连接长安与洛阳的交通路线。洛阳至陕州的交通路线分为南北两路，各有不同的功能。临泉驿的位置与唐代“三十里一驿”的原则相符，曾为皇帝、官员乃至外交使节等提供供给，在当时的南路交通中占据重要位置。关于圆仁自潼关至洛阳的交通路线，之前被认为是北路的“陕石官道”，即经今灵宝—陕县—渑池—新安—洛阳。但我们认为，应是南路官道即“永宁官道”，沿今灵宝—陕县—永宁（今洛宁）—宜阳—洛阳的路线。了解唐代连接长安与洛阳的交通路线，可以进一步了解唐代文人诗词中的方位意境及社会景观。

第三节“圆仁的中原交通路线——从渭南至开封”，以《巡礼行记》现存古抄本东寺观智院本为底本，与目前为止刊行的诸本进行对照，对其中的地名、人名、物名等进行校订并加以注释，同时在前人研究的基础上，结合《巡礼行记》所载内容及登封法王寺出土的圆仁石刻，对陕州至洛阳、洛阳至郑州、汴州段中原地区的交通路线进行考察，指出圆仁从陕州至洛阳当取北路而行，即陕州（陕县）—硖石县—永宁县—三乡驿—洛阳，洛阳至郑州所经路线当为洛阳—缑氏—轘辕关—登封—密县—郑州。另外，中原地区诸官员给予圆仁的帮助也是圆仁顺利归国旅途中不可忽视的一个因素。

第六章“圆仁在唐的交通住宿设施”，分为两节。第一节“唐代的交通住宿设施——以宗教设施的供给功能为中心”，探讨了唐代交通的供给情况。唐代公私人员的移动需得到相关许可，并且有能否得到国家供给之别。获得国家供给的行人能够得到相应支持，顺利到达目的地。

相反，无法获得国家供给的行人，唯有借助佛堂、普通院等宗教设施及旅店等交通据点提供的帮助，才能够顺利通行。本文以五台山周边为例，通过梳理经营住宿业的旅店村落的形成过程，明确宗教设施同时具有商业性质的交通支持这一功能。当时为商人、僧侣和巡礼者等提供出行便利的住宿设施主要是宗教设施。本文以佛教设施为中心，探讨寺院以及位于山中偏僻场所的普通院和兰若等设施的供给功能在唐代个人交通中所发挥的重要作用。

第二节“对唐代‘馆’的再探讨”。唐代的交通制度被称为“驿站递送制”，为官用交通提供支持的设施被称为“驿馆”。入唐僧圆仁一行在行程中多次留宿在被称为“驿站”的地方。这种供给不仅面向驿使或者递送使者，也面向外国使节。“馆”既设置在登州、扬州、楚州等沿海地区以及西域的边境州县，作为与驿站并列的设施，也用于外国使节的送迎。本文根据《巡礼行记》确认唐代交通路线上“馆”的存在，并参考西域及其他史料中有关“馆”的记载，探讨支撑着唐代交通的“馆”的功能定位。

当然，由于笔者才疏学浅，本书的研究成果未能全方位地对圆仁的求法巡礼活动进行系统梳理。有关圆仁石刻的研究，赵振华在《唐研究》、铃木靖民在《日本历史》等中外刊物及《圆仁石刻的史料性》等著作中有较翔实的考证。有关唐代洛阳与郑州之间的道路情况，盐泽裕仁也曾撰文研究。有关唐代文书与日本文书的比较研究，目前还处于起步阶段，还请方家学者不吝赐教！

葛继勇于郑大盛和苑

第一章
圆仁在唐的求法巡礼与交友

一
圆仁与唐人杨敬之
——圆仁求法巡礼的唐人交友圈

日本平安时代初期的入唐僧圆仁在唐朝官员、僧侣及在唐新罗人的帮助下，顺利结束近10年的求法巡礼生活，平安归国。圆仁与在唐新罗人的交往一向备受学术界关注，先行研究硕果累累。[1]但是，有关圆仁在求法巡礼活动中所受唐朝士大夫、僧侣的帮助，除小野胜年和齐藤圆真的两篇论文[2]以外，中日学界鲜有论及。

1　例如森克己《慈覚大師と新羅人》（福井康顺编：《慈覚大師研究》，天台学会，1964年）、金文经《唐代新罗侨民的活动》（《古代中韩日关系研究》，香港大学亚洲研究所・中古史研讨会，1987年）、陈尚胜《唐代的新罗侨民社区》（《历史研究》1996年第1期）、堀敏一《唐代新羅人居留地と日本僧円仁入唐の由来》（《古代文化》第50卷第9号，1998年）、陈尚胜《论唐代山东地区的新罗侨民村落》（《东岳论丛》2001年第6期）、江草宣友《円仁の求法・巡礼と新羅人》（《史叢》第92号，2015年）。另外，关于圆珍与新罗人的研究，有李炳鲁《円珍の唐留学と新羅人》（《桃山学院大学総合研究所紀要》第34卷第3号，2009年）等。

2　［日］小野胜年：《知玄と円仁》，《東洋史研究》第15卷第2号，1965年；［日］齐藤圆真：《慈覚大師と楊卿・楊郎中・裴郎中》，《天台學報》第39号，1996年。

其中，小野胜年详细论述了知玄、杨敬之与圆仁的交友情况、圆仁归国之际受杨敬之等人援助的情况；齐藤圆真具体考察了裴休的佛教信仰。但是，小野胜年和齐藤圆真均以《巡礼行记》中所见人物为中心进行探讨，对支持圆仁求法巡礼活动的唐人及唐僧群体的把握尚有不足。

众所周知，会昌末年的废佛事件，致使大批僧尼被迫还俗、寺院被毁。比起江南地区[1]和河北地区[2]，中原地区的废佛毁寺风暴尤为猛烈。但是，从该时期唐朝士大夫阶层的佛教信仰来看，中原地区废佛毁寺政策贯彻到何种程度尚不明确。针对这一问题开展研究，不仅可以弄清在长安激烈的废佛运动中异国僧圆仁为何能顺利通过中原地区，还可以探明当时中原地区佛教信仰的实际情况。

本文以详细记录会昌灭佛情况的《巡礼行记》为中心，重点考察圆仁在长安的求法巡礼活动。在重新整理有关杨敬之、知玄史料的过程中，首先考察杨敬之的学识、佛教信仰及其与知玄、圆仁的交友情况；其次明确在圆仁归途中给予其援助的郑州、开封等中原地区唐朝士大夫的佛教信仰，进一步梳理圆仁在长安资圣寺逗留期间与唐士大夫、僧侣的交友情况，究明支撑圆仁求法巡礼活动的唐人的佛教信仰网络。

圆仁的归国与杨敬之

在长安度过了近5年求法巡礼生活的圆仁一行，遭遇武宗废佛，不

1　有关江南地区的废佛，请参阅严耀中《会昌灭佛后的湖州唐陀罗尼经幢——兼论武宗灭法对佛教的影响》（《佛学研究》，2000年）、田中史生《国際貿易と古代日本》（吉川弘文馆2012年版，第146—148页）。

2　有关河北地区的废佛，请参阅刘淑芬的《从本愿寺石刻看唐代获鹿的地方社会》（《简牍学报》，1997年第16期）。

得不还俗归国。会昌五年（845）五月十四日，圆仁从长安出发前往洛阳、郑州，踏上了归国之途。《巡礼行记》卷四会昌五年五月十五日条载：

> 出府，到万年县。府家差人送到。大理卿、中散大夫、赐紫金鱼袋杨敬之〔曾任御史中丞〕令专使来问，何日出城，取何路去。兼赐团茶一串。在县中修状报谢。内供奉谈论大德去年归乡，不得消息。今潜来，裹头隐在杨卿宅里。令童子清凉将书来，书中有潜别之言，甚悲惨矣。……杨卿差人送书来云，弟子书状五通兼手书付送前路州县旧识官人处。但将此书通入，的有所益者。职方郎中、赐绯鱼袋杨鲁士前曾相奉，在寺之时殷勤相问，亦曾数度到寺检校，曾施绢褐衫裈等。今交郎君将书来，送路绢二匹、蒙顶茶二斤、团茶一串、钱两贯文、付前路书状两封，别有手札。市施主杨差人送来绢一匹、褐布一端、钱一千文，宛路上用。自馀相送人，不能具录。并于春明门外拜别，云留斯分矣。杨卿使及李侍御不肯归去，相送到长乐坡头，去城五里一店里，一夜同宿语话。[1]

可知，从长安出发之际，给予圆仁援助的人有唐士大夫杨敬之、杨鲁士及唐僧知玄等。其中“市施主杨”没有记载名字，缺乏明确的线索。[2]

---

1 ［日］小野胜年：《入唐求法巡礼行記の研究》第4卷，法藏馆2014年版，第143—144页。

2 《文苑英华》卷二二四所收杨夔的诗中有《送日东僧游天台》。《天台霞标初编》卷一收录此诗，并在补注中载有“今考其时当吾慈觉大师入唐之时。应送大师之天台之诗。故列于兹”，指出该诗是赠送给慈觉大师圆仁的诗。但是，杨夔在唐天祐年间（904—907）活跃于文坛，而且与其为友人关系的郑谷、张乔等众多人物均出生于830年以后。圆仁入唐之际，杨夔恐为幼年时期。因此，此处“日东僧”应该不是慈觉大师圆仁。

杨敬之和杨鲁士两人皆首次见于上述《巡礼行记》。杨敬之不仅派遣慰问使者、赠送团茶，还给沿途的州县长官写信，为圆仁一行顺利归国提供方便。杨敬之的慰问使者将圆仁一行送至长乐坡头，并与圆仁等人一同前往距离万年县城五里的旅馆，夜谈一宿。另外，杨鲁士派其子寄送书信，并赠绢二匹、蒙顶茶二斤、团茶一串、钱两贯文。由此可知，圆仁与杨敬之、杨鲁士关系密切。

杨敬之就任大理卿之前，曾被任命为御史中丞。杨鲁士则任职方郎中。[1]据《旧唐书》卷四十三《职官志》载，职方郎中主要掌四夷归化之事。前述《巡礼行记》会昌五年五月十五日条载"亦曾数度到寺检校"，可知杨鲁士曾至圆仁居住的寺院检查。一般认为，对外国僧侣进行检查属于职方郎中的职责范围。[2]

据《旧唐书》卷四十四《职官志》、《唐六典》卷十八大理寺条可知，大理卿的职责是对中央、地方官员的违法行为进行审查并施以处分。此外，据《唐六典》卷十三御史台条可知，作为御史台次官，御史中丞与长官御史大夫一同执行刑罚、典章的政令，对中央、地方官员的乱纪行为进行审查和整肃。

圆仁只是一介僧侣，并非官吏。从职务上看，三品高官杨敬之与圆仁结识的机会应该很少。那么，圆仁与杨敬之是基于何种因缘成为好友的呢？在弄清这个问题之前，先考察杨敬之的学识及其佛教信仰。

---

1 三千院本《慈觉大师传》载："即大理寺卿、中散大夫、赐紫金鱼袋杨敬之，朝议郎、守尚书职方郎中、上柱国、赐绯金鱼袋杨鲁士，左神策军押衙、银青光禄大夫、检校国子祭酒、殿中监察侍御史、上柱国李元佐及于是众官，礼拜和尚所持之教法。及诸大官使遣劳问，并备旅资。"由此可知，杨鲁士身兼朝议郎、守尚书职方郎中之职（［日］佐伯有清：《慈覚大師伝の研究》，吉川弘文馆1986年版，第54页）。朝议郎是正六品上的文散官，职方郎中是尚书省兵部的下级官员，属从五品，故记载为"守尚书职方郎中"。

2 ［日］小野胜年：《知玄と円仁》，《東洋史研究》第15卷第2号，1965年。

杨敬之的出身、官职及学识

据《新唐书》卷一六〇《杨敬之传》载，杨敬之，字茂孝，弘农杨氏杨凌之子，元和初进士及第，后经右卫胄曹参军，升至屯田、户部二郎中等。太和九年（835）七月，因与牛党李宗闵关系密切，左迁连州刺史。之后回到长安，历任太常少卿、大理卿、检校工部尚书兼国子祭酒。

《金石文字记》卷五所收《国子学石经》载："朝散大夫、守国子司业、骑都尉、赐绯鱼袋臣杨敬之。"另外，《册府元龟》卷五九二《掌礼部》载："（开成）三年二月，起与太常少卿裴泰章、太常少卿兼权勾当国子司业杨敬之、太常博士崔立等状奏，准今月十日堂帖。"据此可知，开成二年（837）杨敬之任朝散大夫、守国子司业、骑都尉，翌年二月担任太常少卿一职。

圆仁《入唐新求圣教目录》载："《维摩经疏》十卷，豫州刺史扬敬之撰。……右件法门佛像道具等，于长安城兴善、青龙及诸寺求得者。"[1]文中的"扬敬之"应为杨敬之。但杨敬之"豫州刺史"这一任职，没有在其他史料中出现。据郁贤皓推测，文宗时期杨敬之被任命为豫州刺史。[2]但是，宝应元年（762）豫州改名为蔡州，故文宗时期并不存在豫州这一地名。

《东域传灯目录》载："同经疏十卷，绛州刺史扬敬之撰。""绛州"在《旧唐书》卷三十九《地理志》等处可见，为唐代时一直存在的雄州（长官刺史为从三品）。郁贤皓把"绛州"读作"绎州"，后又误认为

1 ［日］圆仁：《入唐新求聖教目録》，《大日本仏教全書》第95卷《目録部一》，铃木学术财团1972年版，第246页。

2 郁贤皓：《唐刺史考全编》第2册，安徽大学出版社2000年版，第884页。

“泽州”，并指出杨敬之于太和初年就任泽州刺史。[1]“同经疏”即指上述《维摩经疏》，应将其看作与前述《入唐新求圣教目录》中“《维摩经疏》十卷，豫州刺史杨敬之撰”为相同记载。因此，杨敬之并非泽州刺史、豫州刺史，而是绛州刺史。《维摩经疏》十卷是圆仁在长安逗留期间所得，杨敬之于圆仁归国的会昌五年以前担任绛州刺史。

《新唐书》卷七十一《宰相世系表》载：“敬之，同州刺史。”另外，《千唐志斋藏志》所收《乡贡进士孙备夫人于氏墓志铭》（咸通六年刻立）载：“夫人于氏，河南人也。妣弘农杨氏夫人，外王父左冯翊太守讳敬之。”由此可知，杨敬之曾任同州（左冯翊郡）刺史。同州为上州，其长官刺史为从三品。郁贤皓指出杨敬之于“会昌中”[2]任同州刺史，但也有可能在杨敬之任大理卿后，即于宣宗大中年间转任同州刺史。此同州刺史应为杨敬之生前的最后任职。

上述《巡礼行记》卷四会昌五年五月十五日条附记载：“曾任御史中丞。”可知，杨敬之与圆仁初次见面时任御史中丞。

基于以上分析，杨敬之历任官职可总结如下：

右卫胄曹参军（正九品上）（元和初）→屯田郎中（从五品上）（太和初）→户部郎中（从五品上）（太和九年以前）→连州刺史（正四品下）（太和九年）→绛州刺史（从三品）（开成初）→朝散大夫、守国子司业（从四品下）、骑都尉（开成二年）→太常少卿（正四品上）兼权勾当国子司业（开成三年）[3]→御史中丞（正四品上）（会昌二年以前）→大理卿（从三品）、中散大夫（会昌五年）→检校工部尚书兼国

---

1 郁贤皓：《唐刺史考全编》第2册，安徽大学出版社2000年版，第1264页。

2 郁贤皓：《唐刺史考全编》第1册，安徽大学出版社2000年版，第137页。

3 郁贤皓指出，李商隐《为弘农公上虢州后上中书状》中的“弘农公”指杨敬之，杨敬之于开成四年（839）至开成五年任虢州刺史。但其史料根据缺乏，难以苟同。详见郁贤皓：《唐刺史考全编》第1册，安徽大学出版社2000年版，第825—826页。

子祭酒（从三品）（大中初）→同州刺史（从三品）（大中年间）

近年公开的《韦应物墓志》〔贞元十二年（796）刻立〕载：“长女适大理评事杨凌。次女未笄，因父之丧，同月而逝。”据此可知，杨敬之之父杨凌与著名文人韦应物的长女成婚。另外，韦应物撰文的妻子墓志《故夫人河南元氏墓志铭》〔大历十一年（776）刻立〕载：“有小女年始五岁，以其惠淑，偏所恩爱，尝手教书札，口授《千文》。见余哀泣，亦复涕咽。”文中的“小女”应是杨敬之之母。杨敬之的诗文才能之高，大概也受其母乃至其外祖父韦应物的影响。[1]

《新唐书》卷一六〇《杨敬之传》载：

> 未几，兼太常少卿。是日，二子戎、戴登科，时号杨家三喜。……敬之尝为《华山赋》，示韩愈，愈称之，士林一时传布。李德裕尤咨赏。敬之爱士类，得其文章，孜孜玩讽，人以为癖。

可知，杨敬之兼任太常少卿之日，二子杨戎、杨戴同时登科，因此被称为“杨家三喜”。[2]而且，杨敬之的《华山赋》被韩愈、李德裕等人赞赏，在当时的知识分子阶层广泛传播。前述《乡贡进士孙备夫人于氏墓志铭》载：“外王父左冯翊太守讳敬之。韩吏部、柳柳州皆伏比贾马。文章气高，面诃卿相豪盛之非。”可知，杨敬之的文章不仅被韩吏部

---

1 《韦应物墓志》《韦庆复墓志》及《故夫人河南元氏墓志铭》均收录于《韦应物一家四方墓志录文》（《文汇报》2007年11月4日，第8版）。另外，韦应物去世的贞元十二年（796），“口授《千文》”的“小女”二十五岁，并非“未笄”（未成年）的次女。“小女”或指年幼的女儿。

2 《全唐诗录》卷九十九载：“（杨）德麟，司农少卿杨敬之小女也。年十三，以六韵成诗。”据此可知，杨敬之之女的文学才能也颇高。此外，《氏族大全》卷八载：“杨凭与二弟凝、凌俱有重名，唐大历中登第，称三。杨敬之与戎、戴亦并登第，时谓杨家三喜。”可知，杨凌与其兄杨凭、杨凝也都是进士及第，一门均为名儒。

（韩愈）高度评价，也被柳柳州（柳宗元）极力赞赏。[1]杨敬之广交名士、诗人，沉迷于文章，堪称“癖好”。另外，明代陶宗仪《书史会要》卷五载“（杨敬之）工于翰墨”，由此可知杨敬之在书法方面也很出色。

宋代魏仲举《五百家注昌黎文集》卷十五《（韩愈）答杨子（敬之）书》载：“东野矻矻说足下不离口。崔大敦诗不多见，每每说人物，亦以足下为处子之秀。近又得李翺书，亦云足下之文，远其兄甚。”由此可知，杨敬之的诗文才能也受到孟郊、李翺、崔敦等人的称赞，广为人知。[2]

杨敬之出身名门望族，也是著名文人，自然交友甚广。李商隐《李贺小传》（宋姚铉编《唐文粹》卷九十九）载：“所与游者，王参元、杨敬之、权璩、崔植为密。”可知，杨敬之与著名诗人李贺曾交往密切。从刘禹锡《答杨敬之时亦谪居》（宋洪迈编《万首唐人绝句》卷六）一诗也可看出杨敬之与刘禹锡之间存在交友关系。

《唐诗纪事》卷六十五所收张为《诗人主客图序》载：“以李益为清奇雅正主，上入室苏郁，入室刘畋、僧清塞、卢休、于鹄、杨洵美、张籍、杨巨源、杨敬之、僧无可、姚合，升堂方干、马戴、任蕃、贾岛、厉元、项斯、薛寿，及门僧良义、潘诚、于武陵、詹雄、卫准、僧志定、喻凫、朱庆馀。”据此可知，杨敬之与当时首屈一指的文人张籍、僧无可、姚合、贾岛、项斯等相提并论，与许多文人都有交往。

---

1 胡可先指出，柳宗元自称为杨凭“子婿”，与杨凭一族有婚姻关系，和杨氏家族交友甚深。参见胡可先：《杨氏家族与中晚唐文学生态》，《北京大学学报（哲学社会科学版）》2010年第5期。

2 魏仲举注曰：“樊曰，杨子者，或谓杨陵之子钦之，字茂孝也。传尝言其以《华山赋》示公，公称之士林。即其人也，未详。”此处的“钦之”恐为“敬之”之讹。

杨敬之的佛教信仰及其与僧知玄、圆仁的交往

据《新唐书》卷七十一《宰相世系表》可知，杨敬之与弘农出身的杨虞卿、汝士兄弟同属杨氏越公房，也同属以牛僧孺、李宗闵为代表的牛党。[1]牛党要人多信仰佛教，因此杨敬之关心佛教之事便不难想象。

《宋高僧传》卷六《唐彭州丹景山知玄传》载：

> 有杨茂孝者，鸿儒也。就玄寻究内典，直欲效谢康乐注《涅槃经》，多执卷质疑，随为剖判。致书云："方今海内龙象，非师而谁？"次杨刑部汝士、高左丞元裕、长安杨鲁士咸造门，拟结莲社。尝一日玄宴坐，见茂孝披紫服、戴碧冠，三礼毕，乘空而去。玄令人侦问，茂孝其夕诫其子曰："吾常欲落发披缁，汲瓶挈屦，侍玄公，所累者簪冕也。吾盖棺时，殓以紫袈裟、碧芙蓉冠。"方验先见矣。

可知，杨敬之（字茂孝）被称为"鸿儒"，钻研玄学、内典（佛教典籍），曾欲注解《涅槃经》。杨敬之生前常想剃度为僧，但因其官员身份未果，留遗言与其子，欲着紫袈裟入棺而葬。据此可见杨敬之的佛教信仰之笃厚。

据圆仁《入唐新求圣教目录》所载"《维摩经疏》十卷，豫州刺史杨敬之撰"可知，杨敬之撰写了《维摩经疏》十卷，佛学造诣深厚。

此外，杨汝士和高元裕、杨鲁士同聚于知玄门下，欲结成以知玄为

---

1 胡可先：《杨氏家族与中晚唐文学生态》，《北京大学学报（哲学社会科学版）》2010年第5期。此外，胡可先根据长安的居住地，将杨虞卿、汝士兄弟分为靖恭（坊）族系，将杨敬之分为永宁（坊）族系。

中心的莲社。此莲社大概源于以东晋名僧慧远为中心而结成的白莲社。[1]换言之，杨敬之与杨汝士、高元裕及杨鲁士等人因佛教信仰而成为好友。

关于杨汝士的佛教信仰，据《全唐诗》卷四八四所收杨汝士《和段相公登武担寺西台》载“清净此道宫，层台复倚空”可知，开成年间，杨汝士任剑南东川节度使，其间曾访武担寺，称赞该寺清净，适合修行。白居易《以诗代书，酬慕巢尚书见寄（慕巢书中颇切归休结侣之意，故以此答）》云：“愿为愚谷烟霞侣，思结空门香火缘。”当时，归休洛阳的杨汝士（字慕巢）笃信佛教，欲与白居易结“空门香火缘”。

另一方面，高元裕和僧知玄的友人李商隐、牛党的李宗闵等也是密友。据《旧唐书》卷一七一《高元裕传》：“寻而蓝田县人贺兰进与里内五十余人相聚念佛，神策镇将皆捕之，以为谋逆，当大辟。元裕疑其冤，上疏请出贺兰进等付台覆问，然后行刑，从之。”可知，高元裕同情信仰佛教的贺兰进等人。

关于杨鲁士，根据《巡礼行记》可知，在会昌废佛最盛期，他曾访问圆仁所停留的寺院，周济绢褟衫裤。其皈依佛教之心可见一斑。[2]

据《宋高僧传》卷六《唐彭州丹景山知玄传》可知，杨敬之为《涅槃经》作注期间，曾携带佛典、经卷访问知玄，以解疑惑。[3]《宋高僧传》卷六《唐彭州丹景山知玄传》载：

---

1 ［日］小野胜年：《知玄と円仁》，《東洋史研究》第15卷第2号，1965年。

2 知玄不仅与杨汝士、高元裕及杨鲁士为好友，与杨汉公也为密交。详见葛继勇：《白居易と楊氏兄弟との交友》，［日］田中史生编：《入唐僧恵蕚と東アジア》，勉诚出版2014年版。

3 齐藤圆真指出：“杨敬之于知玄处研习佛教，助力知玄注《涅槃经》。”详见［日］齐藤圆真：《慈覚大師と楊卿・楊郎中・裴郎中》，《天台學報》第39号，1996年。但是，模仿谢康乐注《涅槃经》者为杨敬之，并非知玄。

抵于神京资圣寺。此寺四海三学之人会要之地。玄敷演经论，僧俗仰观，户外之屦，日其多矣。文宗皇帝闻之，宣入顾问，甚惬皇情。

可知，知玄于文宗时逗留长安期间曾前往资圣寺讲学，资圣寺被誉为“四海三学之人会要之地”。因知玄于资圣寺讲授经纶，得到诸僧敬仰，来寺香客日盛，其名遂传至文宗处，于是被召至内殿封为顾问。《佛祖历代通载》卷十六载：“癸丑十月，帝诞节。召法师知玄与道士于麟德殿论道。”文宗于癸丑年即唐太和七年（833）十月，命知玄与道士于麟德殿论道。大概于此时知玄被授予内道场“三教讲论大德”称号。

杨敬之在开成年间作《维摩经疏》。在撰写之时，杨敬之或曾师从知玄，求得指教。

《巡礼行记》卷四会昌五年五月十五日条载：“内供奉谈论大德去年归乡，不得消息。今潜来，裹头隐在杨卿宅里。”[1]“内供奉谈论大德”即知玄隐匿于杨敬之家中。可知，僧知玄与杨敬之于会昌五年之前已结识。

知玄逗留长安期间，曾暂住资圣寺。据《巡礼行记》卷三开成五年八月条载：

廿三日，……知巡侍御差巡官一人，领僧等于资圣寺安置。……廿五日斋后，从使院有使唤僧等。随使入衙，得功德使牒称，权寄住资圣寺，仰纲维供给者。知巡侍御准使帖，转帖资圣寺。便差巡官送到寺，且在库西亭安置。廿六日雨下。暮际，纲维安排房院，于净土院安置。[2]

1 ［日］小野胜年：《入唐求法巡礼行記の研究》第4卷，法藏馆2014年版，第143页。

2 ［日］小野胜年：《入唐求法巡礼行記の研究》第3卷，法藏馆2014年版，第264—278页。

可知，圆仁被安置于资圣寺是开成五年八月之事。此后的九月十八日《圆仁牒》载："今请住资圣寺，往来诸寺，寻师德学，任意求法，夜归本寺。"圆仁请求居住在资圣寺，后得到许可，归国前便一直居住于此地。

《巡礼行记》卷三开成五年十二月八日条载：

> 八日，准敕，诸寺行香设斋。当寺，李德裕宰相及敕使行香。是大历玄宗皇帝忌日也。总用官物设斋。当寺内道场三教谈论大德知玄法师表赞。[1]

可知，圆仁逗留资圣寺期间，知玄也住锡该寺。圆仁与知玄认识或始于其入住资圣寺后。

如上所述，杨敬之在寻访知玄所之际，与圆仁相识相交。也就是说，圆仁与杨敬之是通过知玄才得以熟识。

圆仁归国与杨敬之等人的援助

关于圆仁归国行程，《巡礼行记》卷四会昌五年条记载如下：

> ①五月廿二日，过潼关，是国城之咽喉也。渭南县、花阴县、永宁县皆有杨卿书状，并通入讫。
>
> ②六月一日，到东都崔太傅宅，送杨卿书。太傅专使来，传语安存，施绢一匹。
>
> ③六月九日，到郑州刺史李舍人处，有杨卿书。任判官处，亦

1　[日]小野胜年：《入唐求法巡礼行記の研究》第3卷，法藏馆2014年版，第318页。"大历玄宗皇帝忌日"或为"宝历敬宗皇帝忌日"的误记。详见《入唐求法巡礼行記の研究》第319页小野胜年注。

有杨卿书。将书入州见刺史及判官，并已安存殷勤。州长史、殿中监察侍御史、赐紫金鱼袋辛文昱在长安长供饭直，情分甚殷勤。去年得郑州长史赴任。今在州相见，悲喜交驰。存问至厚，便唤宅里，断中歇息。刺史施两匹绢，诸人皆云："此处是两京大路，乞客浩汗，行人事不辨。若不是大官，是寻常衣冠酢大来，极是殷勤者，即得一匹两匹。和上得两匹，是刺史殷重深也。"任判官施夹缬一匹。辛长史见来，便交裁作褐衫。斋后出州，归到宿处。辛长史专使来施绢一匹，袜肚一，汗衫、褐衫一。书中云："续到拜辞，请暂时待者。"缘县家已差人贪祥，不及相待，便发。行十五里，回头望西，见辛长史走马趁来。三对行官，遏道走来。遂于土店里在吃茶，语话多时。相别云："此国佛法即无也。佛法东流，自古所言。愿和上努力，早达本国，弘传佛法。弟子多幸，顶谒多时。今日已别，今生中应难得相见。和上成佛之时，愿不舍弟子。"

④六月十三日，到汴州，节度副使裴郎中处有杨郎中书状，竹兵马使处有杨卿书，并通送讫。郎中存问殷勤，便差行官一人专勾当船发送。兵马使不在，不得相见。裴郎中雇船，直到陈留县西泊上。

如前所述，杨敬之和杨鲁士为圆仁能够顺利归国，寄送书信给渭南至汴州的沿路州县长官。东都崔太傅"绢一匹"、郑州刺史李舍人"两匹绢"、任判官"夹缬一匹"施与圆仁，都源于杨敬之的援助。

白化文认为，②中寄书信给东都崔太傅的"杨卿"是杨鲁士。[1]但因④中"杨郎中"和"杨卿书"区分明确，故②中寄书信给东都崔太傅

1　白化文等校注，周一良审阅：《入唐求法巡礼行记校注》，花山文艺出版社2007年版，第471页。

的“杨卿”是杨敬之，④中“杨郎中”为职方郎中杨鲁士。

小野胜年认为，②中“太傅”是“大夫”的误记，并指出东都崔太傅是当时河南尹崔璪。[1]然而如白化文所说，“太傅”一词出现两次，难以认为是“大夫”的误记。此外，虽然郁贤皓指出崔璪任河南尹于会昌六年[2]，但并无史料可佐证其于会昌五年六月已任河南尹。

正如小野胜年所指出的那样，③中郑州刺史李舍人是李褒。《千唐志斋藏志》所收《唐故绵州刺史江夏李公（正卿）墓志铭并序》载：“朝散大夫、使持节郑州诸军事、守郑州刺史、上柱国、赐紫金鱼袋李褒撰。有唐会昌四年四月十一日，左绵守李公殁于位，其孤潜状公之理行，请铭于褒。”由此可知，会昌四年四月，李褒已任郑州刺史。[3]

《旧唐书》卷一七六《李让夷传》载：“开成元年，以本官兼知起居舍人事。时起居舍人李褒有痼疾，请罢官。”可知，开成元年（836），李褒时任起居舍人。宋代洪遵《翰苑群书》卷六《学士》李褒条载：“会昌元年五月，拜中书舍人。十二月，加承旨。六日，赐紫。二年五月十九日，出守本官。”由此可知，会昌二年（842）五月，李褒任中书舍人时，兼任郑州刺史。

据李商隐《李义山文集》收录《郑州献从叔舍人褒》《上郑州李舍人状》《为舍人绛郡公郑州祷雨文》等诗可知，李褒为李商隐从叔父。据《宋高僧传》卷六《唐彭州丹景山知玄传》所载：“有李商隐者，一代文宗，时无伦辈。常从事河东柳公梓潼幕，久慕玄之道学。后以弟子礼事玄。”可知，李褒之侄李商隐或因与知玄、高元裕深交，加入杨敬

1　[日]小野胜年：《入唐求法巡礼行記の研究》第4卷，法藏馆2014年版，第176—177页。

2　郁贤皓：《唐刺史考全编》第1册，安徽大学出版社2000年版，第613页。

3　白化文指出，会昌五年中李褒转任郑州刺史。详见白化文等校注，周一良审阅：《入唐求法巡礼行记校注》，花山文艺出版社2007年版，第469页。

之、杨鲁士等的莲社。李褒信仰佛教已久，施绢两匹与圆仁，又为其雇船，皆因笃信佛教，皈依三宝。

六月九日，圆仁在郑州见到久违的州长史辛文昱。辛文昱于会昌四年在长安任职，彼时已与圆仁有密切交往。据辛文昱送别圆仁时所云“和上成佛之时，愿不舍弟子”可知，其也是笃信佛教之人。换言之，郑州官府中，刺史李舍人（褒）、判官任某（名不明）和长史辛文昱等都信仰佛教。

至于④中节度副使裴郎中为何人，小野胜年、白化文都未论述，齐藤圆真指出裴郎中是裴休，但郁贤皓认为，裴休于会昌三年（843）至大中元年（847）任潭州（长沙郡）刺史。[1]

笔者认为裴郎中确为裴休。《旧唐书》卷一七七《裴休传》载：

> 太和初，历诸藩辟召，入为监察御史、右补阙、史馆修撰。会昌中，自尚书郎历典数郡。大中初，累官户部侍郎，充诸道盐铁转运使，转兵部侍郎，兼御史大夫，领使如故。

可知，会昌年间，裴休从“尚书郎”转任地方州郡长官。尚书郎为从属尚书省六部的郎中。节度副使次于节度使，因管辖数郡，又称“典数郡”。此节度副使为驻扎汴州的宣武节度使的次官。会昌五年裴休已任正五品上尚书郎，故大中初年升至正四品下的户部侍郎便在情理之中。

《旧唐书》卷一七七《裴休传》载：“家世奉佛，休尤深于释典。……视事之隙，游践山林，与义海僧讲求佛理。中年后，不食荤血，常斋戒，屏嗜欲。香炉贝典，不离斋中；咏歌赞呗，以为法乐。”可知，裴休信仰佛教，佛学造诣深厚。据《佛祖历代通载》卷十六载：

1　郁贤皓：《唐刺史考全编》第4册，安徽大学出版社2000年版，第2423页。

“（开成）元年，左街僧录、内供奉、三教谈论引驾大德、安国寺上座、赐紫大达法师端甫卒，史馆修撰裴休制碑。”可知，裴休撰写了内供奉僧端甫的碑文。[1]齐藤圆真指出，裴休也曾为清凉国师澄观、圭峰禅师宗密等撰写碑文，并著《黄檗希运禅师传心法要》和《裴休拾遗问》等。[2]

《宋高僧传》卷六《唐彭州丹景山知玄传》载：“（知玄）与相国裴公休友善，同激扬中兴教法事。……素结情好深者裴相国休。初，裴镇荆门，玄游五台山。路出渚宫，赠遗初无所取。裴知其俭约，密遣人沿路以供之，若苏秦遣舍人阴资奉张仪也。”可知，知玄与裴休的关系如苏秦与张仪那般亲密。齐藤圆真指出，裴休优待圆仁的原因之一，是因裴氏一族的裴世清出使倭国而对日本产生亲切感。但笔者认为，此应源于裴休与知玄的友人关系。

裴休何时赴任节度副使尚不明确，但其与同为户部郎中的杨鲁士相识、与知玄相交应是在长安任郎中期间。[3]杨汝士、高元裕及杨鲁士共聚知玄门下，欲结成以知玄为中心的莲社时，裴休也应为其中一员。

圆仁与唐僧、士大夫的交往

从上述内容可知，圆仁在回国之际，能在各地受到盛情款待并顺利在中原地区通行，应归功于唐人杨敬之、杨鲁士的帮助。杨敬之、杨鲁士等人不仅赠送衣物、佛像、经卷给圆仁，还向路途所经地方官员寄送

---

1 圆珍《福州温州台州求得经律论疏记外书等目录》载：“大唐左街重建寺碑名一卷，裴大夫奉勅撰。”此处的“裴大夫”指裴休。

2 ［日］齐藤圆真：《慈覚大師と楊卿・楊郎中・裴郎中》，《天台學報》第39号，1996年。

3 关于杨鲁士的任官经历，详见葛继勇：《白居易と楊氏兄弟との交友》，［日］田中史生编：《入唐僧恵蕚と東アジア》，勉诚出版2014年版。

书信。因此，即使正值会昌废佛最盛期，郑州李舍人、汴州节度副使裴郎中等与圆仁素昧平生的唐朝官员也给予方便，使其能顺利在中原地区通行。这不仅是杨敬之、杨鲁士等人的书信起了作用，也与上述官员笃信佛教有关。

资圣寺除了著名的净土院、圆仁寄宿的西院，还有置有高三丈有余铁观音立像的观音院，南边耸立的塔院中收藏了大量名画。[1]因此，资圣寺在僧侣及士大夫心中均是极具魅力的场所。

圆仁能在长安资圣寺度过近5年充实的求法巡礼生活，应与知玄、云栖等名僧有很大关系。《巡礼行记》会昌五年五月十五日条载：

> 当寺讲《维摩》《百法》座主云栖，讲《涅槃经》座主灵庄，先卌已下例还俗讫。今裹头着俗衣，来县中相看。……云栖座主亦勾当笼驮，相共排比。恐不得随身将去，晚际出城。……李侍御、栖座主同相送到春明门外，吃茶。[2]

座主云栖与灵庄曾在资圣寺居住，还俗后亦送别圆仁，可见两人与圆仁交情匪浅。

此外，圆仁《入唐新求圣教目录》中有《百法显幽抄》十卷、《大乘百法明门论疏》一卷、《百法疏抄》二卷、《大乘百法玄枢决》一卷、《大乘百法义门抄》二卷等[3]。小野胜年指出，弟子惟正能在资圣寺抄录

---

1 [日]堀池春峰：《円載・円仁と天台国清寺および長安資聖寺について》，《南都仏教史の研究下・諸寺編》，法藏馆1982年版。

2 [日]小野胜年：《入唐求法巡礼行記の研究》第4卷，法藏馆2014年版，第143—144页。

3 [日]圆仁：《入唐新求聖教目録》，《大日本仏教全書》第95卷《目録部一》，铃木学术财团1972年版，第246页。

《百法显幽抄》等，皆得益于圆仁与云栖的关系。[1]

云栖也应与彼时同住资圣寺的内供奉知玄相识。根据《全唐诗》卷五四四收录的刘得仁《寄楼子山云栖上人》《送智玄首座归蜀中旧山》等诗，可知刘得仁与云栖、知玄（一作“智玄”）交情深厚。现存刘得仁的诗中，与寺院、僧侣相关的有七成之多。由此可见，刘得仁也信仰佛教。

此外，《全唐诗》卷八二三载有僧栖白的《哭刘得仁》，可知刘得仁与栖白相交匪浅。刘得仁撰有《送姚合郎中任杭州》《寄姚谏议》《上姚谏议》等诗。《全唐诗》卷八二三载：“栖白，越中僧。前与姚合交，后与李洞、曹松相赠答。宣宗朝，尝居荐福寺，内供奉、赐紫。”可知，栖白与姚合也有交情。从姚合有诗名曰《寄国子杨敬之祭酒》推测，姚合和杨敬之关系密切。

《全唐诗》卷八二三录有栖白所作《送圆仁三藏归本国》一诗（宋朝李龏《唐僧弘秀集》卷八中也收录此诗），[2]即“家山临晚日，海路信归桡。树灭浑无岸，风生只有潮。岁穷程未尽，天末国仍遥。已入闽王梦，香花境外邀”。佐伯有清指出，“树灭浑无岸”寓指因会昌废佛所造成的佛法毁灭，该诗是栖白在会昌废佛时寄给远离长安的圆仁之作。[3]圆仁如何与栖白相交尚不明晰，或许是通过杨敬之、刘得仁、云栖、知玄等人的介绍。[4]

---

1 ［日］小野胜年：《入唐求法巡礼行記の研究》第4卷，法藏馆2014年版，第153页。

2 《天台霞标初编》卷一收录有栖白《送圆仁三藏归本国》，补注载：“台麓生源寺藏此诗（栖白）一幅。其尾曰：右载于《唐僧弘秀集》，送慈觉大师诗也。或曰洛阳妙心寺藏唐和赠答诗集。其中亦载此诗。”文中指出该诗是送给慈觉大师圆仁之作。

3 ［日］佐伯有清：《円仁》，吉川弘文馆1991年版，第194页。

4 小野胜年指出，栖白在圆仁滞留长安时应与其共处一地，二人可能通过杨氏等有所交流。［日］小野胜年：《入唐求法巡礼行記の研究》第4卷，法藏馆2014年版，第160页。

此外，《文苑英华》卷二二三录有项斯的《日东僧》（“东”一作“本”）：“云水绝归路，来时风送船。已无身后念，犹坐病中禅。深壁藏灯影，空窗出艾烟。要人知是客，白日指生缘。”[1]从“艾烟”的使用时期可知，该诗应作于仲夏前后。

《新唐书》卷一六〇《杨敬之传》载：“雅爱项斯为诗，所至称之，繇是擢上第。”此外，根据《全唐诗》卷四七九中杨敬之《赠项斯》一诗，可知项斯与杨敬之相交颇深。项斯于会昌三年在长安与杨敬之相见，翌年进士及第后，赴任润州丹徒县尉。[2]因此，该诗应作于会昌三年前后。《巡礼行记》卷四会昌三年七月二十五日条载：“弟子惟晓从去年十二月一日病，至今年七月，都计八个月病。会昌三年当日本承和十年七月廿四日夜二更尽，身亡。”可知，圆仁弟子惟晓自会昌二年十二月至翌年七月去世前一直患病。此外，同卷同年七月二十七日条载：“殡葬于春明门外镇国寺东头，资圣寺瓦窑北角地。”[3]惟晓应于当日葬于镇国寺附近。因此，上述染疾的“日东僧”或为圆仁的随从僧惟晓。若如此，则与杨敬之相交的项斯曾去过资圣寺，并结识圆仁师徒。

另外，唐人乐部与圆仁同船赴日。其赴日后所作《圆仁三藏供奉入唐请益往返事传记》载：

> 兼与大唐数客，同载而还。或有志在琴书，或则好游山水。其有簪缨鼎族，或是累世衣冠。或则术比扁秦，或有义同管鲍。文能

1 ［宋］李昉等编：《文苑英华》第2册，中华书局1966年版，第1118页。《全唐诗》卷五五四《日东（一作本）病僧》中，最后两句并非“要人知是客，白天指生缘”，而是“已无乡土信，起塔寺门前”。

2 李传慰：《唐代诗人项斯研究》，扬州大学硕士论文，2010年。

3 ［日］小野胜年：《入唐求法巡礼行記の研究》第4卷，法藏馆2014年版，第23—28页。

> 备体，武勇绝伦，皆受供奉厚恩。……郃望本南阳，寓居西蜀。幼常好学，不事生涯。应举无成，思游本国。[1]

可知，随圆仁赴日的“大唐数客”被誉为“文能备体，武勇绝伦”。此外，乐郃虽出身南阳，却寓居西蜀。因科第无望，故随圆仁赴日。乐郃或许在长安就与圆仁相识。[2]

关于圆仁在唐时期的交友情况，《圆仁三藏供奉入唐请益往返事传记》载：

> 六年住于资圣，旦暮公卿继来。敕使（音史）内养安存，神有加毗雍护。至于给舍员郎、内官高品，在长安再闰，讨寻顶礼者，内不下百。或则持香献果，或有舍施资财。……公侯卿士，雨泪而辞。供奉名僧，若离亲戚。门侣朋友，无不凄然。资圣仁人，悉皆流涕。

可知，圆仁在滞留资圣寺期间，受到了给（给事中）、舍（中书舍人）、员郎（员外郎）等逾百位唐朝高官的访问、援助。此外，在圆仁回国之际，“公侯卿士”“供奉名僧”“门侣朋友”“资圣仁人”等都来送别。百人以上或许有些夸张，但如前所述，圆仁在离别长安之际，众人依依惜别。[3]上述杨敬之、杨鲁士、刘得仁应名列其中。

据《巡礼行记》所载，时值开成六年正月九日会昌改元之际，招福

---

1 ［日］小野胜年：《〈円仁三藏供奉入唐請益往返伝記〉について》，《東方宗教》第40号，1972年；王勇：《〈円仁三藏供奉入唐請益往返伝記〉諸本雜考及び注釈》，《日本漢文学研究》第2号，2007年。

2 乐郃的身份是“乡贡进士”。《新唐书》卷四十四《选举志》载：“唐制，取士之科，多因隋旧，然其大要有三。由学馆者曰生徒，由州县者曰乡贡，皆升于有司而进退之。其科之目有秀才、有明经、有俊士、有进士……”

3 ［日］佐伯有清：《円仁》，吉川弘文馆1991年版，第192页。

寺的内供奉、三教讲论大德齐高法师在菩提寺讲授《涅槃经》，内供奉、三教讲论赐紫引驾起居大德文溆法师在会昌寺讲授《法华经》。此外，会昌元年五月一日，内供奉、讲论大德嗣标法师在资圣寺讲授《金刚经》，青龙寺圆镜法师在菩提寺讲授《涅槃经》。其中，文溆法师当时被誉为“城中俗讲，此法师为第一”。[1]姚合《姚少监诗集》卷十《听僧云端讲经》载：“无生深旨诚难解，唯是师言得正真。远近持斋来谛听，酒坊鱼市尽无人。”刘禹锡《刘宾客文集》卷二十九《送僧仲剬东游兼寄呈灵澈上人》载：“前时学得经论成，奔驰象马开禅扃。高筵谈柄一麈拂，讲下听徒如醉醒。”由此可知，以通俗的语言讲授佛教经义的“俗讲”大受欢迎，盛极一时。当时的文人与士大夫也受到这种佛教信仰的影响。姚合与刘禹锡皆为杨敬之的挚友。

此外，中唐时期在家居士与僧侣的结社活动盛极一时，慧远与“十八贤”结成“白莲社”一事广为流传。白居易与香山僧如满的“香山社”、姚合之友郑巢与僧澄江的“西方社”等也广为人知。通过结社，唐士大夫与僧侣的联系得以加强，并建立了友好关系，希望借此与僧侣一同往生西方净土。[2]

如前所述，以知玄为中心聚集的杨敬之等杨氏一族及高元裕，属于“白莲社”等佛教信仰组织，彼此间建立了友好关系。换言之，在僧侣之间、知识分子之间，或僧侣与知识分子（尤其是官员）之间存在着一张交际网。得益于这张交际网，即便会昌年间爆发了激烈的废佛事件，笃信佛教的唐朝官员也敢于向圆仁等僧侣提供方便，给予援助。

此外，《巡礼行记》卷四会昌五年七月九日条载：

---

1 [日]小野胜年：《入唐求法巡礼行記の研究》第4卷，法藏馆2014年版，第340页。
2 郭绍林：《唐代士大夫与佛教（增补本）》，三秦出版社2006年版，第107—112页。

九日斋时，到涟水县，县属泗。缘楚州译语有书，付送涟水乡人，所嘱令安存，兼计会留钩之事。仍到县，先入新罗坊。坊人相见，心不殷勤。就总管等苦觅识认，每事难为。

可知，圆仁途经开成四年曾访问过的涟水县新罗坊，请求提供回国援助时，虽携带楚州译语刘慎言的求助书信，但新罗坊众人的态度却“心不殷勤”，其总管也毫不配合。换言之，楚州译语刘慎言的求助书信对涟水县的新罗坊人完全没有发挥出预期作用。对此，田中史生指出，这不仅出于新罗坊人对废佛政策的恐惧，当地新罗人贸易网的衰退也是重要原因。[1]

涟水县新罗坊人对携带刘慎言书信的圆仁极为冷淡，这与接受杨敬之与杨鲁士书信的郑州、汴州的唐士大夫的热情援助形成鲜明对比。因此，可以说贸易层面的联系，远不如基于佛教信仰构筑的友人关系更为紧密、稳固。

此外，《巡礼行记》卷四会昌五年十一月三日条载：

三四年已来，天下州县，准敕，条流僧尼，还俗已尽。又天下毁拆佛堂、兰若寺舍已尽。又天下焚烧经像、僧服罄尽。……唯黄河已北镇、幽、魏、路等四节度，元来敬重佛法，不拆〔寺〕舍，不条流僧尼，佛法之事，一切不动之。频有敕使勘罚。云：“天子自来毁拆焚烧，即可然矣。臣等不能作此事也。”

由此可知，黄河以北的镇州、幽州、魏州、路州四节度使笃信佛教，不毁坏寺院，不迫使僧尼还俗。例如，《资治通鉴》卷二四八会昌五年八月壬午条载：“五台僧，多亡奔幽州。”可知，幽州并没有充分贯彻废佛

---

1 ［日］田中史生：《国際貿易と古代日本》，吉川弘文馆2012年版，第134—138页。

政策。[1]此外，据说镇州节度使也没有彻底破坏本州的寺院与佛像。[2]即使在中原地区，尤其是郑州与汴州，信仰佛教的郑州刺史李褒、长史辛文昱、汴州节度副使裴休等人也没有积极推行废佛运动。

出生河南的笔者热切关注9世纪中叶中原地区的佛教社会，但遗憾的是，中国方面的相关记载极少。本文基于日僧圆仁《巡礼行记》，不仅探讨了支持圆仁的唐士大夫及僧侣的群体形象，也阐明了9世纪中叶中原地区佛教社会、佛教信仰者交友关系之一斑。今后笔者将继续深化对《巡礼行记》等跨国史料的分析，以期探明中国古代佛教社会的实态。

（本文原题《円仁と唐人楊敬之—円仁の求法巡礼を支えた唐人の交流ネットワーク——》，发表于新川登亀男编《日本古代史の方法と意義》，勉诚出版2018年版）

二
圆仁的禅法受容与唐人萧庆中

有关禅宗在日本的传播，中世入宋僧荣西和道元等人的禅宗求法受到了广泛关注，前人研究成果丰硕。近年来，奈良、平安时代禅法传入日本的经过也颇受关注，涌出了诸多相关研究成果。例如，有关奈良时代禅法流播的研究，有末木文美士的《奈良时代的禅》；有关平安时代禅法受容的研究，有高木訷元的《有关唐僧义空来朝的诸问题》、田中

1　［日］小野胜年：《入唐求法巡礼行記の研究》第4卷，法藏馆2014年版，第253页。
2　刘淑芬：《从本愿寺石刻看唐代获鹿的地方社会》，《简牍学报》，1997年第16期。

史生的《唐僧义空来日》等。[1]但关于圆仁的禅法受容研究比较少见。[2]

本文对圆仁的禅法受容及其与唐人萧庆中的关系进行考察，探讨当时修禅和饮茶的关系，究明圆仁在唐时期的求法活动。

圆仁的禅法受容

关于圆仁在唐朝学习禅法一事，《续天台宗全书・史传部二》收录的《慈觉大师传》(以下简称为现行本《慈觉大师传》）载：

> 既得州牒，往青州府，见节度及副使、判官，乃往龙兴寺。投暮，副使至寺，致慰劳也。明朝遣使，延请私舍。……副使盛设羞膳供之。判官劳问，亦复如此。判官姓萧，名庆中。能通禅门，受师资相传之法。即以此法，付属大师。

可知，圆仁向精通禅门的青州府判官萧庆中习得师资相传之法。

至于圆仁和萧氏的结识，《巡礼行记》卷二开成五年（840）三月条载：

> 廿二日，……归到寺里。节度副使张员外入寺来相见。又见幕府判官，姓萧，名度中。
>
> 廿三日，早朝，赴萧判官请，到宅吃粥，汤、药、茗、茶周

1　具体有[日]末木文美士《奈良時代の禅》(《日本仏教思想史論考》，大藏出版1993年版)、[日]高木訷元《唐僧義空の来朝をめぐる諸問題》(《空海思想の書誌研究》，法藏馆1990年版)、[日]田中史生《唐僧義空の来日》(《特集　古代中世日本内部の禅》，勉诚出版2011年版)、[日]大槻畅子《唐僧義空の招聘及びその背景》(《ヒストリア》227号，2011年)、葛继勇《東アジア禅宗史における唐僧斉安像》(铃木靖民编：《日本古代の王権と東アジア》，吉川弘文馆2012年版）等。

2　林岱云《日本禅宗史》(日本图书中心1977年版）简单阐述了圆仁学习禅法的相关史实，但未关注唐人萧庆中。

足。判官解佛法，有道心，爱论义，见远僧，殷勤慰问。欲斋时，节度副使差一行官，唤入州进奏院斋。

可知，招待圆仁的不是萧庆中，而是萧度中。[1]小野胜年据《慈觉大师传》，改“度”为“庆”。[2]其中的“论义”一词见于《巡礼行记》卷二开成四年十一月二十二日条，即“赤山院讲经仪式，……誓愿讫论义者，论端举问”。唐朝道宣所作《续高僧传》卷四《译经篇》玄奘条中，有“能论义者数千人，各擅雄辩，咸称克敌”的记载。“论义”指的是发问者和回答者围绕宗义和法门等的是非和义理进行的争论，也称为讲论、法问、问答、论难、竖义。[3]可知，圆仁向萧庆中提出了有关佛法的问题，并获得了相关知识。

现行本《慈觉大师传》载：“又有一硕德，名全雅，高六尺余，又解梵书。来致劳问，既而归去。大师即访寻，请为阿阇梨，蒙受灌顶。于是，始授金刚顶大教，便附嘱所持金刚界大曼荼罗。又授以师资相传之法。”从僧全雅处获得的密教“师资相传之法”这一表述，与从萧庆中处习得的“师资相传之法”是相同的。可知，从萧庆中处所学禅法与从全雅处学习密教被圆仁视为同等重要。

但是，上文提到的《巡礼行记》开成五年三月条的记载与现行本《慈觉大师传》有三处不同。第一，现行本《慈觉大师传》中有“能通禅门，受师资相传之法”的记载，但在《巡礼行记》中只有“解佛法”

1 《本朝高僧传》卷六《江州延历寺沙门圆仁传》中有“判官萧氏名庆，明佛心宗，得禅门祖印。仁请益参寻，遂蒙印可”的记载。其中“萧庆”是萧庆中的误写。

2 ［日］小野胜年：《入唐求法巡礼行記の研究》第2卷，铃木学术财团1966年版，第313页。

3 ［日］小野胜年：《入唐求法巡礼行記の研究》第2卷，铃木学术财团1966年版，第152页。

的记载。萧庆中精通禅法一事在《巡礼行记》中没有记载。第二，现行本《慈觉大师传》中有“即以此法，付属大师”的记载，但在《巡礼行记》中只载“有道心，爱论义”，而且圆仁从萧庆中处学习禅法一事在《巡礼行记》中也没有记载。第三，现行本《慈觉大师传》中只有“羞膳”的记载，但在《巡礼行记》中可以看到“粥”“汤、药、茗、茶”等词，萧庆中用“茗、茶”等来招待圆仁。

从以上这些差异中又派生出三大问题：第一，萧庆中是否精通禅法？第二，圆仁是否从萧庆中处习得禅法？第三，萧庆中是否嗜茶？笔者将在下文讨论问题一、问题三，这里主要考察问题二。

首先，现行本《慈觉大师传》不仅仅是按照《巡礼行记》来记述的，还参考了一些其他史料。被认为是现行本《慈觉大师传》祖本的三千院本《慈觉大师传》（《续天台宗全书·史传部二》所收）载：

> 既得州牒，往青州府，相见节度及以副使、判官等，仍配住龙兴寺。其日晚头，副使入寺，特慰问和尚，每事安存。明日早朝，遣使请和尚。而于宅里，让自床座，令和尚坐。和尚苦辞不肯坐。副使恭敬合掌云：“为贪功德，故让座和尚。伏愿哀悯，纳受之。”和尚即许之，升床，结跏趺坐。副使即喜欢，兼奉献上妙供具。幕府判官亦同劳问。然此判官姓萧，名庆中。能解禅门，受师师相传法。以此相传，付嘱和尚。其辞在别。

其中记载判官萧庆中的内容少于节度副使，但与《巡礼行记》的相关记述相比，萧庆中传授圆仁禅门“师师相传法”一事有明确记载。如上述《巡礼行记》所载“有道心，爱论义”，可知萧庆中通晓佛法，并与圆仁进行了探讨。

另外，《巡礼行记》卷二开成五年四月三日条载：

平明发。幕府判官差行官一人，送过城门。幕府从初相见之时，心极殷勤。在寺之时，每日有恩施，慰问不绝。发行之时，差人送路，兼示道路。

由此可知，判官萧庆中在圆仁即将启程之际派遣了一名行官送行。“幕府”指的是判官萧庆中。也就是说，圆仁和判官萧庆中在三月二十二日至四月三日期间一直保持着密切交往。在此期间，圆仁师从萧庆中习禅是完全可能的。

另外，从三千院本《慈觉大师传》附注“其辞在别”来看，萧庆中将禅门的“师师相传法”传授圆仁一事在别处也有记载。佐伯有清详细地考证了《慈觉大师传》的各个版本，但没有特别提到这个“别记”。[1]三千院本《慈觉大师传》应当是最早的圆仁传记。[2]那么，这里所说的别记并非慈觉大师的传记，而应该是圆仁所写的某篇文章。因此，笔者认为萧庆中将禅门的“师师相传法”授予圆仁一事是可信的。

圆仁与禅法的接触

接下来再谈谈圆仁为何对禅法感兴趣以及其与禅法接触的契机。

天台宗祖师最澄分别从道璇、行表和天台禅林寺僧翛然处学习了北宗禅和牛头禅，其携归佛经目录里也有不少是禅宗文献或据推测是禅宗文献的书籍。天台宗原本与禅宗密切相关[3]，圆仁通过《达磨大师付法相

1　[日]佐伯有清：《慈覚大師伝研究》，吉川弘文馆1986年版。

2　[日]福井康顺：《慈覚大師別伝の形成》，《慈覚大師研究》，早稻田大学出版部1964年版；[日]佐伯有清：《慈覚大師伝の基礎研究（二）》，《慈覚大師伝研究》，吉川弘文馆1986年版。

3　关于禅宗与天台宗的交流，详见[日]关口真大：《禅宗と天台宗との交流》，《大正大学研究纪要—仏教学部・文学部—》49辑，1959年。

承师师血脉谱》和别当大师光定《传述一心戒文》等，在入唐前掌握了一些禅宗的相关知识。

关于圆仁在唐期间与禅法的关系，三千院本《慈觉大师传》载：

> 和尚喜欢，即便下船，登其州赤山法华院，过于一冬。爰和尚悲欢，好师难值，真法难得。以何方便，得入国内，为果意愿。伏愿海会诸尊顾拯爱慈，当处山神助我此愿。若有助成，我当还国，建立禅院传禅门法，资益山神云云。此赤山院盛传禅法，故发此愿也。

文中的赤山法华院为禅宗寺院，当时禅法广为流传，圆仁遂发愿建立禅院。《巡礼行记》卷二开成五年正月十五日条载：

> 斋后，皆散去。赤山法花院常住僧众及沙弥等名：僧昙表、僧谅贤、僧圣林、僧智真、僧轨范（禅门）、僧顿证（寺主）、明信（去年典座）、惠觉（禅门）、修惠、法清（去年院主）、金政（上座）、真空、法行（禅门）、忠信（禅门）、善范、沙弥道真（去年直岁）、师教、咏贤、信惠（住日本国六年）、融济、师俊、小善、怀亮、智应，尼三人，老婆二人。

可知，当时赤山法华院里住着轨范、惠觉和法行、忠信等众多禅宗僧侣。圆仁在滞留赤山期间应与这些僧侣有所接触。因此，在唐时期的圆仁发愿建立禅院，也不足为奇。[1]

---

1 《元亨释书》卷三收录的《圆仁传》载："明年巡观州县，禅刹邻差。乃诣赤山神祠，立誓曰：正法难逢，真师益难。山神愿加冥助，我归本土，当建禅宇，弘传心印。"可知，圆仁在滞留登州法华院期间，曾立志在归国之后建立禅院一座。

现行本《慈觉大师传》载：

> 仁和四年，建立大师本愿禅院。是南大纳言山庄也，在延历寺西坂下。大众合力，以钱二百贯买得也。宽平二年，太政大臣越前公施入年给一分一人。其状云："为支天台教主慈觉大师本愿，奉施入如件。"传闻，大师昔者踰鳌波求象教，即在西唐，发欲建禅院之愿。爰归本朝，未及始营。

因圆仁发愿，仁和四年（888）延历寺西坂之下建立了一座赤山禅院。根据上文提到的"发愿"和"即在西唐，发欲建禅院之愿"的记述可知，圆仁在唐时就对禅法产生了兴趣。也就是说，圆仁与禅法的接触可以追溯到其在唐初期。

最早关注此事的小野胜年指出："在《慈觉大师传》中也可以看到与洛北赤山禅院的起源相关的记载，不过关于萧庆中的记载也暗示，圆仁受容的禅仅仅停留在传法禅的层面。在巡礼的过程中，圆仁有机会接触到禅僧以及禅宗，但对此的关注度并不太高。"[1]

诚然，在唐时期圆仁的主要目的在于求法天台宗和真言密教，巡礼佛教圣地，但当时的僧侣"兼学"其他宗派的经典。例如，除了华严宗之外，赴日唐朝僧侣道璇还精通禅宗和天台宗。[2]故圆仁在唐时期学习禅法并不违反宗规。

《巡礼行记》卷一承和五年（838）十月十四日条载：

---

1 ［日］小野胜年：《入唐求法巡礼行記の研究》第2卷，铃木学术财团1966年版，第319页。

2 葛继勇《赴日唐僧和奈良佛教》〔《郑州大学学报（哲学社会科学版）》2007年第5期〕详细阐述了道璇的"兼学"。

斋后禅门宗僧等十三人来相看：长安千福寺天台宗惠云，禅门宗学人僧弘鉴、法端、誓实、行全、常密、法寂、法真、惠深、全古、从实、仲诠、昙幽。

可知，在圆仁与萧庆中会面之前，即滞留扬州期间，前来慰问的十三名僧侣当中，有十二名均属“禅门宗”（禅宗）。此外的一人惠云，与圆仁同属天台宗。圆仁对“禅门宗”产生兴趣应在此时。可以说，后来圆仁在登州赤山法华院发愿归国后建立禅院或萌芽于此。

关于圆仁在禅宗传入日本过程中的地位，《元亨释书》卷二十七《诸宗志（禅）》载：

禅者，如来心性之玄赜也。……初昭公禀三藏之密付，道璿有行表之别传，义空得盐官之正派而来，慈觉受萧氏之秘授而返。然而四传不嗣，阒尔无闻。后三百年，建久之间，建仁西公单传全提。逮于宽宝，尔、隆二师鼓行东西。

可知，从玄奘三藏处得到“密付”的道昭、获得行表“别传”的道璿、获得盐官“正派”的义空、受到萧氏“秘授”的慈觉大师圆仁等四人在日本传播禅法，但均后继无人。在300年后的建久年间（1190—1198），入宋僧荣西（1141—1215）将禅宗（临济宗）传入日本，之后入宋僧圆尔辨圆（1202—1280）和赴日僧兰溪道隆（1213—1278）再次将禅宗带到日本，并传播开来。

上文之所以没有提及道元（1200—1253）传入的曹洞宗，大概是由于《元亨释书》的作者临济僧虎关师炼（1278—1346）尊重临济宗开祖荣西、东福寺开山祖师圆尔辨圆（圣一国师）、建长寺开山祖师兰溪道隆等本宗派的高僧。虎关师炼八岁时拜师于临济宗圣一派的东山湛照（圆尔辨圆的法统继承人）坐禅，之后又入建长寺的约翁德俭（兰溪道隆的法统继承人）门下，与圆尔辨圆和兰溪道隆两人关系密切。虎关师炼探访建长寺的一山一宁时，被问及日本名僧的事迹，由于无法自如应答，故于元亨二年（1322）编撰《元亨释书》。

《元亨释书》卷六《唐国义空传赞》载：

> 世言，橘后问密法于弘法，法盛称之。后曰："更有法之迈之者乎。"法曰："太唐有佛心宗，是达磨之所传来也，炽行彼地。空海又虽少闻之，未暇究之耳。"因兹后使萼扣问灵池。

可知，橘皇后从弘法大师处获得了有关佛心宗（禅宗）的信息，故让慧萼入唐，向盐官灵池院的齐安禅师请教。据空海所述，禅宗在唐朝十分兴盛，但其本人无暇深究。在日本的禅法传播者中之所以看不到弘法大师空海的名字，或许与此有一定关系。

另外，现行本《慈觉大师传》载：

> 已得到登州押新罗使张咏宅。大师自谓："吾经历数年，犹未归国。所受法门，独在我身。若不归本朝，徒没他乡，恐宿命自违，圣教坠地。"即梦达磨和尚、宝志和尚、南岳、天台、六祖慧能、本国圣德太子、行基菩萨及先师俱来语曰："我等为拥护汝令归乡国，故复到此，特以慰劳。"

上述内容也出现于三千院本《慈觉大师传》和《元亨释书》卷三的《圆仁传》，从中可以看到达摩和尚与六祖慧能之名。可以说，圆仁在回国的时候，对禅法的认识已经有了进一步的加深。

玄奘三藏、道璿[1]以及盐官齐安[2]三人都是非常有名的人物，相比之下，“萧氏”却几乎不为人所知。

萧庆中的人物形象

有关萧庆中的记载鲜见于史料，其人物形象也有诸多不明之处。但是，在当时著名诗人卢仝的诗文中，可以看到与萧庆中有关的记载。

例如，卢仝诗《寄萧二十三庆中》（《全唐诗》卷三八八）载：

> 萧乎萧乎，忆萧者嵩山之卢。卢扬州，萧歙州。相思过春花，鬓毛生麦秋。……我忆君心千百间，千百间君何时还。使我夜夜劳魂魄。

从诗题“寄萧二十三庆中”可以看出，萧庆中应在同宗兄弟（包括表兄弟和堂兄弟）中排行第二十三位。“萧歙州”指的是到达歙州（即徽州）的萧庆中，“卢扬州”指的是身处扬州的卢仝。

另外，据卢仝诗《萧二十三赴歙州婚期二首》（《全唐诗》卷三八九），可知卢仝在萧庆中成婚前已与相识。故《寄萧二十三庆中》作于萧庆中赶赴歙州之后。从卢仝《听萧君姬人弹琴》（《全唐诗》卷三八九）可以看出，与妻子一起回到扬州的萧庆中和卢仝再次相聚。

卢仝诗《萧宅二三子赠答诗二十首》（《全唐诗》卷三八七）序文载：

---

1 有关道璿和禅的关系，详见[日]末木文美士：《奈良時代の禅》，《日本仏教思想史論考》，大藏出版1993年版。

2 葛继勇《東アジア禅宗史における唐僧斉安像》（[日]铃木靖民编：《日本古代の王権と東アジア》，吉川弘文馆2012年版）详述了对齐安禅师及其弟子的传法活动。

萧才子修文行名，闻将迁家于洛，卖扬州宅，未售。玉川子客扬州，羁旅识萧，遂馆萧未售之宅。既而萧有事于歙州，玉川子欲归洛，忆萧，遂与砌下二三子酬酢，说相愧意。俄而二三子有忧宅售心，与其他人手，孰与洛。客以萧故，亦有勉强，不能逆其情。文以见意，遂尽录寄萧。天知地知，非苟有所欲，二三子心远讷君子。萧乎萧乎，君归不得见者，细长三四片者乎。

文中出现的“玉川子”是卢仝的号，宋代胡如埙《月蚀诗书》载：“唐卢仝居洛阳之玉川，自号玉川子。”“二三子”指的是萧庆中宅中种植的竹子或放置的石头等。

从序文可知，卢仝滞留扬州期间住在萧庆中未售之宅中。后来，卢仝决定回洛阳，在与萧庆中宅院中的竹、石、草告别之际作赠答诗二十首。从“萧才子修文行名”一句可以看出，两人的友谊出于共同的诗文爱好。

以上有关萧庆中的记载均来自卢仝的诗。因此，只有弄清卢仝的活动轨迹，才能还原萧庆中的鲜活形象。

遗憾的是，有关卢仝的活动轨迹尚有诸多不详之处。一般认为，卢仝于大历五年（770）前后生于济源，大概二十七岁之前隐居王屋山和嵩山（少室山），贞元十三年（797）随父移居扬州。4年后父亡，卢仝返回济源，贞元十八年在洛阳购置宅院，举家迁往洛阳。元和四年（809）三月，与诗人韩愈一同从洛阳出发前往嵩山游玩。元和六年冬，变卖旧宅前往扬州。翌年，与常州刺史孟郊的叔父孟简相会，作唱和诗五首。随后，卢仝返回扬州，在故交萧庆中家中短暂停留，元和八年返回洛阳。翌年，卢仝将儿子托付给一位长安友人，随后不知去向。[1]据唐代李玫《纂异记》、宋代钱易《南部新书》等可知，宰相王涯在大和九年（835）十一月的“甘露之变”中失势，当时卢仝正住在其府邸，可能与王涯一起被杀。

卢仝诗《萧二十三赴歙州婚期二首》作于元和八年（813）。前往歙州赶赴婚期的萧庆中正值弱冠。[2]由此可知，开成五年（840）三月与圆仁相见时，萧庆中应该在五十岁上下。

据《巡礼行记》卷二和《慈觉大师传》诸本记载，萧庆中时任青州节度使（平卢节度使）的判官。判官是次于节度使、副大使、知节度使、行军司马、副使的行政事务官员，定员一人。由此可见，萧庆中应当具有相当强的行政能力。《唐会要》卷七十六《贡举中》进士条载：“宝历元年四月，贤良方正能直言极谏科：唐绅、杨俭、韦瑞符、舒元褒、萧敞、杨鲁士、来择、赵祝、裴晖、韦繇、李昌宝、严楚封、李涯、萧夷中、冯球、元晦及第。”可知，宝历元年（825）四月萧夷中进士及第。遗憾的是，萧庆中和萧夷中的关系并不明确，有可能为同一人。如前所述，《巡礼行记》中把“庆”字误写为“度”字。《唐会要》中的“夷”字抑或为笔误。

另外，与萧夷中同时进士及第的还有杨鲁士。《巡礼行记》卷四会昌五年（845）五月十五日条载：

职方郎中、赐绯鱼袋杨鲁士前曾相奉，在寺之时殷勤相问，亦

---

1 刘曾遂：《卢仝不死于“甘露之变”辨——兼考卢仝生卒》，《杭州大学学报（哲学社会科学版）》1983年第3期；孔庆茂、温秀雯：《卢仝行年考》，《南京师范大学学报（社会科学版）》1990年第4期；郑慧霞：《卢仝研究》，华中师范大学博士论文，2007年，第11页。

2 郑慧霞：《卢仝研究》，华中师范大学博士论文，2007年，第138页。

曾数度到寺检校，曾施绢褐衫裤等。今交郎君将书来，送路绢二匹、蒙顶茶二斤、团茶一串、钱两贯文、付前路书状两封，别有手札。

可知，杨鲁士时任从五品上的职方郎中。圆仁在长安滞留期间可能是通过萧庆中（萧夷中）与杨鲁士相识。

值得注意的是，卢仝诗《寄萧二十三庆中》中有“嵩山之卢”这一表述。也就是说，元和八年（813）夏，身在扬州的卢仝称自己来自嵩山。元代辛文房《唐才子传》卢仝条载：“初隐少室山，号玉川子。……后卜居洛城。”宋代晁公武《郡斋读书志》卷四中有“隐少室山，号玉川子”的记载，可知卢仝早年曾隐居少室山。

韩愈《嵩山天封宫题名》（清代叶封《嵩阳石刻集记纪遗》）中记载：

元和四年三月二十六日，与著作佐郎樊宗师、处士卢仝，自洛中至少室谒李征君渤。樊次玉泉寺，疾作，归。明日，遂与李、卢、道士韦濛、僧荣，并少室而东抵众寺，上太室中峰，宿封禅坛下石室。遂自龙泉寺，钓龙潭水，遇雷。明日，观启母石，入此观，与道士赵玄遇，乃归。闰月三日，国子博士韩愈题。

文中的“玉泉寺”是指嵩山玉泉寺。卢仝诗《寄崔柳州》（《全唐诗》卷三八九）云：“柳州蛮天末，鄙夫嵩之幽。”“嵩之幽”是指卢仝在嵩山的隐居地。卢仝应是在回乡后才与韩愈一同前往嵩山的。

卢仝《萧宅二三子赠答诗二十首》中的《石请客》一诗云：“启母是诸母，三十六峰是诸父。”“启母”是指嵩山的启母观，“三十六峰”

即少室、太室两山之间的三十六峰。[1]另外，《客谢石》一诗云：“我有水竹庄，甚近嵩之巅。是君归休处，可以终天年。”《马兰请客》一诗云：“兰兰是小草，不怕郎君骂。愿得随君行，暂到嵩山下。”《客请马兰》一诗云：“嵩山未必怜兰兰，兰兰已受郎君恩。”卢仝诗中流露出在返回洛阳之前欲邀请萧庆中宅院里的竹、石、井等一同前往嵩山之意。因此，元和九年以后，卢仝可能从扬州返回后居住在嵩山。

卢仝将萧庆中宅院中的竹、石、马兰草看作人，并邀请它们前往嵩山，事实上意在邀请宅院的主人萧庆中。可知，变卖扬州住宅、移居洛阳的萧庆中与滞留嵩山的卢仝之间交情颇深。

萧庆中的饮茶与修禅

据《巡礼行记》卷二开成五年三月条，深谙禅法的萧庆中在青州自己家中款待过圆仁。以下，笔者对卢仝等人的饮茶习惯与禅法的关联进行梳理，并围绕萧庆中从何处习得禅法进行讨论。

遗憾的是，卢仝的文集《玉川子诗集》三卷已全部散失。《全唐诗》卷三八八和卷三八九中收录了卢仝的部分诗作，其中有《寄赠含曦上人》《赠稚禅师》《将归山招冰僧》《访含曦上人》等与僧侣的唱和诗。

例如，《寄赠含曦上人》（《全唐诗》卷三八九）载：“楞伽大师兄，夸曦识道理。……起信中百门，敲骨得佛髓。……访余十数度，相去三五里。”可知，卢仝和含曦上人曾有过深入交流。含曦上人是洛阳长寿寺的僧人，长寿寺距卢仝住处三五里。卢仝曾频繁拜访长寿寺，应对《楞伽经》等经典有一定了解。开元年间，天竺僧菩提流志（？—727）在洛阳长寿寺翻译经典的同时进行禅观修行，直到圆寂。

---

1 《读史方舆纪要》卷四六《河南一》名山条中引用的《名山记》载：“山高二十里，周百三十里，中为峻极峰。东曰太室，西曰少室，其回环，盖有三十六峰。”

另外，卢仝诗《赠稚禅师》（《全唐诗》卷三八九）云："春风满禅院，师独坐南轩。万化见中尽，始觉静性尊。我来契平生，目击道自存。与师不动游，游此无迹门。"可知，卢仝在禅院中进行过禅宗的修行。《将归山招冰僧》（《全唐诗》卷三八九）云："我心尘外心，爱此尘外物。欲结尘外交，苦无尘外骨。泌泉有冰公，心静见真佛。可结尘外交，占此松与月。"可知，卢仝对禅宗有很深的理解。冰公是指常州无锡慧山寺僧若冰。若冰《题惠山泉》（《全唐诗》卷八五〇）云："野客偷煎茗，山僧借净床。安禅何所问，孤月在中央。"诗中所描写的是喝茶的禅宗僧侣。无锡市慧山如今仍存"若冰禅洞"遗址。

卢仝《萧宅二三子赠答诗二十首》既受到了老庄思想的影响，也受到了禅宗的影响。宋代胡仔《苕溪渔隐丛话》前集卷十九引用的《雪浪斋日记》（宋代魏庆之《诗人玉屑》卷十五中也有收录）云："玉川子诗，读者易解，识者当自知之。《萧才子宅问答诗》如庄子寓言，高僧对禅机。"文中将萧庆中比喻为对答禅法的高僧。

据说，卢仝在见到诗人孟郊的叔父孟简[1]时吟咏了《走笔谢孟谏议寄新茶》（《全唐诗》卷三八八）（俗称《七碗茶诗》）：

> 一碗喉吻润，二碗破孤闷。三碗搜枯肠，唯有文字五千卷。四碗发轻汗，平生不平事，尽向毛孔散。五碗肌骨清，六碗通仙灵。七碗吃不得也，唯觉两腋习习清风生。

此诗在中国的饮茶史上具有重要价值。相较著有《茶经》一书、有"茶圣"之称的陆羽，卢仝被称为"亚圣"。另外，元代耶律楚材《西域

1 《旧唐书·孟简传》载："明于内典。（元和）六年，诏与给事中刘伯刍、工部侍郎归登、右补阙萧俛等同就醴泉佛寺翻译《大乘本生心地观经》。简最擅其理。"可知，孟简也是信仰佛教之人。

从王君玉乞茶因其韵七首》（《湛然居士集》卷五）云：“卢仝七碗诗难得，谂老三瓯梦亦赊。”卢仝的名声可与吟咏“吃茶去”公案的从谂禅师（778—897）相提并论。

有关禅和饮茶，蔡希寂诗《登福先寺上方然公禅室》（《全唐诗》卷一一四）中有“茶果仍留欢”一句，可以看出茶和禅之间的紧密关系。另外，与陆羽同时代的封演所著《封氏闻见记》（《茶道古典全集》第一卷）卷六饮茶条载：

> 开元中，泰山灵岩寺有降魔师，大兴禅教，学禅务于不寐，又不夕食，皆许其饮茶，人自怀挟，到处煮饮，从此转相仿效，遂成风俗。

也就是说，僧侣在修禅过程中为了驱除睡魔，以饮茶代替晚餐。后来民间纷纷效仿，饮茶之风日盛。另外，清代陆廷灿《续茶经》下卷之一引用的《檀几丛书》云：“唐天宝中，稠锡禅师名清晏，卓锡南岳。涧上泉忽进石窟间，字曰真珠泉。师饮之清甘可口，曰：得此瀹，吾乡桐庐茶不亦称乎。”由此可知，天宝年间，稠锡禅师已经养成了饮茶习惯。[1]简言之，禅宗僧侣的饮茶是茶流行起来的契机之一。

实际上，正如陆羽《陆文学自传》（《文苑英华》卷七九三）中所述，“始三岁，茕露，育于竟陵大师积公之禅院”。陆羽的童年时代是在禅院度过的。所谓“禅茶一味”，便阐明了禅与茶的关系。[2]

---

1 宋僧普济《五灯会元》卷九《西塔穆禅师法嗣、吉州资福如宝禅师》中载：“（弟子僧）问：如何是和尚家风。师曰：饭后三碗茶。”可知，饭后饮茶三碗是和尚的家风。

2 高桥忠彦指出，虽然茶已经渗透进了唐代官僚生活的方方面面，但大部分以枯寂为主题。详见[日]高桥忠彦：《唐詩にみる唐代の茶と仏教》，《東洋文化》第70号，1990年。

开元年间饮茶习惯在僧侣间广泛传播的同时，在文人世界中也愈发受到重视。值得注意的是，吟诵茶诗的唐代诗人大都对禅宗有着深刻的理解。唐代以茶为题材作诗最多的诗人是白居易，如《睡后茶兴忆杨同州》（《全唐诗》卷四五三）云“花浮鱼眼沸”，《和知非》（《全唐诗》卷四四五）载“第一莫若禅，第二无如醉。禅能泯人我，醉可忘荣悴”。由此可知，白居易精通煎茶技法与禅法。

禅僧皎然的《饮茶歌诮崔石使君》（《全唐诗》卷八二一）是与前述卢仝《走笔谢孟谏议寄新茶》相类似的茶诗。此诗云：“一饮涤昏寐，情来朗爽满天地。再饮清我神，忽如飞雨洒轻尘。三饮便得道，何须苦心破烦恼。……孰知茶道全尔真，唯有丹丘得如此。”禅僧皎然创造出“茶道”一词，他认为茶能净化心灵，与禅有着同样的效果。另外，在他的诗中也有对茶和禅的关系的论述。比如，《答裴集阳伯明二贤各垂赠二十韵今以一章用酬两作》（《全唐诗》卷八一六）云：“清宵集我寺，烹茗开禅牖。”在修禅时，茶被认为是不可或缺的精神食粮。[1]

从卢仝、白居易以及僧皎然的茶诗来看，与修禅联系在一起的煎茶法是共通的饮用方法。特别是卢仝《萧宅二三子赠答诗二十首》的《客谢竹》一诗中有云：“君芳随我行，必有煎茶厄。”这也是煎茶法被用于竹林煮茶的契机。一边饮茶一边吟咏《七碗茶诗》的卢仝精通禅法不足为奇。

圆仁在唐期间，常被以茶款待。《巡礼行记》中关于饮茶的记载有30处。不仅在寺庙和茶馆里，还有在俗人（官员）家中饮茶的记载。[2]例如，《巡礼行记》卷二开成五年三月三日条中有“从载门入参见使君，邀上厅里啜茶”的记载，即使君邀圆仁进入正厅饮茶。

开成年间，饮茶场所似乎已经从禅院转移到了日常生活中的场所，

---

1 ［日］高桥忠彦：《唐詩にみる唐代の茶と仏教》，《東洋文化》第70号，1990年。

2 ［日］齐藤圆真：《入唐入宋僧と喫茶》，《渡海天台僧の史的研究》，山喜房佛书林2010年版。

如住宅、草堂、茶铺等。前述《巡礼行记》卷二开成五年三月二十三日条载：“早朝，赴萧判官请，到宅吃粥，汤、药、茗、茶周足。”[1]可知，萧庆中家中不光有汤、药，也备有茗、茶。陆羽《茶经》上卷载：“茶者，南方之嘉木也。……其名，一曰茶，二曰檟，三曰蔎，四曰茗，五曰荈。”晋郭璞《尔雅注》卷九云：“今呼早采者为荼，晚取者为茗，一名荈。”（《封氏闻见记》卷六饮茶条亦同）可知，“茗”与“茶”意思不同。开成五年三月二十三日条对“茗”与“茶”两者均有记载。《巡礼行记》的其他条文中多记为“茶”，圆仁在俗者家中喝的也只有“茶”。因此，与拿“羞膳”款待圆仁的节度副使相比，以“茗”和“茶”招待圆仁的萧庆中对茶道的造诣更深。

卢仝作《走笔谢孟谏议寄新茶》后，回到扬州与萧庆中重逢。萧庆中或已了解《七碗茶诗》作者卢仝的饮茶习惯，其饮茶习惯受卢仝影响。不仅是饮茶习惯，精通禅法的萧庆中得授“师资之法”，恐怕还得益于与隐居嵩山的卢仝的交往。

综上可知，萧庆中受卢仝饮茶、修禅习惯影响的同时，得授禅宗的师资相传之法，而圆仁则从亲密交往的萧庆中处习得此法。

圆仁带回日本的经书目录中有诸多与禅有关的经典。例如，开成三年八月在扬州抄写《大唐韶州双峰山曹溪宝林传》一卷和《大乘楞伽正宗诀》一卷，随后在五台山抄写《达磨和尚五更转》一卷，滞留长安期间得《曹溪山第六祖慧能大师说见性顿教直了成佛决定无疑法宝记檀经》一卷、《达磨大师唯心观》一卷、《南阳和尚问答杂征义》一卷、《傅大士还原诗》一卷、《征心行路难》一卷、《曹溪禅师证道歌》一卷、《甘泉和尚语本并大簪和尚传心要旨》一卷、《心镜弄珠耀篇并禅

1　小野胜年《入唐求法巡礼行記の研究》第2卷（铃木学术财团1966年版，第320页）中，将“荼”字改为了通用的“茶”字。

性般若吟》一卷等。[1]可以看出，圆仁竭尽全力将禅宗法门传入日本。

另外《元亨释书》卷三《慧解二》收录的《圆仁传》载：

> 遗言曰："我在唐时，立二誓：创禅院、造文殊楼。文殊楼已成，禅院未营，是我患也。且禅院者为赤山明神所誓也。我求法无碍，归国不艰，皆神之赐也。我誓未果，甚惭于神。诸法友及徒弟等，愿替我造之。"……诸友徒依顾命，建禅院并神祠于睿山之西麓。

可知，圆仁建立禅院的愿望在其死后才得以实现。正如《元亨释书》卷二十七《诸宗志（禅）》所载"四传不嗣，阒而无闻"。这与禅在日本难以被理解、未能广泛传播有很大关系。圆仁死后禅院的得以建立，是因为日本佛教界也在不断推进对禅的理解，建立禅院的条件渐趋成熟。

另外一种可能，则是与皇后橘嘉智子有关，其于弘法大师处获得有关禅的信息后，派遣慧萼入唐招请禅师。[2]但是，如《本朝高僧传》卷十九《洛阳檀林寺沙门义空传》赞中所述"然实参实悟者，橘后一人而已。空公知时未熟，辞之归唐"，传入日本的禅，除了橘嘉智子之

1　根据圆仁《入唐新求圣教目录》（收录于《大正新修大藏经・目录部》可知，圆仁带来的禅宗经典中，《曹溪山第六祖慧能大师说见性顿教直了成佛决定无疑法宝记檀经》以及《大唐韶州双峰山曹溪宝林传》《曹溪禅师证道歌一卷》是有关南宗禅开山始祖慧能，《南阳和尚问答杂征义》是有关慧能弟子神会的经典。可知，圆仁对南宗禅抱有极大的兴趣。

2　有关慧萼入唐招请禅师的内容，详见田中史生《唐僧義空の来日》（《特集　古代中世日本内部の禅》，勉诚出版2011年版）和葛继勇《東アジア禅宗史における唐僧斉安像》（［日］铃木靖民编：《日本古代の王権と东アジア》，吉川弘文馆2012年版）。

外无人理解，以致唐僧义空失望而归。另外，春屋妙葩等编《梦窗正觉心宗普济国师语录》下卷升座条载：

> 昔嵯峨天皇御宇，有慧萼上人奉敕渡于大唐，流通佛法于本朝。参盐官安国师，信有教外玄旨，仍请其会下上首义空和尚来于本朝。敕以东寺西院为安下处，时时召对凤阙。于时皇后宿植开发一面契悟，乃建精舍于此。嵯峨以号檀林，请彼禅师住持。……其事具载石碑而在东寺。其碑表题云：日本首传禅宗记。然禅宗兴行，未得其时。皇后登霞之后，檀林精舍渐渐荒零，或为郊芜，或为民居。[1]

可知，虽然义空赴日传禅尽心竭力，但是禅宗在日本兴盛的时机尚未成熟。橘皇后死后，义空居住的檀林寺也逐渐凋敝。直到荣西和道元入宋之后，禅宗才正式传入日本。

橘皇后和禅宗传入日本的关系、平安时期日本接受禅宗的过程以及中世时期对圆仁传入禅法的评价等，值得研究的课题尚多。限于篇幅，笔者暂且搁笔，以期他日再行探讨。

（本文原题《日僧圆仁的禅法受容与唐人萧庆中》，发表于《日本哲学与思想研究》（2018—2019卷），延边大学出版社2021年版）

---

1 ［日］春屋妙葩等编：《夢窓正覺心宗普済国師語録》下卷，《大正藏》第80卷，No.2555。

第二章
圆仁石刻的发现及相关问题

一
圆仁石刻的发现及相关课题

2010年7月9日至10日，《朝日新闻》《读卖新闻》等日本主流媒体报道了在河南省登封法王寺发现圆仁石刻的消息。这是继2004年在中国发现遣唐使井真成墓志之后第二块与日本遣唐使相关的石刻，因而广受关注。但是，同年8月27日《读卖新闻》报道圆仁石刻可能为赝品；9月2日，该报纸又报道："在杂物垃圾中发现第二块圆仁石刻，十分可疑。"

2010年7月至9月，笔者前往法王寺进行了三次实物调查。本文将发现石刻的始末、石刻的制作年代以及相关研究进行详细介绍。

发现圆仁石刻的始末及现状

2010年6月23日，笔者从国学院大学教授铃木靖民处获悉发现圆仁石刻的消息，随后于6月25日在东京与酒寄雅志教授商量并安排调查行程。7月4日，笔者遂与铃木靖民、酒寄雅志一同前往登封法王寺调查圆仁石刻。

事实上，2010年1月下旬，以法王寺住持延佛法师为首的法王寺访日团在访问日本延历寺、大慈寺等寺院时，披露了发现圆仁石刻的消息。当年2月，酒寄雅志从日本栃木县大慈寺获悉此消息。另外，6月18日从中国返回日本的阿南史代也向酒寄雅志转告了中国中央电视台报道圆仁石刻的消息，即在5月19日至21日中央电视台《探索·发现》栏目播出的“古刹秘史”系列节目中。此节目分别以“佛光初现”“法耀千秋”“地宫显秘”为题，报道了法王寺的建立、兴盛以及二号塔发掘的成果。

7月4日，我们在确认圆仁石刻的保存状况、法王寺二号塔位置的同时，从该寺恒兴和尚处得知了发现圆仁石刻的始末。据称，在1999年前后，有位老僧在法王寺塔附近发现了圆仁石刻。2004年，老僧圆寂后，有人在其居住房间的角落发现圆仁石刻，后嵌于天王殿和钟楼紧挨的琉璃门东壁上。

图2—1　琉璃门东壁镶嵌的圆仁石刻拓片（“壁面石刻”）

图2—2　钟楼一层保存的另一方圆仁石刻（“钟楼石刻”）

我们的调查成果于7月9日至10日在前述新闻媒体中被报道。16日酒寄雅志在日本国学院大学举行了报告会。参会学者及普通听众近500人，盛况空前。与此同时，从法王寺二号地宫中出土的金铜香炉与陶瓷器等文物在东京国立博物馆展出。

8月10日，笔者陪同阿南史代夫妇再次对圆仁石刻进行调查。河南省登封市地方史志办公室主任吕宏军、登封市文物管理局副局长宫嵩涛也参加了此次调查。吕宏军介绍了发现石刻的始末与保存状况，宫嵩涛则介绍了二号地宫的发掘调查情况。

8月20日，酒寄雅志在写给笔者的邮件中称存在两种拓本，其文言与字体大致相同，但修饰花纹与文字之间的间隔不一。酒寄雅志返日后，发现法王寺赠送给阿南史代与大慈寺主持林应仁的拓本是不同的，也就是说，至此才知道存在两方圆仁石刻。

事实上，笔者最早在7月中旬与宫嵩涛的通话中就已经得知存在两方圆仁石刻，即除了东壁镶嵌的石刻外，还有一方布局失衡的石刻。可惜的是，这一情况当时并没有引起笔者的重视。

书道史学者饭岛太千雄在比较两种拓本后指出“两种石刻均为伪造品的可能性很大”。于是，笔者在向吕宏军确认钟楼一层还有另一方石刻后，于8月31日与酒寄雅志一同第三次前往调查。

在吕宏军的引导下，我们在法王寺钟楼一层的角落看到了另一方圆仁石刻。镶嵌在外壁，上面的花纹与横数第一行字有间隔且布局平衡（以下称“壁面石刻”），而在法王寺钟楼一层角落里看到的另一方石刻上面的花纹与横数第一行字无间隔，布局失衡（以下称“钟楼石刻”）。

我们向居住在钟楼一层的老僧询问了这方圆仁石刻是何时出现在此处，是否知道这方石刻为何物。老僧对此一无所知。据吕宏军介绍，2009年9月中央电视台《探索·发现》栏目组来法王寺采访的时候，发现了放置于钟楼一层的“钟楼石刻”。

“钟楼石刻”的长宽与“壁面石刻”大体相同，且取材一样。标题六字，正文共九行，每行八字，有七十二字，撰者姓名四字，纪年六字，共八十八字。“钟楼石刻”纵向右侧42厘米、左侧43.5厘米，横向上60.3厘米、下60厘米；“壁面石刻”纵向右侧42.1厘米、左侧42厘米，横向上60.4厘米、下60.7厘米。

释迦舍利藏志

汉西来释迦，东肇佛
坛，嵩之南麓，法王寺
立矣。随仁寿间帝敕
建浮屠，遣使安佛真
身舍利于内。殊因移
匿地宫函密之，盖护
宝非不恭也。法门圣
物，世远疑失，诚恐镌
石以记，祈圣门永辉。

圆仁，天如。

大唐会昌五年。

图2—3　圆仁石刻铭文

圆仁石刻的真伪及制作年代

为何存在两种圆仁石刻的问题像谜一样困扰着我们。在法王寺二号塔的调查发掘报告简报中，全然没有提及圆仁石刻。[1]也就是说，此石刻并非是基于科学调查的出土文物。关于石刻的真伪及制作年代等问题，学界争论至今。2010年8月31日，一起参加调查的洛阳拓本专家裴建平指出，从文字的雕刻技艺看，“钟楼石刻”比“壁面石刻”的制作年代更早。另外，饭岛太千雄也认为，从雕刻技艺上看，“壁面石刻”比“钟楼石刻”更加精致。据推测，应该是发现“钟楼石刻”明显布局不平衡后，重新制作了文字与上下花纹的距离大致相同的“壁面石刻”。

据笔者所知，关于圆仁石刻的真伪及制作年代，有以下三种说法：

说法一：唐代物品——吕宏军（时任登封市地方史志办公室主任）。

说法二：明代物品——宫嵩涛（时任登封市文物管理局副局长）。

说法三：现代伪造品——饭岛太千雄（日本书道史研究者）。

首先，关于说法一，圆仁石刻的花纹是唐代“富贵不断线”纹，文字也是唐代石刻常见的楷书，吕宏军主张圆仁石刻应为唐代物品。另外，铃木靖民在对照贞观二年（628）圆仁回国后写的十四字书信，认为书信中的楷书与石刻的文字很相似。在法王寺地藏殿东壁有一方开元十一年（723）纪年的《大唐嵩岳闲居寺故大德珪禅师塔记》石碑，所以圆仁石刻有可能是唐代物品。[2]

但是，据《大唐嵩岳闲居寺故大德珪禅师塔记》记载，元珪禅师是嵩岳闲居寺而非法王寺的僧人。元珪禅师塔在闲居寺的东侧，距离法王

---

1 河南省文物考古研究所：《河南登封市法王寺二号塔地宫发掘简报》，《华夏考古》2003年第2期。

2 ［日］铃木靖民：《入唐僧円仁に関する新資料の出現》，《日本歴史》第750号，2010年11月。

寺很近，因此《大唐嵩岳闲居寺故大德珪禅师塔记》收藏于法王寺并不奇怪。据清代席书锦的《嵩岳游记》载，该石碑于清初就已嵌藏在法王寺的地藏殿外墙。[1]

与说法一不同的是，宫崇涛认为，“富贵不断线”石刻花纹在唐代石刻中很少出现，但在明代颇为常见，此外，也没有唐代石刻中明显的包围文字的边框线（决定文字大小的线）。所以，根据石刻的现状来看，应为明代物品。所谓的“富贵不断线”花纹，在古代的青铜器与陶器中常见，但在宋代以前的石碑上并不多见。明清时期，特别是清代的石碑上常见这种花纹。

关于说法三，饭岛太千雄指出，从圆仁石刻的正文内容、措辞、书法样式很难确认是圆仁书写的东西，其书法是否具有会昌年间（841—846）的特征尚不明了。[2]

但是，倘若考虑到圆仁石刻并非在日本制作，而是在中国求法巡礼时与当地的中国人一起制作完成，那么石刻上的字并不能作为判断石刻是现代伪造品的有力证据。

圆仁石刻中记载的“圆仁”被认为是日僧。倘若石刻是伪造品，就必须解开唐会昌五年（845）圆仁的活动为何被明清时期的中国人知道之谜。关于会昌五年圆仁的活动，只有参照《巡礼行记》才能得知。

《巡礼行记》的流传历史大致如下：①据现存的东寺观智院本《巡礼行记》的跋文可知，正应四年（1291）十月在京都东山的长乐寺中书写。②正应四年十月书写的《巡礼行记》于明德二年（1391）十月由东寺观智院收藏，在南北朝以后并未见记载。③明治十六年（1883）七

---

1 郑州市图书馆文献编辑委员会编：《嵩岳文献丛刊》第4册，中州古籍出版社2003年版，第15页。

2 ［日］饭岛太千雄：《円仁〈釈迦舎利藏誌〉の問題点》，《書道界》第251号，2010年10月。

月，在东寺发现。3年后的八月，内阁临时修史局对其进行调查。④明治二十七年（1894）七月制作了誊写版本。在明治三十二年（1899）八月抄写本完成之后，《巡礼行记》受到了广泛的关注。[1]

从《巡礼行记》的书写与流布过程来看，很难想象《巡礼行记》在1900年以前便流传到了中国。《巡礼行记》被发现后即流传到中国并且引起重视，也令人生疑。圆仁石刻可能并非原来的石碑而是复制品，原碑破损，周围的花纹已经不能模糊，明清工匠只能根据当时流行的模样进行复制。但由于制作出来的一方（“钟楼石刻”）不尽人意，便又制作了另外一方（“壁面石刻”）。

另外，清代叶封《嵩山志》卷八载：

> 封按：（法王寺）建自东汉永平，与洛阳白马寺最为首创。历代崇隆，至五代分为五院，亦甚巨丽矣。明末寇燹，止存门殿各一，余悉灰烬。……至古碑板无一存者，即旧志艺文亦无一篇，惟元明小碣三四而已。[2]

据此可知，法王寺始于东汉，至五代时依然雄伟壮观，但在明末“寇燹”的浩劫中仅残存一门一殿。宋、元之前的石碑、石板无一完整保存，元明时期的石刻仅存三四方。若圆仁石刻是明末以前从地宫出土，可能在明末遭到了破坏。

嵩岳寺塔地宫发掘报告中称，地宫的墙壁上有唐开元二十一年（733）的墨书题记及清代雍正、乾隆年间的题记。因此，嵩岳寺塔的地

---

1 ［日］平泽加奈子：《〈入唐求法巡礼行記〉の伝来》，［日］铃木靖民编：《円仁とその時代》，高志书院2009年版。

2 郑州市图书馆文献编辑委员会编：《嵩岳文献丛刊》第2册，中州古籍出版社2003版，第106页。

宫有可能在唐开元年间与雍正、乾隆年间被打开过。相邻的法王寺塔的地宫也不例外，有可能在建成之后被打开过。

综上所述，现存的圆仁石刻并非明末以前之物，而是在明末因“寇燹”被破坏之后，于雍正、乾隆年间被复制并流传至今。

发现圆仁石刻的意义及相关课题

以下，笔者围绕两方石刻的复刻原因略作探讨。

如今法王寺现存的古代石碑极少。清代席书锦《嵩岳游记》〔光绪二十年（1894）写成〕卷一收录的明傅应星《题法王寺》载：“古寺残僧少，荒烟断碣多。”此外，赵宽夫《赠适庵上人》载：“法王古刹无烟久，画壁模糊龙象走。惟有当时一片月，至今自吐嵩门口。”[1]可见，明末清初法王寺几近荒废，在住僧侣较少，许多石碑被废弃。

常茂徕《续中州金石录》载：

> 咸丰乙卯秋，（常茂徕）偕会善寺僧智永游法王寺。于垣外得僧塔残石，如破磬，剩字五十八，有“大历年”三字，知是唐物，携归作砚。宝之，题曰：“嗟哉大师讳伊何，剩兹片石文无多。”[2]

咸丰乙卯年（1855）秋，法王寺的塔记被破坏，仅存“大历年”等五十八字，遗憾的是，其他五十五字的内容不明。被安置于二号塔中的白玉佛像据说是唐末物品，现已损坏。

幸而明清时代的圆仁石刻流传至今，留下历史价值极高的研究资

---

1 郑州市图书馆文献编辑委员会编：《嵩岳文献丛刊》第4册，中州古籍出版社2003版，第14页。

2 郑州市图书馆文献编辑委员会编：《嵩岳文献丛刊》第4册，中州古籍出版社2003版，第15页。

料。但是，学界对此关注较晚。李利安在《释迦牟尼佛舍利及其在佛教信仰中的地位》一文中，仅提及此石刻记载的佛舍利，并没有涉及圆仁。[1]汪海波在《佛牙考察》一文中，收录了圆仁石刻的铭文，并指出圆仁是日本僧人[2]，但是缺乏详细的研究。

初次详细介绍圆仁石刻的是《大法王寺国宝佛骨舍利》一书（香港延佛国际慈善基金会，刊行年不明）。2010年1月下旬，法王寺住持延佛法师一行赠给日本大慈寺等寺院的便是此书。此书中收录的《嵩山大法王寺与佛祖舍利的历史由来》一文指出，基于《巡礼行记》的记录，石刻中的“圆仁”应是日本僧人。《〈大（“入”的误写）唐求法巡礼行记〉与圆仁石碑》一文指出，圆仁在入唐以前就已名望颇高，并与唐朝高官交往频繁，故在石刻上留下自己的名字。

在本节开头提及的“古刹秘史”系列节目中，中国文化传播发展促进会副会长高志其认为，石刻上的“圆仁”正是《巡礼行记》的著者慈觉大师圆仁。

2010年7月16日，酒寄雅志发表了《与入唐僧圆仁相关的新出现资料——中国法王寺〈释迦舍利藏志〉的调查和研究》一文。[3]文中也指出，“圆仁”是《巡礼行记》的著者慈觉大师。同年7月24日，气贺泽保规发表的《新发现石刻〈圆仁法王寺舍利藏志〉的介绍与其意义》也持相同意见。[4]铃木靖民也认为：“此圆仁并非唐僧，而是归国后成为天

1 李利安：《释迦牟尼佛舍利及其在佛教信仰中的地位》，《释迦塔与中国佛教》，宗教文化出版社2009年版。

2 汪海波：《佛牙考察》，《佛学研究》第17期，2008年12月。

3 ［日］酒寄雅志：《入唐僧円仁に関する新出資料—中国法王寺〈釈迦舎利藏誌〉の調査と検討—》，国学院大学，2010年7月16日。

4 ［日］气贺泽保规：《新発見石刻〈円仁法王寺舎利藏誌〉の紹介とその意義》，第三回中国石刻合同研究会，2010年7月24日。

台座主、奠定天台密教基础的慈觉大师圆仁。”[1]

此外，迄今所知的在唐日本人相关文献资料中，几乎都有“日本”的国号记录，若“圆仁”为日本僧人，则石刻上为何没有“日本”二字？另外，圆仁石刻记载的“天如”又是何人？

关于“天如”，有以下几种说法：

①圆仁来法王寺时的知客僧

②圆仁来法王寺时法王寺的住持

③二号塔地宫发现的包骨像的僧侣

④与圆仁同行来法王寺的唐僧

由于资料中全无记载，故仅是推测，暂无定论。

圆仁可能得到了法王寺藏有佛舍利的消息，故放弃从洛阳到郑州的路线，经由登封法王寺迂回到达郑州。《巡礼行记》会昌五年（845）六月九日条载：

> 行十五里，回头望西，见辛长史走马趁来，三对行官遏道走来。遂于土店里在，吃茶，语话多时相别，云：“此国佛法即无也，佛法东流，自古所言。愿和上努力，早达本国，弘传佛法。弟子多幸，顶谒多时。今日已别，今生中应难得相见。和上成佛之时，愿不舍弟子。”

酒寄雅志指出：“郑州长史辛文昱在‘弘传佛法’中所言，与圆仁石刻

1 ［日］铃木靖民：《入唐僧円仁に関する新資料の出現》，《日本歴史》第750号，2010年11月。

开头的‘汉西来释迦，东肇佛坛’意义相同，故辛文昱有可能受杨敬之的嘱托，在村屋野店中求圆仁润笔，撰写《释迦舍利藏志》。”[1]

诚然，圆仁携带着杨敬之书信，从长安到郑州的路途中得到沿途州县的特殊关照。但是，据登封县《告成碑》中“大唐洛州登封县”的记载可知，唐代时登封隶属洛阳，法王寺应称“东都法王寺”，并非豫州或郑州。圆仁特地前往法王寺，应与佛舍利有关。在会昌灭佛最盛期，保护佛舍利的异国僧圆仁、唐僧天如的举动，代表了当时中国佛教社会的动向。

圆仁石刻对于了解圆仁在唐经历和旅行过程具有重要意义。圆仁石刻上无月日的记载，仅有会昌五年的记载，但从《巡礼行记》的记载来看，这与圆仁的活动日程并不矛盾。

据《巡礼行记》载，圆仁六月一日到达东都（洛阳）崔太傅宅，六月九日到达郑州。其间，他去往何处、所做何事尚不明确。《嵩山大法王寺与佛祖舍利的历史由来》一文指出：

①从洛阳到嵩山约160里的距离，依当时交通情况一日既达。

②法王寺被称为“天下第一菩提道场”。圆仁拜访供养舍利的法王寺。

③圆仁从长安到登封的旅途中亲身经历了武宗灭佛，故向法王寺方丈天如建议保护佛舍利并将其移向二号塔地宫埋藏。

④圆仁因移埋舍利有大功，在石刻上留下了名字。

1 ［日］酒寄雅志：《入唐僧円仁に関する新出資料—中国法王寺〈釈迦舍利藏誌〉の調查と検討—》，国学院大学，2010年7月16日。

另外，气贺泽保规推测如下[1]：

①从洛阳到嵩山约150里的距离，圆仁早出昼达，在供养舍利的寺院投宿，由寺僧天如接待。

②午后，圆仁谈到了朝廷的灭佛政策及长安与法门寺舍利的情况，与天如一致决定保护法王寺的舍利。

③午夜，秘密将一号塔（隋塔）的舍利移到了二号塔的地宫，同时由工匠刻碑。

④最后把碑志也安置到了地宫内。文章记载了舍利移动的原因及意义。落款是圆仁与天如。

从洛阳出发前往法王寺，必须翻越洛阳与登封之间的轘辕关。《元和郡县志》卷六载：“轘辕山在县东南四十六里。《左传》：栾盈过周，王使候出诸轘辕。注曰：缑氏县东南有轘辕关，道路险隘，凡十三曲将去复还，故曰轘辕。后汉河南尹何进所置八关，此其一也。”轘辕关在缑氏县（今河南省偃师市）东南，东有太室山，南有少室山，东汉建成，是洛阳到登封、许州（今河南省许昌市）的必由之路。

据《说嵩》载：“唐高宗屡入嵩，凿山开道如车箱。”《偃师县志》载：“将至（轘辕）关，两石夹立如削，有斧凿痕，即唐高宗所开车箱道。”可知，轘辕关开凿于唐高宗时期。

另据《故轘辕府鹰扬后任斛斯君墓志》（《唐代墓志铭汇编附考》第二册，墓志一五四）可知，由于地理位置险要，轘辕关为历代军府驻地。清光绪二十八年（1902）河南太守文悌纪念修缮轘辕关所作《开修

1 [日]气贺泽保规：《新発見石刻〈円仁法王寺舎利藏誌〉の紹介とその意義》，第三回中国石刻合同研究会，2010年7月24日。

轘辕关车路碑记》载："洛都四面踞山，东虎牢，西函谷，南伊阙，东南轘辕，皆天险也。独轘辕关石蹬巉岩，不通轨辙。仕官商贾由汝颍来者，非取道伊阙不能达洛。"《嵩岳游记》卷四轘辕关条称："东控太室，西襟少室，中为禹许入洛之道。"[1]可知，轘辕关在清代仍是紧连洛阳与登封的交通要冲。去嵩山参拜的圆仁必须翻越轘辕关才能到达登封嵩山。

若圆仁不经洛阳东南的龙门，则可能从洛阳城东的白马寺、永宁寺，沿现在的207国道，经缑氏村（灵严寺）—参店村—府店村—轘辕关—法王寺的古道进入法王寺。

以上，笔者围绕圆仁石刻的发现经过、保存现状、制作年代等进行了探讨。现存的圆仁石碑系明末损坏，清雍正、乾隆年间复制而成。圆仁当时并不是经由北路的偃师—巩义—虎牢关—荥阳—郑州，而是经由洛阳城—白马寺—永宁—缑氏村（灵严寺）—参店村—府店村—轘辕关—法王寺这一路线行至登封法王寺，进而经郑州、开封踏上回国之路。

（本文原题《円仁石刻の発見及びその課題》，发表于《日本思想文化研究》2010年第2号）

二
圆仁石刻的诸问题

2010年7月9日，在日本《朝日新闻》对《释迦舍利藏志》（通称"圆仁石刻"）进行报道后，中日两国相继作了报道并召开了研讨会，

---

1 郑州市图书馆文献编辑委员会：《嵩岳文献丛刊》第4册，中州古籍出版社2003年版，第70页。

圆仁石刻受到各界人士的广泛关注。笔者也曾撰稿指出该石刻应为清朝雍正、乾隆年间的重刻。根据此前进行的五次实地考察，笔者将在下文对法王寺圆仁石刻进行深入论述。[1]

圆仁石刻的公开经过

2010年1月，以法王寺住持延佛法师为首的访日团在访问延历寺、大慈寺时，带去了圆仁石刻的相关信息。但至同年6月，有关圆仁石刻的报道仍未受人关注。直到中央电视台对圆仁石刻进行报道的消息传至日本后，才逐渐引起日本学者的关注。同年7月4日，笔者与铃木靖民、酒寄雅志第一次在法王寺见到了圆仁石刻（以下称“壁面石刻”）。

据相关报道，中国国内最早公布圆仁石刻的消息，是在2004年10月末。据《香港商报》2004年10月30日的报道，延佛法师在东莞市的隐贤寺（延佛法师兼任该寺住持）引用圆仁石刻，主张法王寺二号塔内出土的是佛舍利。据登封市地方史志办公室主任吕宏军介绍，圆仁石刻于2004年前后被嵌入连接天王殿和钟楼的琉璃门东壁之上。也就是说，延佛法师向记者介绍圆仁石刻时，已被嵌入壁中。

2004年2月，二号塔出土的佛舍利被迎至法王寺。在此之前，因对该寺遗留的石碑进行调查，才发现了“壁面石刻”。其后，因认为圆仁石刻中的“圆仁”为日本僧人，才将其公之于世。可以确定的是，圆仁石刻首先是由法王寺僧公开的。

在2010年5月19日至21日中央电视台《探索・发现》栏目播出的“古刹秘史”系列节目中，中国文化传播发展促进会副会长高志其判定“圆仁”是日本僧侣，且为《巡礼行记》的作者。由于法王寺山门前广

1　五次考察分别为：2010年7月4日（铃木靖民、酒寄雅志先生）、8月10日（阿南史代女士）、8月31日（酒寄雅志先生）、11月20日（河野保博先生）、12月26日（国学院大学《入唐求法巡礼行记》研究会）进行的实地考察。

场所立“重兴大法王寺碑记”（1998年立）的撰文者为高志其，因此其应为2004年最早判定“圆仁”为日本僧人的学者之一。

2005年4月《大河报》刊登了圆仁石刻的相关报道。然而，这仅仅引起了一些与佛舍利相关的研究者的关注，并未引起中日两国历史学者，特别是圆仁研究者的注意。[1]在《大河报》记者于2005年3月访问法王寺之际，法王寺二号塔的发掘调查工作已进行了5年之久，其时正在修复法王寺砖塔。但令人不解的是，题为“河南登封市法王寺二号塔地宫发掘简报”的调查发掘报告早在2003年第2期的《华夏考古》便已公开发表，但直到2009年才引起中央电视台的关注。或许是圆仁石刻的公开，才让法王寺突然受到了关注。

据吕宏军介绍，2009年9月因委托拓工收集法王寺的残余石刻，以制作拓片，遂发现了另一方圆仁石刻（以下称“钟楼石刻”）。因当时尚不明确为何同时存在两方唐代的圆仁石刻，故未公开。

2010年，法王寺分别于7月27日和8月10日赠予日本大慈寺住持林庆仁法师与阿南史代圆仁石刻的拓片。由于获赠的拓片为两张、两种，因此日本学者才判明存在两方不同的圆仁石刻。故笔者又于8月31日进行了第三次考察，调查了保管于钟楼里的石刻资料。

2010年9月3日日本的《朝日新闻》报道了“钟楼石刻”的发现。然而除了国学院大学《入唐求法巡礼行记》研究会的成员外，几乎没有其他日本学者亲眼看到“钟楼石刻”。另外，关注圆仁石刻的中国学者也很少有人知道“钟楼石刻”的存在，可以说圆仁石刻的研究目前尚未展开。

---

1 依笔者管见，相关研究有汪海波《佛牙考察》（《佛学研究》第17期，2008年12月）、李利安《释迦牟尼佛舍利及其在佛教信仰中的地位》（《释迦塔与中国佛教》，宗教文化出版社2009年版）等，其他论文鲜有触及圆仁石刻。

唐代的法王寺和现存石刻

有关法王寺寺名的由来，现在学界一般围绕傅梅《嵩书》进行研究。根据傅梅《嵩书》〔成书于万历四十年（1612）〕卷三可知，法王寺建于汉永平十四年（71），魏青龙二年（234）改名护国寺，晋永康元年（300）在寺前修建了法华寺。隋仁寿二年（602）因修建舍利塔而改名为舍利寺，唐贞观三年（629）因佛像修复获称功德寺，开元十八年（730）改名御容寺，大历元年（766）改名广德法王寺。后唐时代分为护国院、法华院、舍利院、功德院[1]、圣容院五院，宋庆历八年（1048）五院合并，受赐名"嵩山大法王寺"，此名流传至今。

《嵩书》成书后编纂的与嵩山相关的文献，基本上也是照搬了上述内容。例如在叶封《嵩山志》卷八、景日昣《说嵩》卷三等书中也能看到相关记事。比傅梅《嵩书》成书略早的陆柬《嵩岳志》〔成书于隆庆五年（1571）〕中也有关于法王寺的记载：

> 玉柱峰右。汉明帝永平建，隋改舍利寺。唐太宗贞观中，敕绘佛像，开元中改名功德寺，又曰御容寺。五代名护国寺。

此外，《大清一统志》卷一六三、《河南通志》卷五十载："开元中，改名功德。"可知，开元年间法王寺改称"功德寺"。陆柬在撰写《嵩岳志》之前虽然并未到访过嵩山，但是他对各地的石刻、地理志等十分了解。[2]因贞观年间修复佛像之功德，改名为功德寺并不为奇，但究竟可以

1　法王寺塔顶内部有题记："当□□院僧永信、功德院僧法佑，于天圣十年四月十日至此纪。"据此可知，至天圣十年（1032），功德院尚存。

2　郑州市图书馆文献编辑委员会编：《嵩岳文献丛刊》第1册，中州古籍出版社2003年版。

从哪些资料得知开元年间除了功德寺之名外，还有御容寺这一名称，目前尚不明确。

参考唐代白居易的《夜从法王寺下归岳寺》可知，唐大历元年（766）法王寺改名为广德法王寺，也称法王寺。而且，常茂徕《续中州金石考》载：

> 咸丰乙卯秋，（常茂徕）偕会善寺僧智永游法王寺。于垣外得僧塔残石，如破磬，剩字五十八，有“大历年”三字，知是唐物，携归作砚。宝之，题曰：“嗟哉大师讳伊何，剩兹片石文无多。”

可知，僧塔的建造年代也不明确，仅存“大历年”等五十八字。田凯根据“大历年”几个字，指出法王寺的二号塔以及地宫的建造年代大约是大历年间（766—799）。[1]但“僧塔残石”的留存地点不明，因此无法判断其与二号塔的关系。此外，“大历年”不是二号塔和地宫的建造年代，可能是指大历元年法王寺改名广德法王寺一事。

现存的法王寺石碑有金皇统八年（1148）的《大金故大法王禅寺第十二代住持（文字无法辨识）》、大安元年（1209）的《教亨禅师塔记》、金元光二年（1223）的石碑、元至元二年（1265）的石碑、元贞二年（1296）的《复庵和尚塔铭》、延祐三年（1316）的《月庵海公禅师道行之碑》及年号不明的《学公禅师道行之碑》等。此外，还有明朝的石碑，如明永乐十七年（1419）的《威公龟山禅师之塔》、弘治十八年（1505）的墓主不明者碑、正德十一年（1516）的《天泽恩公禅师之塔》、明嘉靖十年（1531）的《重修法王寺记碑》、万历二十四年

---

1 田凯：《法王寺二号塔地下宫殿およびその関連問題》，[日]铃木靖民编：《円仁と石刻の史料学》，高志书院2011年版。

（1596）的《供养设会》等。清代的石碑有康熙十一年（1672）的《重修嵩大法王寺碑》[1]、康熙二十四年的《弥壑澧公和尚塔铭》。另外，现在的嵩岳（闲居）寺还保存着元至正四年（1344）的书有“法王禅寺住持亮公无庵之塔”塔铭。其中，《重修法王寺记碑》和《重修嵩大法王寺碑》详细记载了法王寺的历史。

其中，《重修法王寺记碑》载：

> 邑之有寺曰法王者，夷考县志，建于汉永平十四年，佛入中国之始。至魏青龙名护国，隋文名舍利，唐贞观名功德，开元名御容，代宗名广德法王。至五代后唐分为五院，以护国、法华、舍利、功德、御容并名焉。宋仁宗庆历时敕以法王赐□□，名以代异，义以名殊。兴废屡屡，而何所尚哉。

由此可知，历代改名皆有特殊原因。

现在，法王寺地藏殿的墙壁上镶嵌有《大唐嵩岳闲居寺故大德珪禅师塔记》。据席书锦《嵩岳游记》的记载可知，该塔记清初已经存在于法王寺地藏殿的墙壁上。[2]据此塔记可知，元珪禅师圆寂于开元四年（716），开元十一年建造了墓塔。此外，《大唐中岳闲居寺故大德寺主景晖舍利函》记载为“开元廿年岁次壬申七月辛丑朔十五日乙卯，弟子比丘琰卿等记”，据此可知，闲居寺寺主景晖于开元二十年七月十五日去

1　刘敦桢：《河南省古建筑调查笔记》，《刘敦桢全集》第3卷，中国建筑工业出版社2007年版，第161页。笔者未能见到实物，大雄宝殿前与《重修法王寺记》碑相邻、无法辨识的石碑，或是此石碑。

2　郑州市图书馆文献编辑委员会编：《嵩岳文献丛刊》第4册，中州古籍出版社2003年版，第15页。此外，法王寺钟楼、鼓楼建于清康熙年间，地藏殿改建于康熙十一年（1672）、大雄宝殿修建于康熙五十年（1711）。故可以推测，《大唐嵩岳闲居寺故大德珪禅师塔记》是于清代再兴时，镶嵌于地藏殿的墙壁。

世。[1]刘敦桢也在法王寺见到了《大唐中岳闲居寺故大德寺主景晖舍利函》，并对此提出了疑问："元珪（644—716）、景晖（？—732）二人不是法王寺僧，是常住嵩岳（闲居）寺、会善寺的名僧，为何塔铭、舍利石函存在于法王寺呢？"

《大唐嵩岳闲居寺故大德珪禅师塔记》载："营塔于浮图东岭之左。"嵩岳（闲居）寺仅距法王寺西一里，故元珪禅师塔距离法王寺较近。《八琼室金石补正》卷五十三《大唐中岳东闲居寺故大德珪和尚纪德幢》载："乃灭于旧阿兰若北，营建身塔，安所焚舍利。"可知，元珪禅师塔在"旧阿兰若"之北。此"旧阿兰若"应该就是法王寺。

景日昣《说嵩》卷十四元珪塔碣条载："碣在法王寺后，卧龙岭上东坡，元珪禅师塔上。塔内旧舍利匣，今存本寺后殿上。舍利无有，碣字全无漫漶。"可知，元珪禅师的舍利匣被安置于法王寺后殿。闲居寺寺主景晖的墓塔也应该在元珪禅师塔附近，距离法王寺很近。

关于开元十八年（730）法王寺改名御容寺的理由，傅梅《嵩书》等文献对此未有记载。不过，据《旧唐书》卷二十四《礼仪志四》载："初太清宫成，命工人于太白山采白石为玄元圣容，又采白石为玄宗圣容，侍立于玄元之右。皆依王者衮冕之服，缯彩珠玉为之。"可知，开元年间法王寺改名为御容寺（圣容寺），是由于刻有玄宗圣容的石刻被移置至法王寺。开元十八年以前，玄宗或许造访过法王寺，法王寺可能因此得到中兴。也许是由于高僧元珪、景晖二人对法王寺的中兴发挥了很大的作用，故在今法王寺境内（当时的寺域不详）建造墓塔。

1　刘敦桢：《河南省古建筑调查笔记》，《刘敦桢全集》第3卷，中国建筑工业出版社2007年版，第162页。1936年6月21日，刘敦桢在法王寺大雄宝殿的东朵殿前见到《大唐中岳闲居寺故大德寺主景晖舍利函》，今已不存。景日昣所见到的元珪舍利匣，今已不知其所在。

法王寺塔（一号砖塔）的建造年代

从2003年8月到2005年3月，河南省古代建筑保护研究所对法王寺唐塔进行修复。其间，发现了过去修复时（时代不明）残留下来的贴片、建造年代与时代不一致的砖瓦，以及一号塔（砖塔）的第五层檐部和东南角处刻有“四佰十七”“八佰五十年”等文字。[1]这些铭文可能与法王寺的修复或者建造年代有关。[2]

有关法王寺一号塔的建造年代，有“隋代说”和“唐代说”两种观点。前者一般认为，隋文帝在仁寿年间向法王寺布施佛舍利时建造了一号塔。而后者则基于梁思成、刘敦桢等古建筑学者对长安、嵩山的唐代佛塔形状的比对，从而判定一号塔是唐代所建。

“隋代说”主要依据的是《重修法王寺记碑》《重修嵩大法王寺碑》及傅梅的《嵩书》。在这三个资料中，都有隋文帝时将法王寺改名为舍利寺的记载。即在隋仁寿年间，为安置赠予法王寺的佛舍利而建造了舍利塔。然而，根据现有文献资料，在隋仁寿年间被赠予舍利的寺院中并未发现法王寺的名字。在登封地区，仅嵩州的嵩岳闲居寺（嵩岳寺）于隋仁寿元年（601）被布施舍利。

此外，根据唐代道世《法苑珠林》卷五十三记载可知，隋仁寿二年（602）布施舍利的53个州中，有洛州但无嵩州之名。《法苑珠林》卷八十九《隋西京大禅定寺道场释灵干传》记载，灵干在仁寿二年把舍利带到洛州汉王寺中。唐代道宣《广弘明集》卷十七也记载了仁寿二年洛州汉王寺被赠舍利之事。然而，根据《资治通鉴》卷一八二记载，被称为汉王寺的寺庙位于洛阳城南，但具体位置不明。日本学者常盘大定曾推

1　齐岸民：《嵩山古建》，中华书局2009年版，第185—186页。

2　遗憾的是，法王寺塔的修复报告书暂未公开，故不详。

测该寺应该就是登封县的法王寺。[1]嵩州设立于隋开皇十六年（596），仁寿四年（604）被废除。因此，嵩山法王寺被写成“洛州法王寺”也有可能。此外，一般认为法王寺设立于汉朝，从它常被写作“汉法王寺”来看，洛州汉王寺有可能是“洛州法王寺”的误称，指代的应是嵩山法王寺。

一般认为法王寺塔是与其附近的永泰寺塔同时期建造的。在隋仁寿年间获得布施舍利的寺庙中并未发现永泰寺之名，但《大唐中岳永泰寺碑颂并序》（唐天宝十一年（752）闰三月立）载：“大窣堵波（塔）者，隋仁寿二载之所置。文帝应命，感异稀奇，忽然得舍利一瓶。……乃诏天下梵场，令起塔供养，为苍生之祈福也。”由此可知，永泰寺于仁寿二年被布施舍利，从而建塔。

《大唐中岳永泰寺碑颂并序》载：

> 千佛二古塔者，昔明练之所起。……大窣堵波（塔）者，隋仁寿二载之所置。……东有两支提者，昔寺主道莹，上座崇敬遗教门人之所造也。……九级浮图者，比丘真一敬为故兄寺主真藏之所建也。

可知，天宝十一年（752），永泰寺共六塔，即北魏建造的明练公主二塔、隋仁寿二年（602）建造的大窣堵波（塔）、寺主道莹塔、上座崇敬塔以及寺主真藏九级塔。1936年6月21日，以建筑史学者刘敦桢为首的中国营造学社调查小组，在永泰寺看到寺院东北部有塔二基（分别为十一层和七层），从塔的位置来看，应该不是北魏明练公主建造的二

---

1 详见[日]常盘大定：《法王寺》，[日]常盘大定、关野贞：《中国文化史蹟》，法藏馆1975年版。中国学者温玉成、齐岸民也持该观点。齐岸民：《嵩山古建》，中华书局2009年版，第183—185页。

塔。现存的永泰寺塔为十一层，并不是寺主真藏九级塔。因此，刘敦桢所见塔二基应该是寺主道莹塔和上座崇敬塔。遗憾的是，在刘敦桢考察之后不久，其中一座塔发生倒塌，现仅有十一层塔尚存。

若现存的永泰寺塔（十一层）是寺主道莹塔或者上座崇敬塔，则其应建于唐代而不是隋仁寿二年（602）。刘敦桢《河南省北部古建筑调查记》、宫嵩涛《永泰寺》皆未对隋仁寿二年建造的大窣堵波（塔）进行描述。

另外，值得一提的是，隋仁寿元年、二年、四年三次下诏，布施各州舍利，令建舍利塔。但是，关于隋代建的佛塔是砖塔还是木塔，学界一直争议纷纷，未有定论。对隋舍利塔进行考察的建筑史学者梁思成认为，隋文帝令各州建的舍利塔应是木塔。刘敦桢也指出，至唐代初期，木塔依然被多处建造。近年来，张驭寰主张："仁寿年间的舍利塔建造了三次，全部共113基。这些塔至今无一存世，皆为木塔。"[1]北京法源寺所藏的《悯忠寺重藏舍利记》〔会昌六年（846）〕载："舍利本大隋仁寿四年甲子岁，幽州刺史陈国公窦抗于智泉寺创木浮图五级，安舍利于其下。"可知，安置隋舍利的幽州智泉寺塔为木塔。齐岸民在《嵩山古建》中也赞同智泉寺塔为木塔一说。[2]安置隋佛舍利的法王寺塔建于仁寿年间，应该也是木塔。或许木塔不久之后便倒塌，开元年间（713—741）改建为砖塔。

从现存的石刻可以看出，至金元明时期法王寺再次复兴。从"四佰十七""八佰五十年"等纪年文字和金元明时期的复兴来看，开元年间（713—741）重建的法王寺砖塔可能在金代皇统八年（1148）之前进行了修复，在明代嘉靖、万历年间再次得到了修缮。

1　张驭寰：《关于隋朝舍利塔的复原研究》，《故宫博物院院刊》2001年第5期，第13—17页。

2　齐岸民：《嵩山古建》，中华书局2009年版，第275页。

唐代张说《送考功武员外学士使嵩山署舍利塔》可以证明笔者的推论，即现在的法王寺砖塔为开元年间所建。诗文中出现了“空留影塔嵩岩下”“宝王四海转千轮”“常持清净莲花叶”等文言，其中的“嵩岩”指嵩山太室山的玉柱峰，“宝王”是对佛陀的尊称，这里延伸为菩萨之意，与“法王”意思相同。法王寺位于嵩山太室山的玉柱峰之下。清康熙十二年《重修嵩大法王寺碑》中出现了“太室之阳有法王寺，昔神光说法，涌金莲之处”一句，其中“金莲”一词应该与“莲花叶”相对应。唐代张说诗题中的“武员外学士”指的是武平一，他在景龙三年（709）至景云二年（711）担任考功员外郎，为在嵩山建立舍利塔殚精竭虑。由于建造十五层的法王寺砖塔需耗时数年，因此该塔应为开元年间建成。

张驭寰、罗哲文在《中国古塔精粹》中提到，法王寺砖塔是在初唐620年前后建造的，但是曹汛对这一说法提出了异议，并指出法王寺塔的建造年代最晚在开元二十一年（733）以前，最早大约在开元初年。由于开元年间改名为圣容寺，故笔者赞同曹汛的建造于开元年间一说。换言之，开元年间改名是因为隋朝的舍利塔倒塌，地宫被打开，举行佛舍利的供养仪式后，重新修建了塔。[1]

唐代白居易《夜从法王寺下归岳寺》中出现了“双刹夹虚空，缘云一径通”一句，其中的“双刹”指的是嵩岳（闲居）寺塔和法王寺塔。根据《法苑珠林》卷五十三记载，隋朝仁寿元年，嵩州嵩岳（闲居）寺获赠佛舍利。但据唐代李邕《嵩岳寺碑》载：“其南古塔者，隋仁寿二年置舍利于群岳，以抚天下，兹为极焉。”可知，嵩岳（闲居）寺的隋舍利塔是在仁寿二年修建的，而非仁寿元年，大概是因为其与仁寿元年舍利被赠予“洛州汉（法）王寺”一事形成了混淆。

1　常盘大定指出：“其（法王寺塔）明显具有初唐的建筑样式，不能把此比定为元珪禅师的墓塔。”［日］常盘大定：《法王寺》，［日］常盘大定、关野贞：《中国文化史蹟》，法藏馆1975年版。

一般认为，法王寺的二号塔、三号塔和四号塔均为唐僧的墓塔，但在宋代《墨池编》《集古录》《金石录》和清代《金石萃编》等收录金石文的著作中却未收录应该存在的塔铭。至于这些塔铭为何宋代已遭到破坏，原因尚不明确。

法王寺二号塔地宫

2000年4月，在对法王寺二号塔地宫进行发掘调查前，河南省文物考古研究所对一号塔进行了考古调查。一号塔地宫虽曾在明代以前曾被盗掘，但从地宫中出土了明洪武六年（1373）赠予法王寺的白玉佛像。据地宫现场遗留的1993年4月25日生产的饮料瓶判断，一号塔于1993年再次被盗。此后，又于1997年3月7日遭盗掘。

2000年3月10日，在对一号塔进行事前调查之际，于地下1米处发现了铺设牢固的卵石。这些卵石重2—3千克，也有10千克左右的，故发掘工作不能顺利实施，发掘调查从一号塔地宫移至二号塔地宫。据曾参加一号塔地宫发掘调查工作的宫嵩涛所言，一号塔地宫虽被盗掘，但这些卵石没有被翻开，地宫被完好地保存了下来。一号塔地宫收纳了什么宝物呢？难以知晓。

目前，刻于隋仁寿年间的舍利塔铭有：《信州金轮寺舍利塔下铭》《青州胜福寺舍利塔下铭》《梓州牛头山寺舍利塔下铭》《同州大兴国寺舍利塔下铭》《雍州仙游寺舍利塔下铭》等。从这些铭文可以看出，隋仁寿年间刻制的舍利塔下铭的铭文内容类似。其中，《雍州仙游寺舍利塔下铭》发掘于开元四年，开元十三年再次埋入塔中。《信州金轮寺舍利塔下铭》发掘于同治十二年（1873）。在唐代，从前代建造的舍利塔中挖掘出佛舍利进行供奉，修筑新塔后再重新放置舍利的做法普遍，法王寺的佛舍利塔也不例外。隋仁寿年间的佛塔原貌恐怕早已不复留存。

法王寺二号塔地宫中的半圆形门楣上刻画的唐草纹样，与嵩岳寺地宫门扉上唐草纹样的刻画技法相似。后者的门扉上刻画的人物形象虽为僧侣而不是丰满的唐朝女性形象，但比北朝清瘦的高僧像要略显丰满，所以嵩岳寺塔的地宫应该修建于唐朝时期。另外，根据嵩岳寺塔地宫墙面上“唐开元二十有一年□□癸酉□□□月九日重安灵□□□□□□”的墨书题记，可以认为嵩岳塔地宫修建于唐开元年间，而且还有可能之后被重新修复过。[1]一般认为，相邻的法王寺一号塔也修建于唐开元年间，后世重新建造一号塔地宫时也会放入隋文帝布施的舍利。

表2—1　舍利塔下铭文一览

《雍州仙游寺舍利塔下铭》铭文(□空格)	《信州金轮寺舍利塔下铭》铭文(□空格)	《梓州牛头山寺舍利塔下铭》铭文(□空格)
舍利塔下铭 维大隋仁寿元年岁次辛酉 十月辛亥朔十五日乙丑□ 皇帝普为一切法界幽显生 灵谨于雍州周至县仙游寺 奉安□舍利敬造灵塔愿□ 太祖武元皇帝明元皇后皇 帝皇后皇太子诸王子孙等 并内外群官爰及民庶六道 三涂人非人等生生世世值 佛闻法永离苦空同升妙果 背面有如下铭文: 仙游寺舍利塔铭□□窃闻天宫敞而七宝明,舍利现而千光彻。八国争立,育王创迹。而先置万塔,齐秀优填。忆而写容,实大雄之盛德,即众圣之医王者欤。无得而称,无言而述。此塔即大隋仁寿元年十月十五日置	维大隋仁寿二年岁次壬戌 四月戊申朔八日乙卯□□ 皇帝普为一切法界幽显生灵 谨于信州金轮寺奉安□□□ 舍利敬造灵塔愿□□□□□ 太祖武元皇帝元明皇太后皇 帝皇后皇太子诸王子孙等并外 郡官爰及民庶六道三途人非人 等生生世世值佛闻法众离苦因 同升妙界 大隋□皇帝□舍利宝塔下铭 铭文之后,有如下题记: 同治癸酉,监修夔城。十月六日掘土获石佛一,妙篆庄严。越日,复得石二方,纵横广二尺许,中底平凹,刻正书十一行。四边凸,宽寸余。周列小五铁钱七十二枚,上覆石,内贮铜方盒,嵌木,安放金瓶,凝松脂封固。匠氏误启之,泄赤	维大隋仁寿四年岁次甲子四月 丙寅朔八日癸酉□□□□□□ 皇帝普为一切法界幽显生灵谨 于梓州内昌城县牛头山寺奉安 舍利敬造灵塔愿□□□□□ 太祖武元皇帝元明皇太后献皇 后□□□□□□□□□□□□ 皇帝皇太子广诸王子孙等并内 外郡官爰及民庶六道三途人非 人等生生世世值佛闻法众离苦 因同升妙界 铭文之后,有如下题记: 大清光绪二十六年庚子七月二十四日,潼川三台县牛头山修筑练堡,掘地得此石土中,字体清遒,文亦简质,一千三百余年物,出之一旦,可贵也。爰命移置文庙干禄碑侧,愿与潼郡人士共宝之。知潼川府事铁岭阿麟跋。

1　曹汛:《嵩岳寺塔建于唐代》,《建筑学报》1996年第6期,第40—45页。

续表

也。至大唐开元四年重出舍利，本寺大德沙门敬玄，道门若节，远近谢其精诚；神机尔朗，合寺钦其高行。乃眷彼前修，情深仰止，谨舍衣钵之资，用崇斯塔，奉为开元神武□□皇帝、太子、诸王、文武百官，爰及含识，并同沾胜福，共结妙因。至开元十三年岁次乙丑十二月十五日甲子朔，庄严事毕，重入灵塔。其塔乃莹以丹青，饰以朱漆，致使固齐天地，岿然独存。其铭曰：蜂台构毕，雁塔休工，天花随喜，地塔崇封。□□□□开元十三年十二月十五日下。	水荧荧三粒如豆，飞去。剔碑谛视，乃隋仁寿年金轮寺舍利塔下铭也。字兼初唐人笔法。爰移置白帝城庙壁，而供佛于龛。署奉节县事永城吕辉记万县刘家谟书。	此外，《邑人陈锡儒隋舍利塔铭石碣歌并序》有如下内容：掘土丈许，现大平石，上镌大隋皇帝舍利塔铭，起视则石碣存焉，如棋盘式，上镌铭词百字，词既简古，字亦遒劲。又揭视，下作方石匣。匣藏琉璃瓶一，中贮清水，金环一、铜扣二、古钱数枚，皆盛以铜盒，盒实香屑几满，迄今一千三百余年而香气犹扑鼻不散，不知为何物也。因歌以记之。

2000年4月，在法王寺二号塔地宫中出土了迦陵频伽盒，并从中发现了舍利。发现迦陵频伽盒的地方，位于圆寂高僧包骨真身像的正对面，容器中分别有白、绿、黑三颗舍利。因为舍利发现于圆寂高僧的包骨真身像之前，所以这些舍利并非高僧的舍利，应是汪海波所认为的佛牙舍利。[1]

二号塔地宫由踏道、宫门、甬道、宫室四部分组成，这种地宫构造出现于唐代中期以后。另外，从其中出土的墨砚铭文“天宝二年绛县上光墨”可知，法王寺二号塔地宫应建成于天宝二年以后的晚唐时期。由于塔铭剥落，这座墓塔的主人，即包骨真身像主人的身份仍是扑朔迷离。为何佛舍利会被放置在这座墓塔中，至今仍无确切答案。

1 汪海波：《佛牙考察》，《佛学研究》第17期，2008年12月。

法王寺的圆仁石刻

近年来，由于圆仁石刻的发现，从法王寺二号塔地宫出土的舍利被看作隋文帝布施之物。圆仁石刻长60厘米、宽42厘米，据其铭文可知，为了守护隋仁寿年间布施的佛舍利，会昌五年（845）名为圆仁、天如的两位僧人秘密将其转移并藏匿于此。

关于圆仁在唐期间曾亲见佛舍利的内容可见于《巡礼行记》卷三：

①（开成五年五月十七日）见辟支佛顶骨。其色白黯色，状似本国轻石。骨内坚实，大二升碗许大。见是额已上之骨。上生白发，长五分许，似剃来更生矣。西国僧贞观年中将来者也。兼有梵夹《法花经》。又佛舍利，置之于琉璃瓶里。

②（同年七月二日）又见辟支佛牙、肉身舍利。

③（同年七月二十六日），（石门）寺中有一僧，长念《法花经》已多年。近日感得舍利见，倾城人尽来供养。僧俗满寺，不知其数。……从城至山，来往人满路稠密，观礼奇之。

④（同年九月六日）早朝，当院僧怀庆持念为业，将佛舍利五粒来令礼拜。

其中③是圆仁记载其在石门寺所见供养佛舍利的盛况，这一盛大场面想必对圆仁产生了较大的影响。据《承和五年入唐求法目录》记载，与空海、宗睿在归国之际带回舍利一样，圆仁也将装入玻璃小瓶的菩萨舍利、装入白色小盒子的辟支佛舍利等携带回国。如果圆仁曾到访过登封法王寺，那么为了保护法王寺的佛舍利，圆仁很可能将其转移并藏匿。

但是，在圆仁石刻中却看不到有关将隋仁寿年间布施的佛舍利转移到法王寺二号塔地宫的明确记载。而且，由于二号塔并非舍利塔，因此无法想象舍利塔（一号塔）之内的舍利被移至二号塔（墓塔）地宫保管。也就是说，从圆仁石刻铭文的文脉来看，舍利塔之内的佛舍利是从塔顶或塔身被移入地宫的。隋仁寿年间布施的佛舍利的转移藏匿，很可能是塔内移动。

王劭《舍利感应记》载：

> 皇帝皇后于京师法界尼寺造连基浮图，以报旧愿，其下安置舍利。……乃取金瓶、琉璃各三十，以琉璃盛金瓶置舍利于其内，薰陆香为泥，涂其盖而印之。三十州同刻，（仁寿元年）十月十五日正午入于铜函、石函，一时起塔。

此外，杨雄的《庆舍利感应表》（《广弘明集》卷十七）载：“（仁寿二年）四月八日午时，合国化内同下舍利，封入石函。”。从这些记载可以看出，隋仁寿年间布施的佛舍利被装入金瓶，金瓶又被置入琉璃瓶中，后再次被纳入铜函，最终安置于舍利塔之基。这种收纳方式流行于南北朝至隋期间。也就是说，隋仁寿年间并未建造地宫，而是简单地在塔基处掘一洞穴或在塔顶相轮中安放舍利庄严具。因此，可以断定拥有如此规模地宫的舍利塔并非建于隋代，而是唐代以后所建。

法王寺塔（一号塔）地宫保存较完整，该地宫应非隋唐时期所建造。如同《信州金轮寺舍利塔下铭》和《雍州仙游寺舍利塔下铭》在后世被发掘后又被重新安置一样，法王寺塔的地宫当是“后世”所造，或“后世”对隋唐时期的石室进行重修而成。笔者认为，这里的“后世”当指明代。

现在在法王寺塔塔心室中安置有明朝藩王朱橚所赠的白玉佛像。[1]另外，从白玉佛像下的土曾被挖开来看，其被盗掘的时期或为明初。寄赠法王寺白玉佛像，或许是为了修复被盗掘的地宫。

若根据圆仁石刻的内容，安置于舍利塔内的舍利庄严具曾于唐会昌五年（845）被掘出。其时掘出的舍利庄严具应是金瓶、琉璃瓶、铜函和石函，这些舍利庄严具后又再次被纳入地宫中。虽然不能否认其被移入二号塔（僧塔）地宫的可能性，但据发掘简报来看，其中舍利容器仅有迦陵频伽盒，不见金瓶、琉璃瓶或石函等，与“移匿地宫函密之”的记载不符。因此，出土于二号塔的舍利应该不是隋仁寿年间布施之物，佛舍利很有可能仍然存在于一号塔地宫之内。

最近，酒寄雅志参考齐岸民的《嵩山古建》指出，从二号唐塔的“宝瓶”之下发现的一件铁铲是封闭地宫后修补工匠再入地宫时遗留的，当时《释迦舍利藏志》的原石有可能曾从地宫中被取出。[2]但是，发现这件铁铲的，是负责一号塔修复工作的河南省古代建筑保护研究所，并非是对二号塔进行发掘调查的河南省文物考古研究所。此“宝瓶”并不在地宫之中，而是在修复二号塔时于塔顶发现的。从二号塔的发掘调查报告来看，修补塔顶的工匠未进入地宫。因此，铁铲并不能作为《释迦舍利藏志》原石被工匠带出二号塔地宫外的证据。

清代叶封《嵩山志》卷八云：“明末寇燹，止存门殿各一，余悉灰烬。”因此，如果圆仁石刻于明末以前便已从地宫中出土，当已遭到损毁。目前《释迦舍利藏志》所在的琉璃门东侧墙壁上集中嵌有12方石刻，其中逾半数已破损。此外，壁前还有多方残碑。造成损毁的原因当

1　刘敦桢：《河南省古建筑调查笔记》，《刘敦桢全集》第3卷，中国建筑工业出版社2007年版，第161页。

2　[日]酒寄雅志：《法王寺釈迦舎利藏誌の史料性と解釈》，[日]铃木靖民编：《円仁と石刻の史料学》，高志书院2011年版。

是明末的“寇燹”。

事实上，不光法王寺，嵩阳书院及少林寺南园也遭受了明末“寇燹”的冲击。《重修嵩阳书院记》〔清康熙十二年（1673）〕载：“又废于兵燹，无半椽片甓之存，即汉封将军三柏亦焚其一。”《嵩阳书院记》〔清康熙十九年（1680）〕载：“明末兵乱，倾圮殆烬。”[1]又《重修周府庵大殿金装神像碑记》〔清雍正七年（1729）〕载：“迨明末季，兵燹猖獗，殿宇悉化煨烬。其煨余之仅存者，则渐就倾圮。而不理数十年来，鸟鼠瓦砾，令人观之栗然。泚出竟无有过而问焉者。此殆气数之衰，而佛教一大劫也。”[2]周府庵即嵩山少林寺南园，据传为明代藩王朱橚所建。但由于明末的“兵燹”，周府庵的建筑全被烧毁，化为一片“煨烬”。据《登封县志》和《改公禅师塔铭》〔清康熙十六年（1677）〕可知，这场明末的“兵燹”与以李自成为首的农民起义有关。[3]

刘敦桢在《河南省北部古建筑调查记》中指出，《大唐中岳闲居寺故大德寺主景晖舍利函》长61厘米，宽42厘米，高26厘米，厚7厘米。[4]舍利函虽然无盖，但正面刻有铭文，其余三面也有佛像及唐草纹样。不可思议的是，其长宽尺寸与圆仁石刻几乎一样。下面，笔者就圆仁石刻略作分析。

圆仁石刻释读

圆仁石刻的标题为六字，正文为九行，每行八字共七十二字。作者

1　宫嵩涛：《嵩阳书院》，当代世界出版社2001年版，第84、87页。

2　吕宏军：《嵩山少林寺》，河南人民出版社2002年版，第405—406页。

3　吕宏军：《嵩山少林寺》，河南人民出版社2002年版，第498—499页。关于明末农民起义，详见顾诚《明末农民战争史》（中国社会科学出版社1984年版）。

4　刘敦桢：《河南省北部古建筑调查记》，《中国营造学社汇刊》1937年第6卷第4期，第100页。

的名字为四字，年代为六字，共为八十八字，其铭文如下：

> 释迦舍利藏志/汉西来释迦，东肇佛/坛，嵩之南麓，法王寺/立矣。随仁寿间帝敕/建浮屠，遣使安佛真/身舍利于内。殊因移/匿地宫函密之，盖护/宝，非不恭也。法门圣/物，世远疑失，诚恐镌/石以记，祈圣门永辉。/圆仁，天如。/大唐会昌五年。(/为改行)

该铭文与隋仁寿年间的舍利塔下铭相比，“帝”“舍利”前没有表示尊敬的空格。“遣使”写作“谴使”。而且，“圆仁”之前并未写明“日本（国）僧”或“日本（国）”。关于“帝”之前没有表示尊敬的空格的原因是当时为唐代，并非隋朝，唐代石刻没有对隋帝进行避讳的必要。另外，“舍利”之前没有空格这一点与《大唐中岳永泰寺碑颂并序》相同，在该碑铭中，“文帝”与“舍利”之前均无空格。

另外，文中的“谴使”应和“遣使”一样，意义相同。元代苏天爵的《滋溪文稿》卷十八《碑志》载有《故承事郎象山县尹李侯墓碑》，其文曰：“交趾自中统初，朝廷谴使谕之，彼遂来贡。其后，负崄不朝。”并未见其他相同的“谴使”用例，知道这种写法的古人并不多，今人知道的可能性更是极小。

关于在“圆仁”之前为何不写有“日本（国）僧”或“日本（国）”这一问题，若写明其身份，其后的“天如”的身份也有必要注明。其时正处于会昌灭佛运动的最盛期，这种将舍利转移并藏匿的行为一旦暴露，一定会受到严惩，因此特意不写明“天如”的身份。或因为此，“圆仁”之前也同样没有进行任何说明。另外，石刻的正文为每行八字，共九行，再加上标题和落款的作者、纪年，石刻的书写空间正好全部用尽。将“壁面石刻”与“钟楼石刻”进行比较可知，两者铭文的书体和大小相同，这很有可能是因为书丹者将撰写的文章原文忠实地复制在石刻上后才进行雕刻。也就是说，先准备好精心加工过的石材，再由文章的撰写者根据石材的大小进行书写。或因此，由于石材的空间有限，作者即使知晓圆仁来自日本这一事实，却也不得不因为字数的限制而将其省略。

关于“释迦舍利藏志”名称，《法苑珠林》卷一〇三载：“舍利藏以宝函，随身所往必赍供养。每诸起塔，祈请散之，百粒千粒，随须而给。”根据志文中“法门圣物，世远疑失，诚恐镌石以记”的记载和石刻形状来看，与其说《释迦舍利藏志》是释迦舍利的“藏器”之志，不如说其为藏释迦舍利的记录更为贴切。从《葬舍利佛牙石匣记略》《真相院释迦舍利塔铭》等石刻文字来看[1]，将“释迦舍利藏志”看作“藏释迦舍利志”更为恰当。

此外，“盖护宝非不恭也”的“盖”有学者理解为“盖子”[2]，但根据“移匿地宫函密之”的表达，应将其理解为舍利秘藏于舍利庄严具（函）这一行为的结束。因此，此处的“盖”并非名词，而是“因为”之意。这与诸葛孔明《出师表》中“然侍卫之臣不懈于内，忠志之士忘身于外者，盖追先帝之殊遇，欲报之于陛下也”中的“盖”同义。

文中的“汉西来释迦，东肇佛坛”也较难理解。“肇”虽被看作“初次”之意，但在此似乎作动词。如同《尚书·仲虺之诰》云“肇我邦予有夏”，《尚书·酒诰》云“乃穆考文王肇国在西地”那样，在此为“兴起”“创建”之意。“汉西来释迦”的“来释迦”本来应为“释迦来”。或许是考虑到要与“东肇”组成对句，才写作“（汉）西来”。

---

1 《辽史拾遗·世宗本纪》天禄二年夏四月条载：“释志愿《葬舍利佛牙石匣记略》曰：达摩禅师远涉流沙，登雪岭，得释迦舍利佛牙，授与先师。”另外，李光瑛《金石文考略》卷十四载：“苏（东坡）书齐州长清县真相院释迦舍利塔铭。”

2 ［日］土屋昌明：《新出〈釈迦舎利蔵誌〉に寄せて》，《書道界》第254号，2011年1月。

接下来看“地宫”一词。有学者指出，其原意是皇帝陵墓的地下宫殿，用例最早出现于清代，用在《释迦舍利藏志》中当是捏造者的重大失误。[1]但是，北京法源寺所藏辽道宗大安十年（1094）的《燕京大悯忠寺观音菩萨地宫舍利函记》中，除有题记“地宫舍利函记”外，还有“将圆宝相，先实地宫，化檀那近百千家，获舍利余一万粒”的记载。因此，至少在辽道宗大安十年，“地宫”一词便已指佛塔的地下宫殿了。事实上，“地宫”和“天宫”作为对义词，从很早前便已开始使用。“天宫”是指地面（或天上）的宫殿，如《雍州仙游寺舍利塔下铭》的背面、唐玄宗开元十三年（725）十二月埋于舍利塔地下宫室的《仙游寺舍利塔铭》中有“窃闻天宫敞而七宝明，舍利现而千光彻”的铭文。由于“七宝”指佛教的七宝，因此其中的“天宫”相对于“地宫”而言，应是指佛塔相轮或塔刹的空室。即使不能上溯至唐代，“地宫”一词在复刻于明末清初的《释迦舍利藏志》中出现也并无问题。另外，有人提出“圣物”一词属于创造的新词。[2]慧远《沙门袒服论》中“于是服膺圣门者，咸履正思顺”的“圣门”是指佛教，因此“圣物”应是与“圣门”同义，对照使用。

综上，通过对圆仁石刻的释读，笔者赞同该石刻中出现的圆仁并非是中国人而是日本僧人圆仁这一观点。《巡礼行记》卷四会昌五年六月九日条云：

> 行十五里，回头望西，见辛长史走马趁来，三对行官遏道走来。遂于土店里在，吃茶，语话多时，相别云：“此国佛法即无也，佛法东流，自古所言。愿和上努力，早达本国，弘传佛法。弟

1 ［日］河内昭元：《聖物と地宮》，《書道界》第254号，2011年1月；［日］河内昭元：《再説聖物と地宮》，《書道界》第256号，2011年3月。

2 ［日］河内昭元：《聖物と地宮》，《書道界》第254号，2011年1月。

子多幸，顶谒多时。今日已别，今生中应难得相见。和上成佛之时，愿不舍弟子。”

从郑州长史辛文昱在茶店对圆仁所说的“佛法东流”“弘传佛法”等言辞中可见，辛文昱似乎知晓圆仁参与制作了《释迦舍利藏志》一事。

本文并非对圆仁石刻所作的全面考察，仅对铭文中的若干疑问进行阐释。希望有识之士通过更为详尽的考察对笔者的观点进行修正补充。

（本文原题《円仁石刻をめぐる諸問題》，发表于铃木靖民编《円仁と石刻の史料学》，高志书院2011年版）

第三章
圆仁文书的分类、格式与词汇用语

一
圆仁文书的功能性分类及格式分析——与圆珍文书、敦煌文献之比较

本文所谓“圆仁文书”系在日僧圆仁的旅行日记《入唐求法巡礼行记》（以下简称《巡礼行记》）所收录的文书中，由圆仁本人书写并发出的文书之统称。[1]圆仁以请益僧的身份于日本承和五年（838）随日本遣唐使团自博多津出航，并于承和十四年（847）结束在唐的求法巡礼之旅回到日本。在唐期间，圆仁的足迹遍及中国各地，其在所到之处向各地官衙、寺院提交的文书，与官员、僧侣之间往来的文书不计其数。这些文书均抄录在《巡礼行记》之中，本文仅将圆仁撰写的文书作为研究对象。

此外，与圆仁同时期入唐求法的日僧圆珍于日本仁寿三年（853）随新罗商船入唐，并于日本天安二年（858）乘坐唐人商船归国。圆珍也将其在唐期间的见闻写入日记，编为《在唐巡礼记》（又名《入唐

---

1 本文所引用的圆仁文书皆以顾承甫、何泉达点校《入唐求法巡礼行记》（上海古籍出版社1986年版）为底本。

记》或《行历记》），今不传。有后人从中抄录出一部分日记《行历抄》一卷，现行于世。不过，与《巡礼行记》不同，《行历抄》并未收录相关文书，但这些文书的原件均流传于世。因此，本文的比较研究对象“圆珍文书”乃是收录在《园城寺文书》第一卷[1]的圆珍相关文书中由其亲笔撰写提交至官衙或个人的文书。然而，这些文书大都是过所、公验等公文，本文将摘录其中由圆珍撰写的原始申请文书，并与圆仁文书进行比较。

《巡礼行记》是日僧圆仁将其在唐巡礼期间的所见所闻记录而成的旅行日记，是了解9世纪中国社会风俗、研究唐代历史的宝贵资料。鉴于其重要的史料价值，学界从唐代佛教、社会历史、政治经济、交通地理、中日关系等方面进行了深入的考察研究。[2]但是，针对其中所抄录的文书进行的系统研究却是凤毛麟角，仅有青木孝[3]与中村裕一[4]两位学者对其中的文书进行了初步研究。前者对圆仁的书状进行注释，将其中提

1　[日]园城寺：《園城寺文书》第1卷，讲谈社1998年版。

2　Edwin O. Reischauer的 *Ennin's Travels in T'ang China* （Ronald Press Company1955年版）和 *Ennin's Diary: The Record of a Pilgrimage to China in Search of the Law*（Ronald Press Company, 1955年版）是最早将《入唐求法巡礼行记》介绍到欧美学界的两部专著。足立喜六译注、盐入良道补注《入唐求法巡礼行記》（平凡社1970年版、1985年版），小野胜年著《入唐求法巡礼行記の研究》第1—4卷（法藏馆1989年版），顾承甫、何泉达点校《入唐求法巡礼行记》（上海古籍出版社1986年版），深谷宪一译《入唐求法巡礼行記》（中央公论社1990年版），白化文等校注《入唐求法巡礼行记》（花山文艺出版社1992年版）等对《入唐求法巡礼行记》进行了详细校释。董志翘《〈入唐求法巡礼行记〉词汇研究》（中国社会科学出版社2000年版）对《入唐求法巡礼行记》所用词汇进行了总体分析。圆仁相关的研究著作有佐伯有清《円仁》（吉川弘文馆1989年版）、铃木靖民《円仁とその時代》（高志书院2009年版）、《円仁と石刻の史料学》（高志书院2011年版）等。

3　[日]青木孝：《円仁〈入唐求法巡礼行記〉の書状》，青山学院女子短期大学学艺恳话会系列1982年版，第25页。

4　[日]中村裕一：《唐代官文書研究》，中文出版社1991年版，第492—507页。

交给官府的文书视作公牍，发给个人的文书视作半公牍，在此基础上将一部分牒文书和起居状分别与《司马光书仪》及敦煌文献进行比较，并对书状中的词语进行了简单的考察。后者对空海、圆仁的书札中所见“谨空”这一词汇进行了考察。但是，以上两位学者仅对《巡礼行记》中部分圆仁文书进行了考察。这些文书究竟属于哪一类文书？在圆仁的求法巡礼过程中起到了什么样的作用？上述研究对这些问题并未作深入探讨。

唐代官文书中有官府之间行用的符式（下行文书）、解式（上行文书）、移式（平行文书）以及官府内部上级机构与下级机构之间行用的牒式（下行文书）、刺式（上行文书）、关式（同级机构间的平行文书），共计六种文书。此外，在《唐六典》中还记载了个人所用文书，即官员所用的上行文书（牒式）和庶人所用的上行文书（辞式）。而且，在敦煌文献中所见的唐代实际使用的文书中，除了上述文书之外，还有官府和官员下发的“帖”式、官府和官员所发的“状”式。[1]《巡礼行记》所收录的圆仁文书包括圆仁向官府、寺院提交的公文书以及其与官员、僧侣之间往来的私文书。那么，这些公文书与唐代官文书在格式上是否相通？抑或是完全不同？这不仅是关系到当时外国人在唐期间的行动意识，更是关系到当时民间层面的中日文化交流的实况。因此，本节在对圆仁文书进行分类的基础上，将其分别与圆珍文书、敦煌文献[2]进行比较，以厘清上述问题。此外，本节所用圆仁文书编号系依据《巡礼行记》中各个文书的前后顺序编序而成。

1　[日]赤木崇敏：《唐代官文書体系とその変遷—牒・帖・状を中心に—》，[日]平田茂树、远藤隆俊编：《外交史料から十～十四世紀を探る》，汲古书院2013年版，第31—75页。

2　本文所引敦煌文献录文以相关文书原件作为底本，并参考唐耕耦、陆宏基编《敦煌社会经济文献真迹释录》第3、4、5辑（全国图书馆文献缩微复制中心1990年版）。

圆仁文书的种类

1.“状”文书

关于唐代公文书中的上行文书，《唐六典》卷一《尚书都省》左右司郎中员外郎条注载：“凡下之所以达上，其制亦有六，曰表、状、笺、启、辞、牒。表上于天子，其近臣亦为状。笺、启上皇太子，然于其长亦为之，非公文所施。有品已上公文皆曰牒。庶人言曰辞也。”此外，卷八《门下省》也载有“奏抄、奏弹、露布、议、表、状”六类公文。

《巡礼行记》中所见圆仁文书共有39件，大致可以分为状、牒、施舍疏三种文书。本文将以这三种文书为中心进行考察，其中状类文书包括《唐六典》所载上行文书中的状和个人书状。个人书状根据其内容与用途又可细分为申状、献物状、起居状、乞赐物状、谢赐物状。以下将以状类文书、牒、施舍疏的顺序依次考察。

（1）申状

根据前文所引《唐六典》的记载，“状”系官员向皇帝及其近臣提交文书之际所用的上行文书，然而在敦煌文献和吐鲁番文书中，存在不少地方官府使用的状。也就是说，唐代的公文书中实际上存在两种状，即臣下上奏皇帝之际所用的状和官员向上级官府上申之际所用的状。[1]《司马氏书仪》中记载有奏状式和申状式两种状文书格式，中村裕一利

---

1 ［日］赤木崇敏：《曹氏帰義軍節度使時代の外交関係文書》，［日］森安孝夫、坂尻彰宏编：《シルクロードと世界史》，大阪大学21世纪COE项目2003年版，第132—157页；吴丽娱：《从敦煌吐鲁番文书看唐代地方行政机构行用的状》，《中华文史论丛》2010年第2期，第53—113页；吴丽娱：《下情上达：两种“状”的应用与唐朝的信息传递》，杜文玉主编：《唐史论丛》（第11辑），三秦出版社2009年版，第65—70页。

用当时实际使用的文书原件复原了唐代公式令中所规定的状文书格式，并指出其与宋代的奏状式格式相同，唐代也有相当于申状式的状。[1]实际上，这两种状式文书早在唐朝就已经存在，并被大量使用。[2]

但是，上述状式文书皆是官府以及官员所用上行文书，而圆仁文书中的申状大都是圆仁向各级官员陈述事实、报告事情原委、申请公验之际所用文书。由此不难看出，申状在当时已不仅仅是行政机构所用的上行文书，同时也作为普通僧众向属地官员传达下情的文书而存在。在唐后期五代的敦煌文书中，原来那种奏状和州县层层递进的申状形式已经不复见，代之而起的是一些由归义军官员乃至僧道人士、百姓个人给节度使或者长官的公事状，这反映了归义军管内公事不但可由下属机构，也可以直接由个人上奏节度使。因此，可以说在晚唐时期，申状作为一种个人上书官府和官员的文书而被广泛使用，这一点在圆仁文书中也得到了证实。

不过，小野胜年[3]和吴丽娱[4]以《司马氏书仪》为基础，指出唐代也有申状这种文书格式存在，而赤木崇敏则认为唐代官文书中并无申状式文书，仅被称作"状"，"申"与"状"是两种不同格式的文书。[5]为方便起见，本书将圆仁提交至官府、寺院的上申文书称作申状。

在圆仁文书中，使用频率较高的也是申状。圆仁一行随遣唐使船于

---

1 [日]中村裕一：《唐代制勅研究》，汲古书院1991年版，第438—439页。

2 吴丽娱：《下情上达：两种"状"的应用与唐朝的信息传递》，杜文玉主编：《唐史论丛》（第11辑），三秦出版社2009年版，第68页。

3 [日]小野胜年：《入唐求法巡礼行記の研究》第2卷，法藏馆1989年版，第84—92页。

4 吴丽娱：《从敦煌吐鲁番文书看唐代地方行政机构行用的状》，《中华文史论丛》2010年第2期，第53—113页。

5 [日]赤木崇敏：《唐代官文書体系とその変遷—牒・帖・状を中心に—》，[日]平田茂樹、遠藤隆俊编：《外交史料から十～十四世紀を探る》，汲古书院2013年版，第42—47页。

唐开成三年（838）七月二日抵达扬州，并在此滞留半年之久，以待朝廷敕许，赴台州国清寺寻师决疑。然而，由于其请益僧的身份（请益僧不同于留学僧，在唐停留有一定期限，一般第二年就要随遣唐使船回国），最终也未能得到朝廷的许可。尽管没有达到入唐求法的目的，圆仁却不得不随遣唐使团一道乘船归国。当船行至密州后，圆仁留唐心切，便乘在海州东海县东海山停泊之机，擅自上岸，经过一番周折，在当地新罗僧众的帮助下，最终得以留在赤山法华院，“便拟山院过冬，到春游行巡礼台山”（《巡礼行记》卷二开成四年七月二十三日条）。圆仁一行刚刚安顿下来，开成四年七月二十八日申时，县使窦文至等两人将县帖送到青宁乡质询圆仁等滞留一事，于是圆仁便作状（文书②：《行记》卷二开成四年七月二十八日条）报告留却之由。其文如下：

日本国僧一人、从小师二人、行者一人。留在山院事由。

右僧等为求佛法，涉海远来。虽到唐境，未遂宿愿。辞乡本意，欲巡圣国，寻师学法。缘朝贡使早归，不能相随归国，遂住此山院。已后便拟巡礼名山，访道修行。但随身物铁钵一口、铜鋺二具、铜瓶一口、文书廿余卷、遮寒衣裳等，更无别物。今蒙县司勘问，具事由如前，牒件状如前。谨牒。

开成四年七月廿日　日本国僧圆仁状帖　从僧惟正、僧惟晓、行者丁雄万奉帖

在圆仁作状报告留却事由的同时，其所留居的赤山法华院负责人——院主法清也作状（《巡礼行记》卷二开成四年七月二十八日条）汇报相关情况。其内容如下：

青宁乡赤山院状上

勘日本国僧人船上不归事由等状

右日本国僧圆仁，小师惟正、惟晓、行者计四人，口云远闻重花兴流佛教、故来投学圣教。拟次寻名山圣迹，巡礼诸方。缘时热，且在山院避热，待时凉即便行。遂不早县司状惟悉察其僧等缘身衣钵，更无别物。如通状后不子细，法清等虚妄之过。谨具状上，事由如前。

开成四年七月　日　赤山院主僧法清状

同样是回复文书，赤山法华院所发文书明显是申状的格式，圆仁所用文书当也是申状。但是，文书②末尾“牒件状如前。谨牒”之语乍看似“牒”文书用语，署名部分“圆仁状帖”又似帖式文书用语。青木孝认为此乃“帖”与“牒”的混用现象，如文书②一般以“发信者帖”结尾的文书皆是“牒”文书。[1]然而，前述县帖下发之后，为查明圆仁一行的动向及居处，县衙下发了另一件县帖。下文所引（文书③：《巡礼行记》卷二开成四年九月三日条）即为圆仁的回复文书。

日本国僧圆仁等状上

奉帖勘问抛却在赤山院日本国僧三人、行者一人、东西存亡事由状。

右僧等为慕佛法，权住山院，已得稳善。欲拟便出，游礼诸

---

1 ［日］青木孝：《円仁〈入唐求法巡礼行記〉の書状》，青山学院女子短期大学学艺恳话会系列1982年版，第25页。不过，赤木崇敏认为，“牒件状如前，谨牒”为状文书特有的套语，与牒文书无关。［日］赤木崇敏：《唐代前半期の地方文書行政—トゥルファン文書の検討を通じて—》，《史學雜誌》117—11，2008年；［日］赤木崇敏：《唐代官文書体系とその変遷—牒・帖・状を中心に—》，［日］平田茂树、远藤隆俊编：《外交史料から十～十四世紀を探る》，汲古书院2013年版。

处。缘时临寒，未有东西，在此山院过冬。到春巡礼名山，访寻圣迹。僧等情愿，状报既了。今蒙帖勘东西存亡，谨具事由，状上如前。牒件状如前，谨牒。

开成四年九月三日　日本国僧圆仁等帖

若是将此文书视作“牒”文书，便与文首“发文人状上”之语矛盾。此外，“牒件状如前，谨牒”这一看似“牒”文书的用语又应如何理解呢？小野胜年指出前文文书②中的“帖”乃“牒”之误，“牒”本为官府之间往来的文书格式，而圆仁之所以不用状式文书而使用牒式文书，是因为其身份为国家派遣至唐求法的官僧，而非一般僧侣。[1]另一方面，赤木崇敏考察了敦煌归义军时期的申状式文书之后，确认了当时的文书中存在开头或末尾有“状”“状上”，同时文中还有“不敢不申”“伏听处分”以及“牒件状如前，谨牒”等牒式文书用语混用的情况，并依据《石林燕语》卷三唐旧事门状条中“至于府县官见长吏，诸司僚属见官长，藩镇入朝见宰相及台参，则用公状，前具衔，称‘右某谨祗候’、‘某官伏听处分’、‘牒件状如前，谨牒’。此乃申状，非门状也。”[2]的记载，指出这些牒式文书用语混用的文书为申状式文书。[3]因此，文中使用“牒件状如前，谨牒”的文书未必一定是“牒”文书。

那么，文书末尾署名的“发文人状帖/帖”又该如何理解呢？帖式

1　[日]小野胜年：《入唐求法巡礼行記の研究》第2卷，法藏馆1989年版，第84—92页。

2　侯忠义点校：《石林燕语》卷三，中华书局1984年版，第32页。

3　[日]赤木崇敏：《曹氏帰義軍節度使時代の外交関係文書》，[日]森安孝夫、坂尻彰宏编：《シルクロードと世界史》大阪大学21世纪COE项目2003年版，第135—137页。

文书是官府的下行文书[1]，圆仁文书中署名部分虽采用了“发文人帖”的格式，但其不可能向官府提交作为下行文书的帖式文书，格式规定与实际使用过程中所使用的文书格式或许会有偏差，此处极有可能是尚未熟悉唐行政文书的圆仁之误用。

如前引文书②③一般出现误用的文书还有几件，大都是依据申状的格式撰写而成。例如，开成五年三月二日到达登州开元寺后，圆仁为尽早申请到公验，即于五日提交了下文所引用的文书⑬（《巡礼行记》卷二开成五年三月五日条）。

日本国求法僧圆仁状上

请赐公验，往赴五台等名山及诸方处巡礼圣迹，寻师学法。僧圆仁，弟子惟正、惟晓，行者丁雄万，缘身剃刀衣钵等。

右圆仁等本心志慕释教，修行佛道。远闻中华五台等诸处，佛法之根源，大圣之化处。西天高僧，逾险远投。唐国名德，游兹得道。圆仁等旧有钦羡，涉海访寻，未遂宿愿。去开成四年六月内，到文登县青宁乡赤山新罗院。隔生缘于沧溟，忘怀土于海岸。幸蒙放任东西，得到使君仁境。今欲往赴诸方，礼谒圣迹，寻师学法。恐所在州县关津、口铺及寺舍等不练行由。伏望使君仁造，特赐公验，以为凭据。伏请处分。牒件状如前。谨牒。

开成五年三月五日　日本国求法僧圆仁状上

---

1 樊文礼、史秀莲：《唐代公牍文“帖”研究》，《中国典籍与文化》2007年第4期，第8—12页；[日]荒川正晴：《唐代中央アジアにおける帖式文書の性格をめぐって》，[日]土肥义和编：《敦煌·吐鲁番出土漢文文書の新研究》，东洋文库2009年版，第271—292页；雷闻：《唐代帖文的形态与运作》，《中国史研究》2010年第3期，第89—116页。

毫无疑问，该文书为申状。综上，本文将以“发文人状/状上”为首语，正文以“右……”开始，署名部分以“发文人状/状上”落款的文书视作“申状”。

（2）起居状

起居即日常生活作息之意，后引申为向长者问安、问好。韩愈诗云：“入厨具旨甘，上堂问起居。”此处便是指晚辈问候长辈，向长辈“问起居”在民间颇受重视，这也是人们衡量子女是否尽到孝道的一个重要指标。[1]其实，不只在民间，社会上层也是如此。在书仪之中，用于向长者问安的文书被称作起居状或起居启，本文称之为“起居状”。在唐代官僚社会生活中，下级向长官参拜问候，上起居状是一种习俗。关于起居状的书札范式，敦煌文献P.2646唐大中年间张敖撰《新集吉凶书仪》起居状条有如下记载：

> 孟春犹寒，伏惟官位尊体动止万福，即日某蒙恩。限以卑守，不获拜伏，下情无任恋结之至。谨奉状起居。不宣，谨状。某月日
> 具官阶姓名状上
> 某官阁下　谨空

圆仁文书中有9件起居状，多为圆仁起居官员或僧人之际所作书状。现将其中一件原文摘录如下（文书⑨：《巡礼行记》卷二开成五年二月十七日条）：

> 生年未祇奉，久承高风，伏增钦仰。仲春已暄，伏惟大使尊体动止万福。即此圆仁遥蒙仁德，无任勤仰。圆仁为果旧情，淹滞唐

1　杜文玉、谢西川：《唐代起居制度初探》，《江汉论坛》2010年第6期，第70—78页。

境。微身多幸，留游大使本愿之地。感庆之外，难以喻言。圆仁辞乡之时，伏蒙筑前太守寄书一封，转献大使。忽遇船沉浅海，漂失资物，所付书札随波沉落。怅恨之情，无日不积。伏冀莫赐怪责。祇奉未期，但增驰结之情。谨奉状起居。不宣。谨状。

开成五年二月十七日

日本国求法僧传灯法师位圆仁状上

清海镇张大使麾下谨空

圆仁在到达赤山法华院后，张保皋曾遣大唐卖物使崔兵马使来寺慰问。其后，圆仁遣状起居张大使，并向其解释将筑前太守寄给张大使的书信丢失之事。其内容也与前引敦煌文献P.2646所载的起居状范式相符。圆仁除了修状起居张大使、知巡侍御等官员之外，还作状起居所在寺院僧人。这也是为了维持其在唐期间的人际关系，以助其顺利完成求法巡礼之旅。

不过，还有几件文书无论首语，还是整体的构成，基本与前引书仪中的起居状格式一致，仅文末无“谨奉状起居”五字，即所谓的“书信”，本文将其视作起居状的一种变形文书。[1]

（3）乞赐物状

根据《巡礼行记》的记载，圆仁入唐时的身份为请益僧，其与留学僧不同，在唐停留有一定期限，一般第二年就要随遣唐使船回国。尽管后来在赤山新罗人的帮助下得以滞留唐国，却因其非法滞留的身份，在唐求法巡礼过程中无法获得官方的供给。因此，圆仁只能依靠向沿途百姓求取施舍来完成求法巡礼之旅。

1　关于10世纪敦煌文献中的起居状，可参照坂尻彰宏《杏雨書屋藏敦煌秘笈所収懸泉索什子致沙州阿耶狀》（《杏雨》第15号，2012年，第374—389页）。

然而，若遇上天灾，百姓颗粒无收，圆仁就很难得到施舍。在这种情况下，他便会作状向所到之地的官员请求施舍。圆仁文书中有两件请求施舍的文书，由于这些文书采用的是状式文书格式，故在此将这种请施的文书命名为乞赐物状。现将其中之一抄录如下（文书⑱：《巡礼行记》卷二开成五年三月二十五日条）：

日本国求法僧圆仁请施斋粮

右圆仁等远辞本国，访寻释教。为请公验，未有东西，到处为家，饥情难忍。缘言音别，不能专乞。伏望仁恩舍香积之余供，赐异蕃之贫僧。先赐一中，今更恼乱，伏深悚愧。谨遣弟子惟正状。谨疏。

开成五年三月廿五日日本国求法僧圆仁状上

员外阁下谨空

在提交该文书之前，圆仁的日记中有如下记录：

从登州文登县至此青州，三四年来蝗虫灾起，喫却五谷，官私饥穷，登州界专喫橡子为饭。客僧等经此险处，粮食难得。粟米一斗八十文，粳米一斗一百文。无粮可喫，便修状进节度副使张员外乞粮食。(《巡礼行记》卷二开成五年三月二十五日条)

由上可知，自登州文登县至青州，三四年来粮食持续歉收，圆仁一行依靠自己的力量无法获取粮食，因此作状向节度副使张员外请求施舍。而那些收到圆仁乞赐物状的官员，无论其是否持有公验等官方文书，均赐予圆仁粮食，给予其无私的帮助。

（4）谢赐物状

作为官员礼尚往来的文范，贺仪、谢仪等礼仪性书仪成为晚唐五代状启书仪的主体。在地方的藩镇节度使可以像皇帝一样对僚属进行赏赐，僚属对此要礼节性地表示感谢，上陈谢状。[1]据《巡礼行记》记载，圆仁曾数次向所到之处的节度使、尚书等作状请施食粮（即前文所述“乞赐物状”），并在获得施舍之后作状陈谢，本文将这些文书称作“谢赐物状”。《巡礼行记》卷二开成五年三月三日条中便有官员向圆仁赐物的记载：

三日早朝，县长官使来，屈赴长官所相见。入州见录事，又入判官衙见判官了。从载门入参见使君，邀上厅里啜茶。使君手书施两硕米、两硕面、一斛油、一斗醋、一斗盐、柴三十根，以充旅粮。

关于使君赐粮，圆仁于三月五日早朝“奉状谢使君”，该谢状原文如下（文书⑫：《巡礼行记》卷二开成五年三月五日条）：

日本国求法僧圆仁，伏蒙给赐米二硕、面二硕、油一㪷、醋一斛、盐一斛、柴三十根。专在微身，无任感戴。圆仁是外藩庸僧，何敢当斯仁惠，实难销谢，但增悚愧。伏惟使君忠膺天心，荣贵万城，清风高标，仁政遐敷，军府晏然，缁素钦仰。圆仁为求佛教，感德远来，届游贵境，幸沐仁德，特垂慈流，抚育穷旅，下情无任感庆之至。谨奉状陈谢。不宣。谨状。

开成五年三月五日　日本国求法僧圆仁状上

使君节下谨空

据笔者统计，《巡礼行记》中共有谢状5件，与前文所述起居状相

1　王使臻：《敦煌遗书中的唐宋尺牍研究》，兰州大学博士学位论文，2012年，第88页。

同，均为私人性质的文书往来。这与整个唐朝后期的政治形势及官场风气也不无关系。吴丽娱在考察了敦煌文书中吉凶书仪所录官文表状书仪后，发现其有一个十分突出的特点，那就是作为官员礼尚往来的文范，是以贺仪、谢仪为主体，其内容无不是贺加官、贺节、贺起居、贺喜庆（如中原来使）、谢官、谢赐等。其实，此类现象并不止于敦煌地区。在晚唐如李商隐、罗隐、崔致远等人的文集中，诸如上述谢状、贺谢之状的数量甚至超过给皇帝的谢贺表仪。[1]

可见中晚唐以后，起居、谢贺长官等已成为唐后期官场政治生活和人们社会生活的重要组成部分。自然，圆仁也是入乡随俗，其步入唐境，虽非官场中人，但却时时需要官场中人的帮助与关照，维持与官场中人良好的人际关系也是实现其求法夙愿的途径之一。

（5）献物状

在敦煌文献中，除了前文所述起居状、谢状等礼仪性书状，还有献物状。与地方藩镇在重大节日时需向皇帝进献物品类似，地方属吏也要在重要节日向长官进献物品并呈状，这种文书被称为献物状。[2]《巡礼行记》中共有献物状两件，与上述向长官献物不同，均是圆仁向长安青龙寺真和尚进献物品之际所作书状。现将其中一件摘录如下（文书㉙：《巡礼行记》卷三会昌元年四月二十八日条）：

钱一拾贯文

右虽轻少，谨表重诚，伏望检领。圆仁为法远来，喜遇和尚，求学胎藏大法，伏请慈悲，特垂付授。伏愿弘传佛法，利益有情，无任勤钦之诚。谨奉状。谨白。

---

1 吴丽娱：《唐礼摭遗——中古书仪研究》，商务印书馆2002年版，第536、545页。

2 王使臻：《敦煌遗书中的唐宋尺牍研究》，兰州大学博士学位论文，2012年，第91页。

会昌元年四月廿八日　日本国求法僧圆仁上

青龙寺真和尚法前

从上述文书内容可以看出，圆仁向真和尚进献“钱一拾贯文”的目的是“求学胎藏大法”。圆仁于开成五年（840）八月二十日到达长安，其后遍寻城中诸寺学习佛法。在学习佛法之前，往往会向相关僧人献上银钱或物品，以表达自己学习的诚意，类似于现在的缴学费。

2.“牒”文书

《唐六典》卷一《尚书都省》左右司郎中员外郎条注载：“九品已上公文皆曰牒。庶人言曰辞。”“牒”文书依据行文对象的不同，分为上行文书和下行文书，前者正文部分以“谨牒”结尾，后者以“故牒”结尾。[1]普通民众向官府上申之际所用的辞最晚在8世纪中叶已逐渐被“牒”文书取代。[2]正因如此，圆仁文书中有两件向官府提交的申请公验的“牒”文书。现将其中一例摘录如下（文书④：《巡礼行记》卷二开成四年九月十二日条）：

日本国求法僧等牒当寺

僧圆仁，从僧惟正、惟晓，行者丁雄万

请寺帖报州县给与随缘头陀公验牒，僧等本意钦慕释教，远投仁境，归心圣迹，志乐巡礼。见说台山等诸处，法教之根原，大圣之化处，西天高僧逾崄寻访，汉地名德在兹得道矣。僧等之仰彼芳猷，偶属良缘，幸到圣国。今欲往赴诸处，以遂旧情。恐在道路，

1　[日]中村裕一：《唐代公文書研究》，汲古书院1996年版，第186页。

2　[日]赤木崇敏：《唐代官文書体系とその変遷—牒・帖・状を中心に—》，[日]平田茂树、远藤隆俊编：《外交史料から十～十四世紀を探る》，汲古书院2013年版，第31—75页。

不练行由。传闻般若三藏，为头陀僧，奏请公验，准敕修行，起昔续今也。伏望当寺准当国格例，帖报州县，请给公验。然则，纲维弘法之芳声，远振海外，催劝之恩赖，扶扬佛日。不任思诚之至。具状如前，牒件状如前。谨牒。

开成四年九月廿六日　日本国延历寺求法僧

该文书是圆仁向赤山法华院寺衙提交的请求其代向州县申请公验的文书。此外，圆仁文书中还有一件与“牒”文书相似的书状（文书㉕：《巡礼行记》卷三开成五年九月十八日条），其文如下：

日本国求法僧圆仁

右圆仁先日伏蒙雅旨，殊赐安存，下情无任欢荷之诚。然圆仁等乍到，已蒙使司仁造，权置此寺，感庆伏深，更无所望。如请移住有堂饭寺，伏恐恼乱大官。今请住资圣寺，往来诸寺，寻师听学，任意求法，夜归本寺。伏乞侍御恩造，特赐允许。谨具如前，伏请处分。牒件状如前。谨牒。

开成五年九月十八日　日本国求法僧圆仁牒

该文书正文以“右……”开始，以“牒件状如前，谨牒”为结尾，显然其所使用的是申状格式，然而署名部分却是“发文人牒”而非“发文人状”。针对这种文书，赤木崇敏指出正文以“右……”开始，“谨录状上”“牒件状如前，谨牒”结尾的文书与上申文书状的正文格式完全一致，文末日期与发文人后附“牒”字的文书皆应视作状。[1]因此，本文将

1　［日］赤木崇敏：《曹氏帰義軍節度使時代の外交関係文書》，［日］森安孝夫、坂尻彰宏编：《シルクロードと世界史》，大阪大学21世纪COE项目2003年版，第144页。

圆仁文书中这种以“右……”开始，文末发文人后附“牒”字的文书也归入申状范畴。

3. 施舍疏

在敦煌文献中出现了大量反映僧俗施舍的文书，学界将这类文书称为“施舍疏”。[1]唐耕耦、陆宏基在《敦煌社会经济文献真迹释录》第3辑[2]中收录了大部分施舍疏，这些文书多为沙州各类官私僧俗施主在都司、寺院施舍物品时使用的文书，其中多载施物的缘由、目的与地点。

在求法巡礼的过程中，圆仁多寄宿在沿途的寺院之中，受到了众僧的颇多关照与恩惠。因此，他有时会将随身所带财物或是别人施舍之物拿出一部分以供养所在寺院的僧侣。此时，他便会作状列出所施物品设供，从内容上看与上述施舍疏基本相同。圆仁文书中有施舍疏三件，现将其中一例摘录如下（文书㉜：《巡礼行记》卷三会昌二年三月十二日条）：

> 日本国求法僧圆仁，弟子僧惟正、惟晓，行者丁雄万
> 敬送清凉山百五十僧供。
>
> 右圆仁等,设供意者，求法得遂，过海无难，平善得达，广利群生。劫劫生生，常为大圣文殊眷属，利益十方。法界含灵，同沾此福。谨疏。
>
> 会昌二年三月十二日　日本国求法僧圆仁等谨疏

圆仁在长安求法期间遇到五台山求供僧义圆，在其即将离开长安归山之际，圆仁附送百五十僧供。在上述施舍疏中圆仁首先列出所供物品，其

1　最早整理并公开发表施舍疏相关研究的学者是池田温，可参照其专著《中国古代籍帳研究：概観・録文》（东京大学出版会1979年版）。

2　唐耕耦、陆宏基编：《敦煌社会经济文献真迹释录》第3辑，全国图书馆文献缩微复制中心1990年版。

次说明理由，即能够顺利求法乃是受到大圣文殊的庇佑，愿设供让法界同沾此福。除此之外，圆仁在长安诸寺求法之际也曾向诸寺施物设供。作为当时的都城，长安无疑是一个政治、经济、文化中心，更是一个佛教兴盛之地。圆仁在到达长安之后，走遍城中诸寺寻师学法，供养寺中僧人无疑是为了能够顺利地学习佛法。

以上通过对圆仁文书的梳理分类发现，其中“状”文书共34件，数量最多，“牒”文书2件，施舍疏3件，而“状”文书中有提交官府的申状16件、献物状2件、乞赐物状2件、起居状9件、谢赐物状5件。不难看出，除了与官方往来的公文书申状与牒之外，其中还有大量的私文书。这也在一定程度上说明，在唐期间维持良好的人际关系对于圆仁的重要性。通过《巡礼行记》可知，圆仁最初是以请益僧身份入唐的，按照当时的规定，请益僧在唐滞留有一定的期限，一般是第二年随原船归国。当然，后来在赤山当地新罗僧众的帮助下，圆仁得以顺利滞留唐朝。但是，他仍然摆脱不了非法滞留者的身份，因此，对于圆仁来说，要想顺利完成求法之旅，所到之处的官员与僧人的帮助必不可少。正因如此，圆仁文书中才会出现大量与官员、僧侣往来的私人文书。

表3—1　圆仁文书一览表[1]

文书类别	数量	文书编号及出处
申状	16件	文书②(第66页)、文书③(第69—70页)、文书⑪(第85—86页)、文书⑬(第87—88页)、文书⑯(第90页)、文书⑰(第95页)、文书㉒(第140—141页)、文书㉓(第141页)、文书㉕(第144页)、文书㉛(第152页)、文书㉞(第157页)、文书㊱(第160—161页)、文书㊱(第172—173页)、文书㊲(第173页)、文书㊳(第173页)、文书㊴(第173—174页)

1　表3—1所标页码系顾承甫、何泉达校注《入唐求法巡礼行记》(上海古籍出版社1986年版)中的相关文书所在页。《巡礼行记》所载圆仁文书中也有文首和文末缺失的，本表所列系其中格式完整的文书。

续表

文书类别	数量	文书编号及出处
献物状	2件	文书㉘(第150页)、文书㉙(第150—151页)
乞赐物状	2件	文书⑱(第95—96页)、文书⑳(第96—97页)
起居状	9件	文书⑥(第77页)、文书⑦(第78—79页)、文书⑧(第80页)、文书⑨(第81页)、文书⑮(第90页)、文书㉔(第143页)、文书㉖(第144—145页)、文书㉗(第150页)、文书㉝(第155页)
谢赐物状	5件	文书⑩(第81页)、文书⑫(第86—87页)、文书⑲(第96页)、文书㉑(第97页)、文书㉚(第151页)
牒	2件	文书④(第71页)、文书⑤(第77页)
施舍疏	3件	文书①(第12页)、文书⑭(第89页)、文书㉜(第154页)

圆仁文书与圆珍文书的比较

在对圆仁文书与圆珍文书进行比较之前，笔者先对圆珍文书进行了简单整理，其内容如表3—2所示。不过，其中的文书名称仅为《园城寺文书》第一卷中所录名称，未必真实反映了各个文书所属的类别。其中，“公验”系官府开具的证件，由申请人申请文书原件和官府审批意见两部分构成，其中的申请文书当为圆珍所作文书，而且这些文书中包括申状和牒，表3—2文书所附括号内为笔者的分类。本节以此分类为基础，将圆仁文书与圆珍文书进行比较。

表3—2 圆珍文书一览[1]

文书类别	数量	名称
申状	2件	请台州刺史两字及印信状(第82页)、再请台州刺史两字及印信牒(第84页)
牒	1件	请台州公验牒(第82页)
谢赐物状	1件	请赐台州公验牒(第84页)

1 文书内容与页码请参照园城寺编的《園城寺文書》第1卷（讲谈社1998年版）。

续表

文书类别	数量	名称
公验	8件	镇西府公验(日本发行・申状,第70页)、福州公验(牒式,第72页)、温州横阳县公验(牒式,第76页)、温州安固县公验(牒式,第76页)、温州永嘉县公验(牒式,第78页)、台州黄岩县公验(牒式,第80页)、台州临海县公验(牒式,第80页)、台州公验请状(牒式,第90页)

1. 申状的比较

入唐僧当时的求法活动并非个人行为，而是一项受到国家资助，并在归国之时需要提交留学成果的国家事业。因此，作为“公派”求法僧的圆珍便向当地行政长官即台州刺史请求公凭印信，以证明自己的留学成果得到权威的官方认定，这样才能在归国之后取信于人。下文所引文书便是圆珍于大中十二年（858）三月五日向台州刺史请求公凭印信的申状《乞台州公据印信状》，其录文如下：

国清寺

日本国求法僧圆珍

右圆珍，今月五日，具事由，乞赐准旧例，将所写得经卷数并请凭据状等，谨随状呈。伏蒙使君仁恩，特赐披览，且圆珍差小师、行者，送前件经教，归本国，取四月上旬进发，所请大唐公凭印信，伏乞使君仁恩，特赐准前例处分，下情无任兢惶瞻望，伏以功德莫大于传法利益众生之本。圆珍所抄习经教，若得大唐使君批给两字及印信，本国方信传得天台法教，如不得凭据印信，招后学之反误，永失功德之因。伏以情切，伏乞使君仁慈，哀念遐方幽微，特开大造，赐一两字，设书日月。得达外国日下匡辅法轮，辄敢再尘黩旌威，伏听处分。

牒件状谨具如前。谨牒。

大中十二年三月五日　日本国求法僧圆珍状

那么，接下来看一下圆仁申请公验的文书。圆仁为巡礼五台山，于开成五年三月三日作状向登州刺史申请公验，然而几天之后仍然杳无音信。于是，他再次修状请给公验。其内容如下（文书⑯：《巡礼行记》卷二开成五年三月八日条）：

日本国求法僧圆仁

右圆仁本愿往台山，经夏后游诸处，巡礼圣迹。恐渐时势，有阻行李。先有状，恼乱使君公验，伏请处分。牒件状如前。谨牒。

开成五年三月八日　日本国求法僧圆仁状上

以下将上述圆珍所作申状与圆仁所作申状加以对照，如表3—3所示：

表3—3　圆仁、圆珍文书比较一览

文书名称	圆仁文书	圆珍文书
文首	日本国求法僧圆仁	国清寺日本国求法僧圆珍
正文	右圆仁……伏请处分。	右圆珍……伏听处分。
文末	牒件状如前。谨牒。	牒件狀谨具如前。谨牒。
署名	日本国求法僧圆仁状上	日本国求法僧圆珍状

通过表3—3可以看出两者存在以下异同点：

首行均有“日本国求法僧＋法名”，略微不同的是圆珍还写有自己当时的所在地，与圆仁文书相比，更为详细。据笔者统计，圆珍所作文书首行均为“所在地＋日本国求法僧圆珍”；而圆仁所作文书中题头均为“日本国求法僧圆仁”，这大概是二者表达习惯不同所致。

正文部分均为“右……伏听处分（伏请处分）”。

文末均为“牒件状（谨具）如前。谨牒。”

署名部分圆珍文书中用“上状人＋状”，而圆仁文书中则是“上状人＋状上”，并在上状人前具其所属地。另外，圆珍文书中的状式文书署名部分均为“××状”，而圆仁文书中的状式文书署名部分大都为“××状上”。

此外，圆珍文书中还有一件入唐公验（日本镇西府公验），该文书为圆珍入唐之前向日本镇西府申请公验之际所提交的文书。那么，该文书与圆仁及圆珍在唐期间向唐官府提交的公验申请文书是否相同呢？现将其中的申请文书摘录如下：

江州延历寺僧圆珍

为巡礼共大唐商客王超、李延孝等，入彼国状，并从者、随身经书、衣物等

僧圆珍、字远尘年四十一腊廿二

从者僧丰智年卅三腊十三、沙弥闲静年卅一俗姓海、译语丁满年卌八、物忠宗年卅二、经生的良年卅五、伯阿古满年廿八、大全吉年廿三

随身物经书肆百五十卷、三衣、钵器、剔刀子、杂资具等，名目不注

右圆珍，为巡礼圣迹，访问师友，与件商人等，向大唐国，恐到彼国，所在镇铺不练行由，伏乞判付公验，以为凭据，伏听处分。牒件状如前。谨牒。

仁寿三年七月一日　僧圆珍牒

该文书与前文所比较的圆仁、圆珍申状相同，文首为“发文人（＋状/状上）”，正文以“右……”开始，“牒件状（谨具）如前。谨牒”结尾，但是署名部分为“发文人＋牒”。圆仁文书中也有与该文书格式完全相同的文书，这些文书皆应视作申状。不过，10世纪的敦煌地区也存在

署名部分为“发文人＋牒”与“发文人＋状/状上”两种申状。

2. 谢赐物状的比较

圆仁文书中共有5件谢赐物状，大都是向给予其施舍的官员表达谢意的文书。圆珍文书中仅有1件谢赐物状（请赐台州公验牒），是圆珍向台州刺史为其发行“公凭印信”表达谢意的文书。

国清寺

日本国求法僧圆珍

右圆珍，远辞乡国，幸达大邦，求获真正出家之乘，伏遇使君特垂大造，恩奖逾越，批印诚恳。行由荷载山丘，终身感惕，法辉二国，福流万代，永将奉资使君旌威。圆珍言辞謇塞，穷申不及，谨专状陈谢，无任惭惶战惧之至。谨具如前，伏听处分。牒件状谨具如前。谨牒。

大中十二年四月九日　日本国僧圆珍状

圆仁于开成五年三月二十五日自登州至青州，这一地区由于连年蝗灾而导致颗粒无收，一行人难以获取粮食，无奈之下便修状节度副使请求施舍粮食。张副使因而赐予圆仁一些米面，下文便是圆仁感谢使君赐予施舍的谢赐物状（文书⑲：《巡礼行记》卷二开成五年三月二十五日条）。

日本国僧圆仁谨谢

员外仁造，给米面，不胜感戴。难以销谢，下情不任感愧之诚。谨奉状陈谢。不宣。谨状。

开成五年三月廿五日　日本国求法僧圆仁状上

员外阁下谨空

下面将上述两件谢赐物状的相关内容放在表3—4中进行对照。

表3—4　圆仁、圆珍文书比较一览

文书名称	圆仁文书	圆珍文书
文首	日本国僧圆仁谨谢	国清寺日本求法僧圆珍
正文	员外仁造，给米面……下情不任感愧之诚。谨奉状陈谢。	右圆珍……伏遇使君特垂大造……谨专状陈谢，无任惭惶战惧之至。谨具如前，伏听处分。
文末	不宣。谨状。	牒件状谨具如前。谨牒。
署名	日本国求法僧圆仁状上	日本国僧圆珍状
提称	员外阁下谨空	无

通过表3—4可以看出，上述两件谢赐物状从内容上看均为感谢官员赐物的文书。将两者加以比较，可知：从首行来看，与上述申状相同，圆珍文书中前附所在地。就正文内容来说，圆珍文书中先言及自身再说明缘由，最后表示感谢，而圆仁文书则是先说明缘由而后言及自身，最后表示感谢。不过，两者只是先后顺序不同而已，内容上还是一样的。文末用语不太一样，但意思并无区别。署名部分有“状”与“状上”之别，前文已作详细阐释，此处不再赘述。这两件谢状最大的不同就是圆仁文书中附有“受文人”，而圆珍文书中则无。

实际上，圆仁文书中的谢赐物状、起居状、乞赐物状、献物状、施舍疏等与私人往来的私文书之中均有“受文人”，而申状与牒等官文书中则未附“受文人”。这两件谢赐物状虽然都是感谢官员赐物的文书，然而观其内容不难发现，圆珍所谢的是“使君赐给公据印信”，这当为官方往来的文书；而圆仁文书则是感谢“使君赐给斋粮”，使君施给圆仁斋粮是个人行为，因此圆仁所作谢赐物状也是私人往来的文书。正是由于官文书与私文书之别，才会出现有无“受文人”之异。在某种意义上说，尽管均为谢状，但二者所用文书格式略有差异。

此外，如前文所比较的申状一般，在署名部分，与圆仁使用“发文人状上”不同，圆珍则使用“发文人状”。显然，“状上”与“状”相比，更为恭敬和谦卑。同为求法僧，在面对唐官员之际，为何圆仁更为谦卑呢？这与两者在唐期间的身份与处境不无关系。通过《行历抄》记载可知，圆珍的入唐求法不仅得到日本政府的许可，还获得了国家经济上的支持。与之相比，圆仁尽管在赤山新罗人的帮助下得以留在唐朝，却改变不了其非法滞留者的身份。一方面，圆仁无法得到日本政府和唐朝政府的资助，只能依靠自己的力量获取施舍以维持生计。另一方面，鉴于其非法滞留唐国的身份，想要得到通行证，即公验、过所，也非易事。因此，在这种境况下，圆仁在署名部分使用“状上”便不足为奇了。

3.“牒”文书的比较

从严格意义上说，圆珍文书中并没有牒式文书，然而其中的很多公验中却保留着圆珍所作的牒式文书。其实，圆珍所获得的大部分公验都是由原始的申请文书、当地行政长官亲笔判示的“任为公验”之类的批答、日期及署名构成的。因此，在此将圆珍公验中的原始申请文书摘录出来，与圆仁所作的牒式文书进行比较。

首先看一下圆珍文书中的《福州都督府公验》，其为圆珍于唐大中七年九月向福州都督府申请的公验。此公验由圆珍申请公验的文牒与官府的批答两部分构成，是圆珍申请公验之际所作申请文书。

福州都督府

日本国求法僧圆珍谨牒

为巡礼来到唐国状，并从者、随身衣钵等

供奉僧圆珍年四十一腊廿二、从者僧丰智年卅三腊十三、沙弥闲静年卅一俗姓海、译语丁满年卌八、经生的良年卅五、物忠宗年卅二、大全吉年廿三、伯阿古满年廿八，却随李延孝船归本国报平安。不行。

随身物经书四百五十卷、衣钵、剔刀子等，旅灶一具

牒，圆珍为巡礼天台山、五台山，并长安城青龙、兴善寺等，询求圣教，来到当府。恐所在州县镇铺，不练行由，伏乞公验，以为凭据。谨连元赤，伏听处分。

牒件状如前。谨牒。

大中七年九月　日　日本国求法僧圆珍牒

下文则是圆仁于唐开成四年九月二十六日为巡礼五台山，向其所在的赤山法华院提交申请公验的文书（文书④：《巡礼行记》卷二开成四年九月十二日条）。

日本国求法僧等牒当寺

僧圆仁，从僧惟正、惟晓，行者丁雄万

请寺帖报州县给与随缘头陀公验

牒，僧等本意钦慕释教，远投仁境，归心圣迹，志乐巡礼。见说台山等诸处，法教之根原，大圣之化处，西天高僧逾崄寻访，汉地名德在兹得道矣。僧等之仰彼芳猷，偶属良缘，幸到圣国。今欲往赴诸处，以遂旧情。恐在道路，不练行由。传闻般若三藏，为头陀僧，奏请公验，准敕修行，起昔续今也。伏望当寺准当国格例，帖报州县，请给公验。然则，纲维弘法之芳声，远振海外，催劝之恩赖，扶扬佛日。不任思诚之至。具状如前。牒件状如前。谨牒。

开成四年九月廿六日　日本国延历寺求法僧〔圆仁牒〕

以上两件文书分别是圆珍与圆仁申请公验之际所作，将其内容进行对照，如表3—5所示，两者所作牒式文书存在以下异同点。

表3—5　圆仁、圆珍文书比较一览

文书名称	圆仁文书	圆珍文书
文首	日本国求法僧等牒当寺	福州都督府日本国求法僧圆珍谨牒
正文	牒,僧等本意钦慕释教……伏望……请给公验……具状如前。	牒,圆珍为巡礼天台山……伏乞公验,以为凭据。谨连元赤,伏听处分。
文末	牒件状如前。谨牒。	牒件状如前。谨牒。
署名	日本国延历寺求法僧〔圆仁牒〕	日本国求法僧圆珍牒

两者相同之处有：开头部分均为“某人牒（谨牒）”，接下来均介绍了随行人员。不过，相比之下，圆珍文书中对随行人员的介绍更为详细。正文均以“牒”起首，以“牒件状如前。谨牒。”结尾。其中，正文中圆仁、圆珍分别使用了“具状如前”和“谨连元赤，伏听处分”这两种固定用语，两者乍看似不同用语，其实圆珍文书中“谨连元赤”的“赤”与“尺”相通，系“尺牍”之意，此处当为“谨附文书元件”之意，与圆仁文书的“具状如前”意义相同，而“伏听处分”之语在其他文书中常常省略，因此可以说两者的格式基本相同。

两者不同之处有：开头部分圆珍文书系“某司某人谨牒”，圆仁文书则是“某人牒某司”，并且前者的“某司”系圆珍的所在地，后者的“某司”系受文机构。不过，笔者在查阅《巡礼行记》所收录的唐官员所作牒式文书之时，其中也出现了“文登县牒勾当新罗押衙所”“登州都督府文登县牒”起首的文书。前者系文登县发给勾当新罗押衙所的文书，后者则是文登县发给登州都督府的文书，然而后者的文书中也仅标明所属，而未具受文机构。另外，圆仁在长安资圣寺学习佛法之时所作文书中也有首行具“资圣寺日本国僧圆仁”的牒式文书。也就是说，圆仁文书与圆珍文书中出现的两种不同格式，在当时均可通用。署名部分，上文所摘录的圆仁文书中上牒者后未见“圆仁牒”字，括号中系笔者依据圆仁其他牒式文书所作的补充。圆仁在文书中不具姓名而仅具

"日本国延历寺"是不太可能的。此处大概是圆仁或兼胤誊抄之际漏掉相关文字之故。

此外，圆珍文书中还有一件格式稍有不同的"牒"文书《请赐台州公验牒》，其原文如下：

> 国清寺
>
> 日本国寻学僧圆珍
>
> 牒，圆珍异域微僧，自越万里深卤，得达大国，幸遇明时，抄习教文，经今六载，将欲还本国，部帙近四百余卷，实虑后学未信，求假依凭。伏遇使君，国之大贤，远育海峤，辄欲将所习目录，乞准贞元廿一年陆郎中判印，以为本国得法信，永涤烦昏。伏乞使君仁恩特垂大造，哀矜恳款，尘黩旌威，伏乞远被扶桑，冀光释教，谨呈所写得经卷数，并凭据状等，随状录上。下情无任兢惶战惧，伏听处分。牒件状谨具如前。谨牒。
>
> 大中十二年闰二月　日　日本国寻学僧圆珍状

这件文书文首为"发文人"，正文以"牒……"开始，"伏听处分。牒件状谨具如前。谨牒"结尾，与上述两件文书格式完全相同，但其署名部分却是"发文人＋状"的"状"文书格式。由于该文书正文部分为牒式，仅署名部分为状式，故本文将其视作"牒"文书。

圆仁文书与敦煌文书的比较

前文将圆仁文书与圆珍文书进行了简单的比较与分析，整体来说，两者所作文书在用语、体例方面基本相同。不过，当时入唐日僧所作文书与同时代的唐代文书相比又当如何呢？是否也会有相似之处呢？以下笔者将比较圆仁文书与同时代的敦煌文书。

1. 申状的比较

如前所述，圆仁为实现入唐求法的夙愿，决意滞留唐朝，寄身于赤山法华院。其后，圆仁“便拟山院过冬，到春游行巡礼台山”（《巡礼行记》卷二开成四年七月二十三日条）。圆仁于开成五年二月十九日从文登县青宁乡出发，并于三月三日到达登州，为早日申请到公验，其向登州都督府提交了如下文书（文书⑬：《巡礼行记》卷二开成五年三月五日条）。

日本国求法僧圆仁状上

请赐公验，往赴五台等名山及诸方处巡礼圣迹，寻师学法。僧圆仁，弟子惟正、惟晓，行者丁雄万，缘身剃刀衣钵等。

右圆仁等，本心志慕释教，修行佛道。远闻中华五台等诸处，佛法之根源，大圣之化处。西天高僧，逾崄远投。唐国名德，游兹得道。圆仁等旧有钦羡，涉海访寻，未遂宿愿。去开成四年六月内，到文登县青宁乡赤山新罗院。隔生缘于沧溟，忘怀土于海岸。幸蒙放任东西，得到使君仁境。今欲往赴诸方，礼谒圣迹，寻师学法。恐所在州县、关津口铺及寺舍等不练行由。伏望使君仁造，特赐公验，以为凭据。伏请处分。牒件状如前。谨牒。

开成五年三月五日　日本国求法僧圆仁状上

以下将敦煌文献中类似的文书P.3730（5）《吐蕃申年十月报恩寺僧崇圣状上并教授乘恩判辞》（年份不明）[1]中状文部分摘录如下：

1　唐耕耦、陆宏基编：《敦煌社会经济文献真迹释录》第4辑，全国图书馆文献缩微复制中心1990年版，第41页。

报恩寺僧崇圣状上

右崇圣一奉大众驱使，触事不允众意，又淹经岁，趋事无能，虽然自寸栽种园林，犹若青云□护，果物每供，僧众不悯，今崇圣限年游蒲柳，岁当桑榆，疾苦疣加，无人替代。头风眼暗，衢路得知。是□无堪，恐有失所，敢投状。伏望教授和尚商量，放老那逍遥养性，任性闲居，差一强替，乞垂处分。牒件状如前。谨牒。

申年十月　日　崇圣状上

上状人报恩寺僧崇圣由于年岁渐长而多疾病，为辞去被分配的工作而向寺院提交了文书。将圆仁文书与敦煌文献P.3730（5）进行对照，其内容如表3—6所示。不难看出，两者格式基本无异。

表3—6　圆仁文书、敦煌文献比较一览

文书名称	圆仁文书	敦煌文献
文首	日本国求法僧圆仁状上	报恩寺僧崇圣状上
正文	右圆仁等，本心志慕释教……伏请处分。	右崇圣一奉大众驱使……乞垂处分。
文末	牒件状如前。谨牒	牒件状如前。谨牒
署名	开成五年三月五日　日本国求法僧圆仁状上	申年十月　日　崇圣状上

此外，前文言及圆仁文书中有数件正文以“右……”开始，“牒件状如前。谨牒”结尾的同时，署名部分却为“发文人＋牒”的文书。实际上，这种格式也见于敦煌文献P.3730（4）（829年或841年）之中。此外，赤木崇敏还利用吐鲁番文书中的相关文书复原了唐代的状（上申文书）[1]，其具体格式如下：

1　[日]赤木崇敏：《唐代前半期の地方文書行政—トゥルファン文書の検討を通じて—》，《史學雜誌》117—11，2008年，第77页。

① 发文主体 状上 受文人

② 事由

③ 右＋正文＋谨录状上/谨状/请处分/听裁。

④ 牒件状如前。谨牒。

⑤ 年月日 发文人 牒。

注：

①“状上＋受文人”经常省略。

③正文另起一行，比文首①部分空一到两个字。

④文书套语与文首①部分同样顶格写，与③正文部分相比，字间距稍宽。

⑤发文人后附有“牒”字。

由此可知，圆仁文书与敦煌文献基本格式一致。

2. 谢赐物状的比较

接下来将圆仁文书中的谢赐物状（文书㉑《巡礼行记》卷二开成五年四月二日条））与敦煌文献S.6405v《僧恒安谢司空赐匹段状》[1]（881年前后）加以比较。两件文书内容如下：

日本国求法僧圆仁

伏蒙尚书仁造，赐给布三端，茶六斤。下情不胜感戴。谨奉状陈谢。不宣。谨状。

开成五年四月二日 日本国求法僧圆仁状上

1 唐耕耦、陆宏基编：《敦煌社会经济文献真迹释录》第5辑，全国图书馆文献缩微复制中心1990年版，第6页。由于该文书原件中“谨录状上”左侧部分缺失，根据所缺部分复原案的不同，也存在不能归入谢赐物状范畴的可能性。

僧恒安

右恒安二月廿日，敦煌县令宋智岳使回，伏奉委曲兼匹段等，跪授惊惕，无任战惧。且恒安生自边土，智乏老诚，才业荒残，学无所□□□□[空]仁瑞，天与孤贞，槐□□□，伏蒙司空猥录蠢蝺，远寄缣缃。愿持扫洒之功，巨答丘山之福。限以夔阻，不获，随状陈谢。谨录状上。

圆仁文书是圆仁在得到当地官员的赐物之后，所作的表达感谢之情的文书。敦煌文献S.6405v为恒安感谢司空赐匹段之际所作文书。文中提到，为表达对司空的感激之情，表示“愿持扫洒之功”以报答司空之恩德。以下表3—7将上述两件谢状进行简单对化。

表3—7　圆仁文书、敦煌文献比较一览

文书名称	圆仁文书	敦煌文献
文首	日本国求法僧圆仁	僧恒安
正文	伏蒙尚书仁造,赐给布三端,茶六斤。下情不胜感戴。谨奉状陈谢。不宣。谨状。	右恒安………伏奉委曲兼匹段等…随状陈谢。
文末	不宣。谨状。	谨录状上。
署名	日本国求法僧圆仁状上	

此外，敦煌文献P.2464张敖撰《新集吉凶书仪》（唐大中年间）载有如下谢赐物状的格式：

某色目物

右伏奉委曲，特赐前件物捧授，限以卑守……拜谢未由，无任悚惧感戴之至。谨差某奉状陈谢，谨录状上。

也就是说，唐代后期存在此类谢赐物状的格式，可以推测圆仁等求法僧当是以此格式为模版而撰写相关文书。

3. 起居状的比较

圆仁文书中有起居状9件，大都是起居官员、僧侣之际所作书状。现将其中一件原文抄录如下（文书⑥：《巡礼行记》卷二开成五年正月二十日条）：

> 展奉年开，春景惟新。伏惟押衙尊体动止万福。即此圆仁蒙推免。先日伏蒙慈流及问，殊慰勤慕，无任感庆。限以怀情，不获被〔见〕。豁欣之诚，何以为喻。圆仁钦慕释教，淹留唐境。今欲往赴诸方，寻访圣迹。伏仰洪仁，事幸垂恩庇。谨遣弟子僧惟正奉状代身。不宣。谨状。
>
> 开成五年正月廿日　日本国求法僧圆仁状上
>
> 张押衙侍者谨空

《巡礼行记》卷二开成五年正月二十日条载："当院纲维更作一状，差惟正及院家使报当州军事押衙张咏宅去。求法僧别作一状，同送押衙。"寺院在收到圆仁申请出游巡礼公验的文书之后，便作状上报登州军事押衙张咏。为了能尽快得到公验，圆仁便别作一状，其便是上文所引文书。以下不妨了解一下同时代敦煌文献中的起居状P.2555（P2）《肃州长史检校国子祭酒兼御史中丞上柱国周弘直状》（年代不明）[1]，该文书系守肃州长史周弘直向长史留后问好之际所作文书。以下将其原文抄录如下：

> 季秋霜冷，伏惟长史留后尊体动止万福。即日弘直蒙恩，限以

1　唐耕耦、陆宏基编：《敦煌社会经济文献真迹释录》第4辑，全国图书馆文献缩微复制中心1990年版，第357页。

所守，未由仗谒。谨专奉状起居。不宣。谨状。

九月廿三日守肃州长史检校国子祭酒兼御史中丞上柱国周弘直状上长史留后阁下谨空

下面将上文圆仁文书与敦煌文献中的起居状加以比照，如表3—8所示。

表3—8 圆仁文书、敦煌文献比较一览

文书名称	圆仁文书	敦煌文献
文首	无	无
正文	展奉年开，春景惟新。伏惟押衙尊体动止万福。即此圆仁蒙推免……伏仰洪仁，事幸垂恩庇。	季秋霜冷，伏惟长史留后尊体动止万福。即日弘直蒙恩，限以所守，未由仗谒。
文末	谨遣弟子僧惟正奉状代身。不宣。谨状。	谨专奉状起居。不宣。谨状。
署名	日本国求法僧圆仁状上	守肃州长史检校国子祭酒兼御史中丞上柱国周弘直状上
提称	张押衙侍者谨空	长史留后阁下谨空

将上述圆仁文书的起居状与敦煌文书的起居状进行比较，可以看出两者基本格式相同，第一部分先寒暄天气，前者为“展奉年开，春景惟新”，后者为“季秋霜冷”；第二部分问候对方起居，均以“伏惟……尊体动止万福”之句开始；第三部分再言及自身情况，最后以“不宣。谨状”结尾。最后，除了在文书末尾署上自己的姓名，还具“受文人谨空”之语。

实际上，在敦煌文献中张敖撰《新集吉凶书仪》中也载有如下起居状格式。

孟春犹寒，伏惟官位尊体动止万福，即日某蒙恩，限以卑守，不获拜伏，下情无任恋结之至，谨奉状起居。不宣，谨状。某月日具官阶姓名状上

某官阁下谨空

表3—8所示两文书与该范式基本一致。可以推测，圆仁当是参照当时的唐书仪撰写相关文书的。

4. “牒”文书的比较

以下我们再将圆仁文书中的牒式文书（文书⑤：《巡礼行记》卷二开成五年正月十五日条）与敦煌文献P.3730《寅年八月沙弥尼法相牒并洪辩判辞》（9世纪）[1]进行比较。

日本国求法僧圆仁牒当院

请游礼诸处，寻师访道。

牒，圆仁幸接仁德，住院稳善。鸿洛高深，难以酬谢。感愧之诚，在物难喻。然以岁阴推迁，春景渐暖，今欲出行巡礼诸处，访寻佛教。伏请处分。牒件状如前。谨牒。

开成五年正月十九日　日本国求法僧圆仁牒

该文书系圆仁在赤山法华院之时，为出游巡礼五台，向寺院提交的申请公验的文牒。接下来我们再看一下敦煌文献P.3730《寅年八月沙弥尼法相牒并洪辩判辞》中的相关文书。

牒，沙弥尼法相，自以多生阙善，福报不圆，今世余殃，恒处覆障。身无枷锁，囚系不殊，常愿适散，恐众参承，不惜身命，缘障深厚，不遂中心，每阙礼敬三尊，利他之行，思心不足，无处申

1 唐耕耦、陆宏基编：《敦煌社会经济文献真迹释录》第4辑，全国图书馆文献缩微复制中心1990年版，第115页。

陈，岂敢冒受重信，然在贫病之徒，少之不济。又去子丑二年傔状无名，不沾毫发，伏望教授和尚高明，广布慈云，厚荫甘泽，荣枯普润，则贫病下众尼，庶得存生，请乞处分。

牒件状如前。谨牒。

寅年八月　日沙弥尼法相谨牒。

上述文书详细记载了沙弥尼法相因病未能参加例行法事而无法获取傔利（供养僧人的钱财）支给维持生计，最后只能上状洪辩请求傔利的过程。下面将上述两件牒式文书进行比较。

表3—9　圆仁文书、敦煌文献比较一览

文书名称	圆仁文书	敦煌文献
文首	日本国求法僧圆仁牒当院	无
正文	牒，圆仁幸接仁德，住院稳善……伏请处分。	牒，沙弥尼法相，自以多生阙善，福报不圆……请乞处分。
文末	牒件状如前。谨牒。	牒件状如前。谨牒。
署名	日本国求法僧圆仁牒	沙弥尼法相谨牒

将圆仁牒文与上述敦煌文书进行比较，唯一的区别就是前者首行具“发文人牒某司”，并在下一行简单说明事由。参照《巡礼行记》中唐官府所作文牒，也在首行具“某司牒某司”，并在其后陈述事由。另外，《司马氏书仪》中牒式文书格式也是如此。因此，笔者推测敦煌文书中的《寅年八月沙弥尼法相牒并洪辩判辞》首行大概也是如此，只是年代久远导致首行文字脱落。除了首行有所不同之外，两件文书从正文开头的“牒……伏请（请乞）处分”到末尾的“牒件状如前。谨牒”乃至署名部分“上牒人牒”，体例与用语完全一致。

此外，除了前文所述“状”文书之外，赤木崇敏还对唐代的“牒”文书进行了复原，其中包括牒式Ａ（官府内部下行文书）与牒式Ｂ（上行、平行、下行文书)。[1]上文所比较的圆仁文书与敦煌文献系上行文书，此处仅将牒式B抄录如下：

① 发出主体 牒 受文人

② 事由

③ 牒＋正文＋谨牒/故牒。

④ 年月日 发文人 牒

注

①“牒＋受文人”时有省略。

③正文以“牒”为开头。

④发文人后附“牒”。

与上文所复原的“牒”文书格式相比，圆仁文书与敦煌文献中的“牒”均与之相符。

5. 施舍疏的比较

如前文所述，由于圆仁在唐期间无法得到官方的供给，在求法巡礼途中不得不向沿途的百姓和官员请求施舍，以维持生计。尽管如此，作为一介僧侣，圆仁仍不忘将自己所获得的施舍拿出一部分供给所在寺院。在设供之际，圆仁便会作状写明所供物品、缘由等相关内容。以下仅将其中一件原文摘录如下（文书㉜：《巡礼行记》卷三会昌二年三月十二日条））：

日本国求法僧圆仁，弟子僧惟正、惟晓，行者丁雄万

敬送清凉山百五十僧供

右圆仁等设供意者，求法得遂，过海无难，平善得达，广利群

1 ［日］赤木崇敏：《唐代前半期の地方文書行政—トゥルファン文書の検討を通じて—》，《史學雜誌》117-11，2008年，第77页。

生。劫劫生生，常为大圣文殊眷属，利益十方。法界含灵，同沾此福。谨疏。

会昌二年三月十二日　日本国求法僧圆仁等谨疏

官私僧俗的施舍历来是佛教僧团和僧尼的重要经济来源，敦煌文献中也出现了大量施舍疏，多收录在《敦煌社会经济文献真迹释录》第3辑之中，现将其中P.4624唐大中七年（853）八月二十六日《邓容施入疏》[1]录文摘录如下：

（前缺）□□□□□□□盆三，粗布□□□□□□□物施入修窟。

家人定娘男德子放出从□，黑布方氈袈裟一□，褐长袖一绯，褐方氈一领，大床一张，铛一口，□铁鏊一面，鞍一具，单经布裙衫一对，牙盘子一，麦十硕，粟十硕，瓮大小四口，瓦盛一，油瓷一，案板一，食刀一，故袋一口，五岁草驴一头，已上物与沙弥德子。细布袴段一，充法事。

右件转经造窟设斋设施功德，为已弟师舍化已来，不知神识落在何道。仅将生前受用衣物，叨触三尊，谨因此晨，伏愿慈悲，希垂回向。

大中七年八月廿六日　兄邓荣谨疏

从内容上看，圆仁的施舍疏与上述《邓容施入疏》均为向寺院施舍财物之际所作文书。下面表3—10将这两件文书相关内容加以比较。

1　唐耕耦、陆宏基主编：《敦煌社会经济文献真迹释录》第3辑，全国图书馆文献缩微复制中心1990年版，第82页。

表3—10　圆仁文书、敦煌文献比较一览

文书名称	圆仁文书	敦煌文献
文首	日本国求法僧圆仁，弟子僧惟正、惟晓，行者丁雄万	前缺
正文	敬送清凉山百五十僧供。右圆仁等设供意者……法界含灵，同沾此福。	□□□□□□□盆三，粗布□□□□□□□物施入修窟……右件转经造窟设斋设施功德……伏愿慈悲，希垂回向。
文末	谨疏。	谨疏。
署名	日本国求法僧圆仁等谨疏	兄邓荣谨疏

上述《邓容施入疏》相比圆仁施舍疏，明确记录了所施物品的名称、数量及去向，以及施物的缘由、目的、地点与施主姓名等，署名部分都以“施物人谨疏”结尾。

综上所述，通过对圆仁文书与同一时期的敦煌文献中相关文书进行比较，不难看出，圆仁当是根据不同的用途，参照当时的书仪而撰写了相应的文书。之所以如此说，是由于圆仁的《日本国承和五年入唐求法目录》中收录有“郑余庆重修定《大唐新修定公卿士庶内族吉凶书仪》一卷”，其必然阅读过该书并带回日本。因此，可以说圆仁在唐期间不仅搜集佛教经典，还有意识地搜集了在唐生活中不可或缺的书仪，并参考相关书仪撰写了《巡礼行记》中所收录的圆仁文书。

本节对学界较少关注的《巡礼行记》所载文书进行了详细的分类梳理，并在此基础上将圆仁文书分别与圆珍文书、敦煌文书进行比较研究。

首先，通过对文书的分类梳理，我们发现《巡礼行记》所载文书除了有圆仁向各地官府申请公验、过所之际所作申状、牒文之类的官文书，还有谢赐物状、起居状、献物状、乞赐物状等与所到之地的官员、僧人之间往来的私文书。其中，“状”文书共34件，数量最多，“牒”文书2件，施舍疏3件。“状”文书中申状16件、乞赐物状2件、献物状2件、起居状9件、谢赐物状5件。圆仁文书中大量的私文书的存在从某种程度上反映了在唐人际关系的维持对其巡礼求法的重要性。对于圆仁来说，文书不仅是其与官方往来的媒介，更是其与当时的唐人交往、交流的一种方式。正是通过文书这一媒介，圆仁才得以维持其在唐期间的人际交往，进而顺利实现求法巡礼的夙愿。

其次，圆仁与圆珍同为日本僧人，故二者所作文书在很大程度上存在相似之处。不过，其中也有细微的区别，尤其是在措辞方面，与圆珍相比，圆仁所使用的词汇更为谦卑和恭敬。当然，这与圆仁、圆珍在唐期间的身份及各自所处的历史环境密切相关。如前文所述，圆珍入唐不仅获得了日本政府的许可，还得到了国家的经济资助。与之相比，圆仁是非法滞留唐朝的僧人，无法得到官方的供给。圆仁在唐期间又适逢会昌灭佛，在这样的情况下，其求法巡礼之路更是举步维艰。所以，要想获取他人的帮助，圆仁只能尽可能将自己放在较卑微的位置。

再次，将圆仁文书与敦煌文献以及同时代的书仪进行比较，我们不难看出圆仁文书大多是参照当时的书仪撰写而成。同时，将圆珍在日本国内申请公验之际向镇西府提交的文书与圆仁、圆珍入唐后所提交的文书进行比较的话，其格式基本相同。也就是说，唐代的官文书也是当时日本通用的官文书格式。

最后，圆仁文书中的“状”文书中有数件使用“帖”“牒”文书常用语，前者大概是圆仁的误用，而后者在唐后期的敦煌文献中可以见到。相比敦煌文献，圆仁文书无论是用语还是格式，均与之无异，且在参照唐公式令编纂而成的《养老令》中也可见到相同的文书格式。由此可知，圆仁有可能在入唐之前就已经学习了传播至日本的唐代文书格式，并且在入唐后更是有意识地收集相关书仪并学习。

（本文原题《円仁〈状〉文書の機能的分類と書式分析—円珍文書・敦煌文献との比較を通じて—》，发表于《史観》第176册，2017年）

二

圆仁文书所载疑难词语校释

自《入唐求法巡礼行记》（以下略称《巡礼行记》）古抄本面世以来，同内外诸位学者用力甚勤，对其中的疑难词语进行的考释、校注，成果颇丰。特别是日本学者小野胜年的《入唐求法巡礼行记的研究》（以下略称“小野本”），堪称《巡礼行记》文本校注的集大成之作。中国学者白化文等人的《入唐求法巡礼行记校注》（以下略称《校注》）多为参照前者撰写而成。另外，鉴于其在研究晚唐汉语词汇、语法方面的语料价值，蒋绍愚、董志翘、武振玉、刘利等曾分别就该书中词汇或语法的相关问题进行系统研究。其中最值得关注的是董志翘的《入唐求法巡礼行记词汇研究》，该书对《巡礼行记》中出现的日语词汇、新词新义及口语词、公文书仪中的词汇作了详细校释，对本文具有很大的启发意义。

然而，由于年代久远，作者亲笔的原始文本已经散佚，目前所能见到最早的写本又系700多年前长乐寺72岁高龄僧人兼胤誊抄的古抄本，其中少数文字已经模糊不清，且当时多用俗字、假字，因此针对其中一些疑难词语，各个版本的注释意见不一，莫衷一是。本文将选取《巡礼行记》所载文书中出现的“空饭”“一中”“起居”“动止万福”“驰结”“仁造”等前人研究不够准确的疑难词汇进行考辨，并补充相关史料加以佐证。

1. 空饭

“空饭”一词，在文书中共出现过两次。

（1）谨献件沙金，以替香积供。伏愿加辨作之劳，用宛寺里众僧空饭。（《巡礼行记》卷一开成三年八月二十六日条）

（2）今以前件物于常住院设空饭，来日供合寺众僧。（《巡礼行记》卷二开成五年三月五日条）

关于“空饭”一词，诸桥辙次编《大汉和辞典》大修馆书店1986年版释为“没有菜的饭，白饭”，并援引唐范摅《云溪友议》中的“空饭手捻盐，亦胜设酒肉”及《太平广记》中“珍以咸亨五年入海运，船上无菜，人皆食肉。珍不食，唯餐空饭而已”加以佐证。小野本解释为：“空饭，指恭敬供养的饭食。‘空’是‘空首拜’的省略。‘空首拜’是《周礼·春官·大祝》中所载稽首、顿首等九种拜礼之一，是跪着拱手俯首的一种礼仪。书信末尾的‘谨空’亦非‘以下空白’之义，它与‘顿首’相同，表‘谨致敬礼’之义。后文的‘空茶’也指恭敬地捧上的茶，均基于‘空首拜’之义。赖肖尔的注记中译为‘empty meal’，太过于直译。《续辞源》中也有‘空饭’的说明，但也未能说清原意。此外詹景全给圆珍的信中也有‘备空飰’之语，‘飰’系‘饭’的俗字，两者意义相同。（《智证全集》卷四）”[1]

白化文等在《校注》中将“空饭”解释为白饭，并引《云溪友议》卷十一中“尝遇玄朗上人者……家有梵志诗：‘空饭手拈盐，亦胜设酒肉’”作为例证。[2]日本学者盐入良道提出“空饭”即为“晚餐”之说，他认为：“空饭从文字上也可为空虚的饭食，因为僧团规定正午以后禁食，故称晚餐为空饭。因为本来有允许得病僧人食用作为药物的蜂蜜等

1 ［日］小野胜年：《入唐求法巡礼行記の研究》第1卷，法藏馆1989年版，第202页。

2 白化文等校注，周一良审阅：《入唐求法巡礼行记校注》，花山文艺出版社2007年版，第40页。

作为晚餐的先例，故有将晚餐称谓药石之说。”[1]董志翘认为以上说法均有不够周全之处，经过多番考证，他指出圆仁作为设供邀客的主人所称之“空饭”带有谦逊色彩，就如现今请客，即便是山珍海味、玉液琼浆，主人也谦称之为“粗茶淡饭”一样。[2]

然而，如按照董志翘所言，“空饭”是对饭菜的一种谦称，上述例（1）、例（2）中的“空饭”系圆仁设供而作，将自己所供饭菜谦称为“空饭”尚且成立。那么，《巡礼行记》卷一开成三年九月二日条“监寺僧方起等于库头设空饭”中的“空饭”又如何解释呢？圆仁对监寺僧所设饭菜使用谦称似乎不合情理。《唐会要》卷四十君上慎恤条载：“其年十一月九日敕，前敕在京决死囚日，进蔬食。自今已后，决外州囚第三日，亦进蔬食。……今曹司未能奉法。在下仍多犯罪，数行刑戮。使朕数食空饭。”也就是说，在唐代处决死囚之际，一般要“进蔬食”，而今由于“数行刑戮”而“使朕数食空饭”。此处的“空饭”当与“蔬食”相同，均为素食之意。如此理解，则文意顺适无碍矣。

另外，《巡礼行记》中还出现了与“空饭”相似的“空茶”“空饼”两种食物。其用例如下：

（3）当寺庆僧正入寺，屈诸寺老宿于库头空茶空饭。百种周足，兼设音声。（《巡礼行记》卷一开成四年闰正月三日条）

（4）上客殷重极者，便与空饼、冷菜，以为上馔。（《巡礼行记》卷四会昌五年八月十六日条）

---

1 [日]圆仁著，足立六喜译注，盐入良道补注：《入唐求法巡礼行記》第1册，平凡社1970年版，第55页。

2 董志翘：《〈入唐求法巡礼行记〉词汇研究》，中国社会科学出版社2000年版，第281页。

小野本将“空茶”解释为恭敬地捧上来的茶。[1]白化文等将“空饭”解释为“白饭”，显然与“百种周足”自相矛盾。因此，对例（3）进行校注时，仅简单陈述小野胜年的观点，而未加以补充。[2]董志翘则认为此处的“空茶”与“空饭”用法相同，带有谦逊的色彩。[3]然而，此处的“空茶”非圆仁所设，其对他人所设茶饭使用谦逊用语，似乎有悖常理。至于例（4）中“空饼”一词，小野胜年认为可能是一种中空呈环状的饼，抑或是与“空茶”“空饭”一样向客人奉上的上等饼食。[4]白化文则指出这可能是一种无馅、未添加油盐作料烙烤而成的饼，今称“白饼”。[5]董志翘也认同这一说法。

综上，此处的“空饭”“空茶”均系招待僧人的食物，故笔者认为“空饭”作“素餐、素斋”，“空茶”作“素茶（素的糕点茶食）”解更为恰当。

2. 一中

> 伏望仁恩，舍香积之余供，赐异蕃之贫僧。先赐一中，今更恼乱，伏深悚愧。（《巡礼行记》卷二开成五年三月二十五日条）

关于“一中”一词，小野本注云：“‘一中’系‘一中食’之略

---

1 ［日］小野胜年：《入唐求法巡礼行記の研究》第1卷，法藏馆1989年版，第275页。

2 白化文等校注，周一良审阅：《入唐求法巡礼行记校注》，花山文艺出版社2007年版，第105页。

3 董志翘：《〈入唐求法巡礼行记〉词汇研究》，中国社会科学出版社2000年版，第281页。

4 ［日］小野胜年：《入唐求法巡礼行記の研究》第4卷，法藏馆1989年版，第227页。

5 白化文等校注，周一良审阅：《入唐求法巡礼行记校注》，花山文艺出版社2007年版，第486页。

称，源自僧人一日之中，午时所用斋食之意。”[1]白化文等指出：“一中乃是一顿饭，特指僧侣每天日中前的那一顿饭。”[2]对于此处的“一中”，日僧无著道忠《禅林象器笺》注曰：“此言日中一食也。”故“一中”乃日中一食之义。由于僧人日食一餐，且于午时用，故称之为“一中”。《宋高僧传》卷二十三载：“先罄舍衣囊供身之物。斋僧一中。”

3. 起居

> 孟夏渐热，伏惟和尚道体万福……谨遣弟子僧惟晓谨状起居。（《巡礼行记》卷三会昌元年四月二十八日条）

关于“起居”一词，小野胜年指出“起居”原为日常的动作、行为之意，后引申为问候之意。[3]白化文等也认同这一观点，《校注》云：“其为请安、问候之意，系唐人习用问候日常生活平安的应酬语。”[4]两者观点颇为相近，但并未对其语义变迁进行详细论述。董志翘认为其为问候、问安、问好之意，并对“起居”一词的词性及词义变化作了详细的阐释。[5]

唐以后，“起居”多指问安、问候之意，多用于书状之中，如李白《为赵宣城与杨右相书》中的“首冬初寒，伏惟相公尊体起居万福”。赴日高僧鉴真在日撰写的《书状》：“起居僧都和上道体安稳。”又如鉴真

---

1 ［日］小野胜年：《入唐求法巡礼行記の研究》第2卷，法藏馆1989年版，第327页。

2 白化文等校注，周一良审阅：《入唐求法巡礼行记校注》，花山文艺出版社2007年版，第239—240页。

3 ［日］小野胜年：《入唐求法巡礼行記の研究》第3卷，法藏馆1989年版，第298页。

4 白化文等校注，周一良审阅：《入唐求法巡礼行记校注》，花山文艺出版社2007年版，第168页。

5 董志翘：《〈入唐求法巡礼行记〉词汇研究》，中国社会科学出版社2000年版，第248页。

弟子法进《沙弥十戒并威仪经疏》卷四："起居和上，先住门前，弹指三声，令师知有。""起居"在时人所作起居状中则更为常见，除了圆仁所作起居状，也常见于敦煌文书。如P.3502号《张敖撰新集诸家九族尊卑书仪一卷》："下情不胜庆跃，谨奉启起居，不宣，谨启。"[1]又如P.2555号《七月二十三日守肃州长史周弘直状》："季秋霜冷，伏惟长史留后尊体动止万福。……谨专奉状起居，不宣，谨状。"[2]

张小艳在《论语体转换对词义的影响》[3]一文中指出，"起居"在唐以后不仅可用于书札中的"问候"语境，还可用于近在咫尺之人彼此问候或代为传达问候之时，即用于口头致辞。该文还引用P.3691《新集书仪》"局席弟（第）二日〔谢〕，早上起居：昨朝谬为置备，至无杯筵，虚坐久时，计当疲乏，不委夜来尊体万福"，加以佐证。由此可知，无论是作为书札抑或是寒暄用语，唐人在使用"起居"一词之时，多为表达"问候、问安"之意。

4. 动止万福

（1）展奉年开，春景惟新。伏惟押衙尊体动止万福。（《巡礼行记》卷二开成五年正月二十日条）

（2）仲春渐暄。伏惟押衙尊体动止万福。（《巡礼行记》卷二开成五年二月一日条）

（3）生年未祗奉，久承高风，伏增钦仰。仲春已暄，伏惟大使

1 唐耕耦、陆宏基编：《敦煌社会经济文献真迹释录》第5辑，全国图书馆文献缩微复制中心1990年版，第302页。

2 唐耕耦、陆宏基编：《敦煌社会经济文献真迹释录》第4辑，全国图书馆文献缩微复制中心1990年版，第357页。

3 张小艳：《论语体转换对词义的影响——以书札用语为例》，《古汉语研究》2008年第2期，第64—70页。

尊体动止万福。(《巡礼行记》卷二开成五年二月十七日条)

(4) 季春极暄，伏惟使君尊体动止万福。(《巡礼行记》卷二开成五年三月八日条)

(5) 季秋渐冷，伏惟侍御尊体动止万福。(《巡礼行记》卷三开成五年九月十三日条)

(6) 孟冬渐寒，伏惟和尚道体动止万福。(《巡礼行记》卷三开成五年十月十七日条)

小野胜年认为“动止万福”与“起居万福、动止康和”意义相同。[1]关于“动止”一词，白化文及董志翘在相关著作中均未论及。《唐语林》卷八载：“唐世谒见尊者，皆曰：‘谨祇起居’，起居者，动止也。”也就是说，“动止”即为起居作息，指日常生活，多用于书信之中。如韩愈《与华州李尚书书》：“比来不审尊体动止何似。”

至于“万福”一词，张小艳指出“万福”原为祝祷之词，从魏晋六朝开始由祝祷之词转变为问候祝愿之语，多用于书状表启之中，且在唐以后还用作见面时的问候语。[2]如陆云《与戴季甫书》有“惟夏始暑，愿府馆万福，疾病处远”。《高昌书仪与弟妹书》有“伏愿耶婆万福，吾违离扶侍，夙夜思恋，无宁情相（想）”。例中“万福”皆用作祝福语，愿对方幸福安康。因此，圆仁上述书状中的“万福”当为“健康多福”之意。

《巡礼行记》关于唐人在节日互致问候之时所用的问候语也有相关记载。如《巡礼行记》卷一开成三年十一月二十七日条：“冬至之节，道俗各致礼贺。住俗者，拜官，贺冬至节。见相公即道：‘晷运推移，

---

1 [日]小野胜年：《入唐求法巡礼行記の研究》第3卷，法藏馆1989年，第298页。

2 张小艳：《论语体转换对词义的影响——以书札用语为例》，《古汉语研究》2008年第2期，第64—70页。

日南长至。伏惟相公尊体万福。’……众僧对外国僧，即道‘今日冬至节，和尚万福。传灯不绝，早归本国，长为国师’云云。”通过圆仁对冬至之节人们互致贺词的记载不难发现，书仪中常用的“万福”已渗透到民众的日常生活之中，唐人在节日见面之际多互道“万福”，以表达问候与祝愿之意。

上文诸例中“动止万福”一词，是出现在起居状中的问候用语，也常见于敦煌文书之中，如P.3502《大中年间氾文信等状》：“五月仲夏盛热。伏惟大郎等动止万福。”[1]P.3502《张敖撰新集诸家九族尊卑书仪一卷》：“孟春犹寒，伏惟官位尊体动止万福。”[2]可知，“动止万福”一词多作为书状常用寒暄语，表达问候之意。

5. 驰结

> 伏冀莫赐怪责。祗奉未期。但增驰结之情。谨奉状起居。不宣，谨状。(《巡礼行记》卷二开成五年二月十七日条)

小野胜年认为：“此处的‘驰结’与‘倾结’相同，表达对对方的仰慕之情。”[3]白化文与董志翘对此处的“驰结”未有论及。《大汉和辞典》释云：“指对远方朋友的思念之情。”故笔者认为小野胜年的解释有不甚周全之处，“驰结”应系书札用语，表示对对方思念情切。

萧颖士《与崔中书圆书》(《文苑英华》卷六六八)：“违奉累月，伏增驰结。首冬渐寒，伏惟相公尊体动止康裕。”隋炀帝《与释智顗

---

1 唐耕耦、陆宏基编：《敦煌社会经济文献真迹释录》第5辑，全国图书馆文献缩微复制中心1990年版，第310页。

2 唐耕耦、陆宏基编：《敦煌社会经济文献真迹释录》第5辑，全国图书馆文献缩微复制中心1990年版，第302页。

3 [日]小野胜年：《入唐求法巡礼行記の研究》第3卷，法藏馆1989年版，第299页。

书》之十二：“弟子总持和南，东林山寺使至，逮八月八日诲，用慰驰结。”敦煌文书P.3502《张敖撰新集诸家九族尊卑书仪一卷》中的“无任驰恋之情”“但增驰咏之至”“伏增恋结”[1]之“驰恋”“驰咏”“恋结”等用语应与“驰结”相似，系表达对对方的思慕、思念之情的习语。

6. 仁造

（1）伏望使君仁造，特赐公验，以为凭据。（《巡礼行记》卷二开成五年三月五日条）

（2）伏望尚书仁造，特赐公验，希遂愚诚，早迈前路。（《巡礼行记》卷二开成五年三月二十五日条）

（3）员外仁造，给米面。不胜感戴，难以销谢。（《巡礼行记》卷二开成五年三月二十五日条）

关于“仁造”一词，白化文等《校注》云：“‘仁造’即以仁慈之心作培养造就之事。”小野本注云：“造有‘至’的意思，‘仁造’的‘造’与‘大造’、‘慈造’等相同，即最大的仁慈之心。”唐慧琳《一切经音义》卷四十八载：“恩造，在老反，《广雅》：‘造，成也。’谓恩成此事者也。”董志翘认同慧琳之说，“造”有“成功”之义，引申之，即有“恩德”“恩幸”之义。[2]

《巡礼行记》中除了“仁造”外，还有“慈造”“恩造”等文书习用套语。如《巡礼行记》卷二开成五年二月十七日条：“斯乃押衙慈造矣。”又如《巡礼行记》卷三开成五年九月十八日条：“伏乞侍御恩造，

1 唐耕耦、陆宏基编：《敦煌社会经济文献真迹释录》第5辑，全国图书馆文献缩微复制中心1990年版，第302页。

2 董志翘：《〈入唐求法巡礼行记〉词汇研究》，中国社会科学出版社2000年版，第289—290页。

特赐允许。”其实，上述用语也可见于敦煌文书中，如：P.2222B《咸通六年前后僧张智灯状》：“先蒙尚书恩造，令将鲍壁渠地回入玉关乡赵黑子绝户地，永为口分，承料役次。”[1]P.4040《后唐清太三年洪润乡百姓辛章午牒》：“伏望司空仁造，念见贫儿。”[2]又如S.1438《吐蕃占领时期沙洲守官某请求出家状等稿》：“特沐赞普鸿恩，相府仁造。”[3]因此，此处的“仁造”与“恩造”同为“恩德、恩幸”之意。

7. 推免

> 孟夏渐热，伏惟和尚道体万福。即此圆仁蒙推免，被拘抄写事，不得数就面展。（《巡礼行记》卷三会昌元年四月二十八日条）

关于此处的“推免”，小野本注云：“‘免’与‘輓’同音，与‘推輓（挽）’，素日蒙受恩惠之意。类似于推遣、推常、推度等词。”[4]小野本持“免”与“輓”同音之说，或许是源于其日语读音相似之故。然而，在汉语中二者的读音完全不同，该说法略有不妥。白化文等《校注》解释：“‘推免’应为‘推挽’，‘挽’也作‘輓’。比喻推荐扶植后进。”[5]白化文等对“推免”一词的解释，在前引例句中似乎很难说通。董志翘则未言及。吴丽娱援引敦煌文书中诸多用例，对“推免”一词进

1 唐耕耦、陆宏基编：《敦煌社会经济文献真迹释录》第2辑，全国图书馆文献缩微复制中心1990年版，第289页。

2 唐耕耦、陆宏基编：《敦煌社会经济文献真迹释录》第2辑，全国图书馆文献缩微复制中心1990年版，第294页。

3 唐耕耦、陆宏基编：《敦煌社会经济文献真迹释录》第5辑，全国图书馆文献缩微复制中心1990年版，第314页。

4 ［日］小野胜年：《入唐求法巡礼行記の研究》第2卷，法藏馆1989年版，第185页。

5 白化文等校注，周一良审阅：《入唐求法巡礼行记校注》，花山文艺出版社2007年版，第199页。

行了详细的考释，指出“蒙推免”与“蒙恩”意义相近，当为“蒙恩推免”的简化，且“蒙推免”还进一步简化为“蒙免”，表示蒙受恩惠之意，不过“蒙推免”似等级较低。[1]

《巡礼行记》所载文书中除了“蒙推免”以外，还有卷二开成五年二月十七日条“即此圆仁蒙恩，隔以云程，不获觐谒。……厚蒙众僧仁德，殊慰旅情，斯乃押衙慈造矣”。其中的“蒙恩”是表达深受对方恩惠的言辞。杜友晋《新定书仪镜》“通例第二”中明确规定了对尊卑、亲疏、长幼的不同用语，其文如下：

> 凡下情不具、不宣、伏惟、伏愿、珍重等语，通施尊长。自叙皆云蒙恩。……凡惟倾仰、驰系、旷奉、辞奉、安慰、奉问等语，皆是平怀施小重，自叙亦可云推免。

由此可知，唐代书仪规定施于尊长的书状中，自叙云“蒙恩”，而“平怀施小重”[2]的书状之中，自叙可云“推免”，也就是说“推免”较“蒙恩”等级稍低。敦煌文书中张敖《新集吉凶书仪》：“拜辞虽近，驰恋已深，仲春已暄，伏惟某位尊体动止万福，某蒙推免，未由拜伏，但增瞻恋。谨奉状不宣，谨状。”

8. 座前、法前

圆仁在给僧人所作文书中，称谓用语多用“座前”“法前”之类的词语。现将文书抄录如下：

---

1 吴丽娱：《唐礼摭遗——中古书仪研究》，商务印书馆2002年版，第249—252页。

2 敦煌书仪《新定书仪镜》按对象的年辈尊卑和官位高低，依此把受信人分成尊长、小重、平怀、小轻和卑下五个等级。写信时必须根据对象选择不同等级的程式用语，以示谦敬得体。参见郭炎武：《论唐宋书信的仪式属性及其社会秩序的建构功能》，《江西社会科学》2011年第3期，第118—122页。

孟夏渐热，伏惟和尚道体万福。……谨遣弟子僧惟晓谨状起居。不宣，谨状。

会昌元年四月　日　日本国求法沙门圆仁状上

青龙寺真和尚座前谨空

（《巡礼行记》卷三会昌元年四月二十八日条）

绢三匹

右物轻少，谨充遮热之资。……不宣，谨白。

会昌元年四月　日　求法僧圆仁上

青龙寺真和尚法前

（《巡礼行记》卷三会昌元年四月二十八日条）

上文两件文书系圆仁给青龙寺真和尚的起居状和施舍疏，称谓用语分别用了“座前”和“法前”。“座前”一词为旧时在书信中对尊长的敬称。唐代李匡义《资暇集》卷中：“身卑致书于宗属近戚，必曰座前，降几前之一等。案座者，座于床也，言卑末之使，不当授受，置其书于所座床之前，俟隙而发，不敢直进之意。”宋孔平仲《孔氏谈苑》卷五：“自卑达尊，例云座前，尤非也。阁下降殿下一等，座前降几前一等，岂可僭用哉！”另外，“座前”一词也可见于敦煌文书之中，P.3502《张敖撰新集诸家九族尊卑书仪一卷》中的《与妻父母书》有：“拜辞已久，瞻恋复深，时候，伏惟丈人、丈母尊体动止万福。……谨奉状不宣。某再拜丈人丈母座前。”[1]

对于圆仁而言，其在唐期间所遇诸位僧人皆是尊长，是其仰慕的高僧，因此，他在文书中使用了“座前”一词表示尊敬。关于“法前”一

1　唐耕耦、陆宏基主编：《敦煌社会经济文献真迹释录》第5辑，全国图书馆文献缩微复制中心1990年版，第307页。

词，P.3502《张敖撰新集诸家九族尊卑书仪一卷》中的《与道士书》有："奉别多时，常思顶礼，时候，伏惟尊师道体安和，……弟子某乙状上。尊师法前。"[1]由此可知，"法前"一词一般用于尊长，与"座前"相同，表示对尊长的敬称。

本文在前人研究的基础上，仅对《巡礼行记》所载文书中出现的部分疑难词汇进行了详细考释，由于圆仁系僧人，在唐期间学习佛教经典，其交流对象又大都是僧人，文书中因此也出现了一些不为今人熟知的佛教词汇，文中对其进行了简单的考辨。其次，笔者对常见于文书的书札用语进行了考述，比如"起居""万福"等词最初皆是典雅的书面用语，其后逐渐从书札用语演变成人们日常生活中的问候、祝福之语。这些词语不仅常见于《巡礼行记》所载文书之中，也常见于敦煌文书。

不难发现，圆仁虽为日本僧人，但具备颇高的汉文修养与造诣，对汉语及唐代书仪的运用水平相当之高。这可能有两方面的原因：一方面，圆仁作为一介僧人，必然熟读各种佛教经典，而这些典籍都为汉译佛经。因此，圆仁具备较高的汉文修养与造诣是毋庸置疑的。另外，考虑到各种文书对于入唐求法的重要性，圆仁在入唐之前，必定会有意识地学习当时从中国传入日本的大量尺牍范本。也就是说，圆仁极有可能在入唐之前已经对唐代的书仪有了一定的了解。

另一方面，圆仁较高的汉文修养与造诣也与其在唐期间对汉文化的学习密切相关，入唐以后圆仁必然会有意识地收集当时介绍书仪规范的书籍，并学习利用。从圆仁《日本国承和五年入唐求法目录》中所列"《大唐新修定公卿士庶内族吉凶书仪》一卷，郑余庆重修定"便可窥测一二。入唐僧圆仁对汉文化的习得水平也在一定程度上反映了当时日

1　唐耕耦、陆宏基主编：《敦煌社会经济文献真迹释录》第5辑，全国图书馆文献缩微复制中心1990年版，第304页。

本对唐代文化的接受程度，可为人们了解当时中日文化交流的实况提供一定的参考。

（本文原题《〈入唐求法巡礼行记〉所载文书的疑难词语校释》，发表于《浙江外国语学院学报》2014年第4期）

第四章
圆仁日记与东亚佛教交流

一
圆仁的入唐与在唐新罗人的活动——基于贸易离散社群的视角

7—9世纪，遣唐使肩负着沟通日本与唐朝间交流的重任。事实上，后来成为第三代天台座主的圆仁（794—864）曾作为承和五年（838）最后一批遣唐使中的一员赴唐。圆仁以求法巡礼为目标，迫切希望赴祖师最澄曾经造访过的天台山巡礼。圆仁在逗留扬州期间，虽多次申请前往天台山，但由于其身份是仅可在唐短暂停留的请益僧，申请未被允许，且必须与从长安归来的遣唐使一行一同回国。

尽管如此，从未放弃在唐求法巡礼的圆仁向遣唐大使藤原常嗣申请中途下船，尝试在东海山、大珠山、乳山登陆，但均未成功。圆仁最终在山东半岛东部的赤山下船，实现了在唐求法巡礼的愿望。

圆仁与随从自随遣唐使入唐至遭遇会昌废佛回国的大约10年间，造访了五台山、长安等地，求得当时最新的佛教典籍。《入唐求法巡礼行记》详细记载了其在唐经历，书中出现了许多曾援助圆仁的新罗人。这些新罗人游走在诸国之间，为促进东亚的国际交流发挥了巨大作用。

本文以考察圆仁的入唐经历以及援助圆仁入唐的新罗人为中心，探究在9世纪东亚交流中发挥中坚作用的在唐新罗人的活动轨迹。

圆仁的登陆地点和新罗人

首先，圆仁一行与遣唐使团分别后，前往东海山附近。

开成四年（839）三月二十九日，遣唐使船只停泊在海州东海县东海山附近。四月五日，圆仁下船，与载碳的新罗船只相遇，被领至宿城村。在宿城村，圆仁谎称自己是新罗僧，但不久后，其为日本人的真相败露，被海州都游奕使部下官吏张亮抓获。四月七日，圆仁和官吏张亮一同从宿城村出发前往东海县。途中，在心境寺与海州押衙张实相见，傍晚到达东海县衙。四月八日，圆仁乘船前往海州的海龙王庙，与逗留于此的遣唐使团再次相见。之后，前往海州府，拜见州刺史颜措。四月十三日，圆仁返回遣唐使船，启程归国。五月上旬，船只停泊在牟平县乳山（现山东省威海市）附近海湾。六月七日，船只停泊在赤山浦（现山东省荣成市），圆仁逗留于新罗海商张宝高（张保皋）所建的赤山法华院。圆仁从法华院僧侣处获知五台山佛教信息，再次决意留唐。七月二十三日，圆仁与遣唐使团再次分别，其留唐之愿得以实现。

以日本国学院大学铃木靖民教授为首的学者们成立了《入唐求法巡礼行记》研究会，为调查圆仁的行程，于2007年12月探访了江苏省连云港市，与当地的研究者一起展开实地调查。[1]《巡礼行记》卷一开成四年三月二十九日条描述了海州附近的风貌：

> 廿九日平明，九个船悬帆发行。卯后从淮口出，至海口，指北直行。送客军将，缘浪狠，不得相随。水手稻益驾便船向海州去。望见东南两方，大海玄远。始自西北，山岛相连，即是海州管内东

1 ［日］佐藤长门：《円仁の足跡を訪ねて—江蘇省—》，《栃木史学》第23号，2009年。

极矣。申时，到海州管内东海县东海山东边，入澳停住。从澳近东，有胡洪岛。南风切吹，摇动无喻。其东海山纯是高石重岩，临海险峻，松树丽美，甚可爱怜。自此山头，有陆路到东海县，百里之程。

可知，九艘遣唐使船从淮河口出发驶入大海，一直北上。海州东部山岛相连，遣唐使船到达东海山的东部海湾后停泊。圆仁记载位于海湾东边的胡洪岛，当是现在的高公岛。

圆仁与遣唐使一行分别后，逗留唐土并开启巡礼之旅。《巡礼行记》卷一开成四年四月五日条载：

五日……请益僧、惟正、惟晓、水手丁雄满四人下船，留住岸上。节下赐金廿大两。诸人临别，莫不惆怅。比至辰时，九个船上帆进发，任风指东北直行。登岸望见白帆绵连，行在海里。僧等四人，留住山岸。为斋时，寻水入深涧。不久之间，有闻多人声，惊怪，望见有一船到泊船处，拾有余人，下碇停住，从船处来问僧等在此之由。僧等答云："僧等本是新罗人，先住楚州，为往密州，有相议之由，暂驾朝使船随相来。朝贡使船今日过海，所以下船留此云云。"船人等云："吾等从密州来，船里载炭向楚州去。本是新罗人，人数十有余。和尚等今在此深山，绝无人家，亦当今无船往密州，夜头宿住否。为复寻村里行，如久在此，不知风雨，隐居何处。"僧等在此绝涧忽逢斯等，不知所为，所赍随身物乃至食物，总与船人，不留一物。更恐谓有金物，同心杀害，便道向村里去。船人等语云："从此南行，逾一重山，廿余里方到村里。今交一人送去。"便将一人，相从进行。石岩险峻，下溪登岭。未知人心好恶，疑虑无极。涉浦过泥，申时到宿城村新罗人宅，暂憩息。

圆仁自称是新罗人，要前往密州。船人回答说自己是从密州前往楚州的新罗人，此处不能休息，需前往附近村落。圆仁一行遂与引路者一起翻山渡浦，到达宿城村的新罗人住宅。

宿城村获知圆仁是日本人后，将其带至海州四县都游奕使处。圆仁以与遣唐使一行走散为由，申请与遣唐使团会合。之后的动向如前所述。唐代宿城村与今宿城村位置相同。从与宿城村的距离及方位来推测，圆仁最初登陆的地点应位于现在的柳河与黄窝之间。

清代地理书《读史方舆纪要》卷二十二《南直四》载："宿城浦，在州东北七十里。四面俱山，舟楫遇风则宿于此。"可知，宿城北、西、南三面为群山环绕，向东延伸至黄海。当船只遇到暴风雨无法前行时，可在此地等待风暴平息。遣唐使一行四月中旬从海州出发，五月上旬行至乳山附近，六月初到达赤山浦。从《巡礼行记》的记载可知遣唐使一行因恶劣天气无法前行的艰辛与痛苦。

由于当时航海技术落后，船只被狂风骇浪拍打，只能缓慢前行，有时必须在港湾停泊，等待风平浪静。据说海州东部的宿城浦是最佳的避风港。引起笔者兴趣的是，圆仁到访的海州至文登县之间的黄海沿岸地区，大都是在唐新罗人聚居地。

圆仁的行程和新罗人

遣唐使一行的停靠港大多为新罗人聚居地，搭乘的船舶也是新罗船。可见，当时的遣唐使船应是利用了新罗人的航海网络。《巡礼行记》卷一开成四年三月十七日条载：

> 十七日，运随身物，载第二船。与长判官同船。其九只船，分配官人，各令船头押领。押领本国水手之外，更雇新罗人谙海路者六十余人。每船或七或六或五人。

可知，除日本水手外，遣唐使还雇用了60多个熟悉海路的新罗人，并让其分乘各船指引航路。

协助圆仁在唐逗留的人，正是遣唐使船上的新罗译语刘慎言、金正南等。译语即翻译，在遣唐使船上除汉语翻译之外，还有新罗语、奄美语等翻译。[1]如前所述，之所以需要新罗译语，是因为黄河入海地区多是新罗人聚居地，有必要与新罗人进行交涉。[2]圆仁记载了从新罗人处得到的最新信息。而且，除负责翻译外，领航船只、更换破损的遣唐使船、筹备新船赶赴楚州等，都是新罗译语肩负的任务。9世纪以前，遣唐使船上的译语大都是渡来人或有留学经验的文化人，而9世纪以后译语多为频繁往来于东亚的商人。[3]

我们可以将目光转向西方，承担中西方交流重任的粟特人同样精通多种语言。据《旧唐书》记载，安禄山精通6种语言，年轻时做过贸易中介。在当时的国际贸易中，译语这一角色是十分重要的，其不仅是翻译，而且也是商业活动的媒介。

圆仁之所以谎称自己是新罗僧，是因为想要利用在唐新罗人的关系网，留在唐朝开展求法巡礼活动。此时，圆仁已离开遣唐使一行，故无法自证其合法身份。在《巡礼行记》中，各种新罗人悉数登场，不仅有在唐内陆活动之人，也有往来于唐与新罗之间以及在沿岸地区自由通行之人。圆仁从这些新罗人的生存状态中获得启发，想要利用他们的关系网在唐逗留。当然，这些关系网并不适用于所有新罗人，尤其是在圆仁暴露其日本人的身份之后。此后，圆仁作为日本僧人申请在唐逗留，并

1 ［日］榎本淳一：《遣唐使と通訳》，《唐王朝と古代日本》，吉川弘文馆2008年版。

2 ［日］田中俊明：《アジア海域の新羅人—九世紀を中心に—》，京都女子大学东洋史研究室编：《東アジア海洋域圏の史的研究》，京都女子大学，2003年。

3 马一虹：《古代東アジアのなかの通事と訳語》，《アジア遊学》第3号，1999年，第111—131页。

获得在唐新罗人的帮助，成功留在了唐朝。

在唐新罗人与东亚的交流

帮助圆仁旅居唐朝的在唐新罗人的关系网支撑着日本、唐、新罗之间的贸易与交流。圆仁到访扬州、楚州、涟水、海州、山东半岛各地以及长安时，都与在唐新罗人有过交流。如前所述，散布在山东至江苏沿海地区的新罗人聚居地，成为交易据点与联络站点。

在在唐新罗人聚居地中，最重要的据点是山东登州和江苏楚州。登州位于山东半岛东端，是唐朝与朝鲜半岛航路的连接点，同时也是通向日本的航路出发点。而且，唐也在登州设立了便于国家间交易的互市场所与使节馆，登州是唐与新罗、渤海交易的一大据点。[1]楚州是连接淮河与运河的水路漕运要塞，也是中原与沿海地区的连接点。当时，楚州也是经由扬州、广州并向南方扩展的窗口（港口城市）。[2]

唐朝在登州文登县设立“勾当新罗所”，意在管理遍布山东半岛的新罗人，还在楚州和涟水县设置“新罗坊”，并从新罗人里挑选“总管”来管理其内部事务。这种新罗坊与在广州等地设置的穆斯林商人居住的“蕃坊”类似，可以认为是唐朝政府准许下的自治区域。[3]这些新罗人的居住地相互独立，不能独自开展活动。他们通常与新罗国或者其他新罗人居住地相互联系，进行交流、贸易。江草宣友把这种“新罗人联合体”定位为“贸易离散社群（trade diaspora）”[4]。

1　马一虹：《東アジア異文化間交流における山東の位置付け》，［日］铃木靖民编：《古代日本の異文化交流》，勉诚出版2008年版，第5—15页。

2　［日］小野胜年：《入唐求法巡礼行記の研究》第4卷，法藏馆1989年版，第403—419页。

3　［日］堀敏一：《在唐新羅人の活動と日唐交通》，《東アジアの中の古代日本》，研文出版1998年版。

4　［日］江草宣友：《円仁の求法・巡礼と新羅人》，《史叢》第92号，2015年。

所谓“贸易离散社群”是由美国历史学者菲利普·柯廷（Philip Curtin）提出的，指从本国领土中分离出来，分散在其他民族之中，但是仍保持着本民族文化的民族或其民族的一部分人。扎根在各个城市的异族人群相互依存，形成了一个系统的社群。

如果在异文化间的贸易中诞生城市，那么在这个城市内就会出现跨文化的商人聚居地。这些商人从事与故国间的贸易或担任异国间贸易的中介，进而分化为定居者和以迁移为主的人，并逐渐在更多的地区建立贸易聚居地，并形成连接这些交易共同体的网络。[1]

商人是为了获取利益而跨越共同体的藩篱、四处游访的特殊人群。滕尼斯指出，商人与共同体是对立存在的。因此，共同体十分忌惮商人，制定了许多谋求相互间安全的特殊制度。柯廷就贸易离散商人与社群之间的相互制约关系列举了两种方法：一种是把在异文化圈中形成的商人聚居地从社会中隔离出去；另一种是在保证聚居地独立性的同时，将其归属于当地的社会。[2]若将唐代新罗坊也理解为贸易离散社群的话，那么其大概属于后者。[3]

以后者的形式存在的贸易离散社群虽然能够开展广泛且活跃的贸易活动，但易被当地社会同化，在异文化间发挥的中介作用也会逐渐消失。因此，聚居地社会通过贸易、婚姻、宗教信仰等方式阻止同化，从而保持独立性。赤山法华院的法会就发挥着这种精神纽带作用。根据圆仁的记载可知，在张宝高（张保皋）建立的赤山法华院举办了新罗语的

---

1 [日]田村爱理：《世界史のなかのマイノリティ》，山川出版社1997年版。

2 在中世纪欧洲，商业被歧视，商人被视为下层阶级，从事商业的犹太人被限制居住地和服装，成为被剥削对象。相反，在把商人作为显赫职业的中东伊斯兰社会，犹太人不仅不会遭到迫害，而且可以成为精英官僚。[日]田村爱理：《世界史のなかのマイノリティ》，山川出版社1997年版。

3 一般认为，这类贸易离散社群在日本也存在，大宰府附近建有新罗坊，主要从事贸易活动。详见郑淳一：《九世纪の来航新羅人と日本列島》，勉诚出版2015年版。

新罗式法会。可以说赤山法华院是山东新罗人的宗教集结地[1]，同时也是新罗人强化民族意识的地方。[2]

我们可以把这种保持着本民族习俗、宗教信仰，同时拥有一定程度自由的唐朝社会定义为“多元的共存社会”，作为贸易离散社群从事交易的新罗人维持着本民族文化，同时又被多元化的唐代社会接纳，进而被缓慢地同化。

唐代的贸易和贸易离散社群

唐代的对外贸易主要以朝贡交易和互市交易为主，只允许在国家管理下进行。[3]但是，以开元年间设置市舶司和向西域商户征税为开端，私人贸易开始发展起来。[4]唐代贸易以西方的粟特人、南方（波斯、大食等国）的穆斯林商人、东方的新罗人等外国商人为主体。据《册府元龟》收录的京兆府奏文记载，当时禁止中国人私自与外国人通信、交易、婚娶、往来。唐人被严格限制与外国人接触，囿于原籍不能自由流动。可以说，希冀获取外国物品、信息的中国古代王朝，一直与周边地区的商人进行往来交易。

在中亚间进行贸易的粟特人被任命为当地的长官，称之为“萨宝”，受北朝至隋的中央政府管理。到了唐朝，中央对自治的移民部落

1　金文经：《円仁と在唐新羅人》，［日］铃木靖民编：《円仁とその時代》，高志书院2009年版。

2　［日］山崎雅稔：《唐代登州赤山法花院の八月十五日節》，《史海》第57号，2010年。

3　［日］石见清裕：《唐の北方問題と国際秩序》，汲古书院1998年版。

4　［日］榎本淳一：《唐代の朝貢と貿易》，《唐王朝と古代日本》，吉川弘文馆2008年版。

进行编户，使之成为州县的百姓，以进一步扩大版图。[1]但是，也存在许多被称为“行客”“兴胡”且进行自由商业活动的粟特人。这些粟特人并不是无秩序地存在着，唐朝通过有效管理其所属的聚居地，迫使其接受管理。[2]

随着律令制的松弛，粟特商人购买散官，利用官职地位扩大贸易活动，这与在唐新罗商人持有“同十将”的官衔从事贸易活动是一样的。9世纪的唐商人徐公直也有“衙前同十将”的官衔，在苏州镇海军节度使下从事贸易活动。[3]可以说，从事对外贸易的外国商人在唐朝政府及藩镇的管理下从事交易活动。

废止遣唐使后的交流与商人

唐日两国的官方交流止于圆仁随行的承和年间的遣唐使团，但人员、物品、信息的交流非但没有停止，反而更加兴盛。入唐入宋僧的通行、唐物品的获取，并非通过国家派遣的使节，而是通过新罗商人或唐商人的贸易网络实现。[4]

唐朝前半期，从事对外贸易的唐商人还十分罕见，但在唐朝后半期急剧增加。这是唐朝国内商品流通、经济的发展，以及因律令制的松弛而逐渐扩大的私人贸易发展等多重因素造成的影响。另一个原因是“贸

---

1 ［日］森部丰：《ソグド人の東方活動と東ユーラシア世界の歴史的展開》，关西大学出版部2010年版；［日］森安孝夫：《ソグドからウイグルへ：シルクロード東部の民族と文化の交流》，汲古书院2011年版。

2 ［日］荒川正晴：《ユーラシアの交通・交易と唐帝国》，名古屋大学出版会2010年版。

3 ［日］石井正敏：《九世纪の日本・唐・新羅三国間貿易について》，《歴史と地理》第394号，1988年。

4 ［日］田中史生：《江南の新羅人交易者と日本》，［日］佐藤信、藤田觉编：《前近代の日本列島と朝鮮半島》，山川出版社2007年版。

易离散社群”的同化作用，使外国商人逐渐被唐朝社会所接纳，推动了商人数量的快速增加。垄断中亚交易市场的粟特人，从唐高宗时起就与长安的商人合作进行贸易活动，同时唐朝商人也开始游走于西方国家。[1]

隋唐王朝拉拢在中国周边从事贸易的集团，从而扩大疆域，把周边地域商人看作贸易离散社群，使其参与贸易。虽然律令禁止私人贸易，但是通过拉拢中心及周边地区的居民进行贸易活动，促进了物品与信息的交流，促进了唐代国际贸易的兴盛。

活跃于都市中心及边缘地带的商人，跨越地域和海域，支撑着东亚、欧亚间的交流。此外，这些逐渐融入唐朝社会、被同化了的贸易离散社群，促进了唐朝商人的成长以及航海技术的进步，使唐朝商人向远洋进军成为可能。

以在唐新罗人为代表的贸易离散社群，作为东亚交流的中坚力量，有着极为重要的地位。这些中国社会中贸易离散社群的多元文化共存的事例，给我们提供了十分宝贵的历史资料。

（本文原题《日本高僧円仁入唐与东亚交流》，2015 年 11 月曾在“中日韩历史名人与海上丝绸之路”国际学术会议（连云港）发表）

二 日本入唐僧与五台山

对于日本古代的僧侣而言，中国是他们心中憧憬的圣地。为了求取

1 ［日］荒川正晴：《ユーラシアの交通・交易と唐帝国》，名古屋大学出版会 2010 年版。

新的教义和经典，他们渡海来到中国。平安时代的僧人最澄到访了天台山，天台山自此成为日本僧人巡礼的圣地。入唐求法僧圆仁以巡礼天台山为目标，但一直未能如愿。此后为了学习新的教义，圆仁加入遣唐使一行，但由于其请益僧身份，未能获准前往天台山。然而，圆仁并未放弃，而是脱离遣唐使一行，滞留在位于今山东半岛东部的赤山法华院。按照赤山法华院新罗僧的指点，圆仁前往天台宗的另一圣地五台山，实现了求法巡礼的夙愿，后在长安学习密教后归国。归国后的圆仁重建天台教团，整顿“显密一致”的教学，为后来天台宗的兴盛奠定了坚实基础。

与圆仁的行动遥相呼应，惠萼、圆觉等人也曾到访五台山。北宋时期，奝然、成寻、戒觉等人也曾先后巡礼五台山。这些入唐、入宋的日本僧人与五台山之间的关系可以追溯到何时呢？在此，笔者以圆仁入唐前的五台山与日本之间的关系为中心，结合相关史料进行探讨。

天台宗的圣地——天台山、五台山

天台宗是隋智者大师智顗在将天竺僧龙树的思想进行系统化的基础上创立的，因智顗在天台山建造居舍而使天台山成为天台宗圣地。天台山是地处台州（今浙江省天台县）的名山，原本是道教圣地，后成为天台宗的根据地。由于台州距离遣唐使入港口明州、扬州等地较近，前来迎接鉴真的荣睿、普照等人也曾到访天台山。当时日本天台宗教学的一部分内容是奈良时代赴日唐僧传入的，这些也成了日本天台宗创建的基础。日僧以巡礼为目的到访天台山是在最澄之后，故天台山不仅是日本天台宗的圣地，作为日本天台宗祖师最澄的求法地也备受重视。

另一圣地五台山位于代州（今山西省五台县），也被称作清凉山。五台山成为佛教圣地始于何时并不明确，唐代道宣《集神州三宝感通录》（《大正新修大藏经》卷五十二）、宋代延一《广清凉传》（《大正新修大藏经》卷五十一）认为五台山是在东汉明帝时期开始受到关注的，唐代慧祥《古清凉传》（《大正新修大藏经》卷五十一）则认为是在北魏孝文帝时期。此外，《古清凉传》所引《水经注》记载五台山为神仙住所（仙人之都），据说是西晋时期由神仙道开辟。五胡十六国时期的华北佛教具有浓厚的道家神仙流元素[1]。五台山不仅为道教神仙思想的圣地，也是佛教圣地。

据《华严经》记载，天竺东北部有清凉山，为文殊菩萨的住所。五台山被假托成清凉山，成为文殊菩萨的道场。之后，唐仪凤元年（676）天竺僧人佛陀波利于五台山见证了文殊菩萨显灵，五台山作为文殊信仰圣地被广为人知。

至唐中期，由于不空三藏法师带领因安史之乱而坠入低谷的佛教走向复兴，五台山迎来了佛教发展的鼎盛期。圆仁到访五台山时，在志远和尚的努力下，天台教学在中国得到广泛推广。与圆仁同时期入唐的惠萼受檀林皇后橘嘉智子所托，到访天台山和五台山，布施财物。安祥寺僧惠运、《智证大师请来目录》中记载的田口圆觉等人也曾到访五台山。

到了五代时期，日本僧人更加憧憬五台山。据《扶桑略记》记载，日本延长五年（927），宽建、澄觉、宽辅等人乘船来到福州，其中部分人造访了五台山。据《宋史·日本国传》记载，太平兴国八年（983）奝然入宋，巡礼天台山、五台山，并谒见宋太宗。据《参天台五台山记》记载，日本延久四年〔熙宁五年（1072）〕，成寻入宋，也巡礼了天台山、五台山。以巡礼五台山为目标的外国僧人不仅有日僧，也颇多新罗僧与高丽僧。新罗送供使、高丽送供使的身影可见于五代时期绘制的敦煌莫高窟（第61窟）《五台山图》中，由此可知当时五台山作为东亚佛教圣地的繁荣景象。

1 ［日］日比野丈夫、小野胜年：《五臺山》，平凡社1995年版。

日本入宋僧的目的是巡礼圣地，《奝然上人入唐时为母修善愿文》（《本朝文粹》卷十三）载：“其谤者云：凡入唐求法之人，自宗者弘法大师、天台者传教大师，皆是权化之人、希代之器也。……我是日本国无才无行一羊僧也。为求法不来，为修行即来也。”奝然曾吐露心声，之前入唐求法之人是弘法大师、传教大师等的“权化之人”，而自己不过是个无才无行的羊僧，到访不是为了求法，而是为了修行。另据《参天台五台山记》熙宁六年（1073）三月七日条载：“太保又问云：如阇梨得感应人，日本几人乎？答：胜自成寻人数十人，等辈人数十人，至于成寻者，日本国无智无行哑羊僧也。依有巡礼天台、五台本意深所参来也。”成寻也曾对宋朝太保说自己仅是前来巡礼的无智无行的“哑羊僧”。

受平安时代后半期末法思想影响，巡礼圣地是僧侣和普通贵族梦寐以求的圣事。另据《渡宋记》记载，戒觉于日本永保二年（1083）赴宋入五台山，之后将《渡宋记》托付给弟子隆尊，本人最后圆寂于五台山。那么，日本僧人是如何了解五台山的情况呢？接下来，笔者将对此进行探究。

五台山与灵仙

计划前往天台山巡礼却未能成行的圆仁在赤山法华院获取了关于五台山的信息。《入唐求法巡礼行记》开成四年（839）七月二十三日条载：

> 廿三日……三僧为向天台，忘归国之意，留在赤山院。每问行李向南去道路绝远，闻道向北巡礼有五台山，去此千余里，计南远北近。又闻有天台宗和尚，法号志远。文鉴座主兼天台玄素座主之弟子，今在五台山修法花三昧，传天台教迹，北台在宋谷兰若先修

法花三昧得道。近代有进禅师，楚州龙兴寺僧也。持《涅槃经》一千部入台山志远禅师边受法花三昧，入道场求普贤，在院行道，得见大圣，如今廿年来也。依新罗僧圣林和尚口说记之。此僧入五台及长安游行，得廿年来此山院。语话之次，常闻台山圣迹，甚有奇特，深喜近于圣境。暂休向天台之议，更发入五台之意。仍改先意，便拟山院过冬，到春游行巡礼台山。

可知，圆仁从新罗僧圣林处获得了关于五台山的信息，因此决定改变巡礼目的地。可见，虽然像圆仁这样的天台僧不可能不知道佛教圣地五台山，但关于当地的实际情况，则知之甚少。

圆仁在离开五台山、前往长安途中曾顺路到访金阁寺，并从寺僧处得知日僧灵仙的消息。《巡礼行记》开成五年（840）七月一日条载：

七月一日……院僧荼语云：日本国灵仙三藏，昔住此院二年。其后移向七佛教诫院亡过。彼三藏自剥手皮，长四寸，阔三寸，画佛像，造金铜塔安置。今见在当寺金阁下，长年供养云云。

可知，灵仙曾留住五台山，后于七佛教诫院圆寂，其遗物被安置于金阁寺供奉。一般认为灵仙是兴福寺僧人，延历二十三年（804）与最澄、空海等人一起乘船入唐。唐元和五年（810），灵仙于长安醴泉寺，参与般若三藏主持的《大乘本生心地观经》八卷本翻译事业，记录并翻译佛经。石山寺所藏《大乘本生心地观经》卷一跋文载：

元和五年七月三日，内出梵夹。其月廿七日奉诏于长安醴泉寺，至六年三月八日，翻译进上。罽宾国三藏赐紫沙门般若宣梵文，醴泉寺日本国沙门灵仙笔受并译语。

可知，灵仙随后被授予三藏的法号，官至内供奉，如愿于元和十五年（820）移居五台山。《巡礼行记》开成五年四月二十八日条载：

> 廿八日，入平谷西行卅里。巳时，到停点普通院。……便入停点普通院，礼拜文殊师利菩萨像。因见西亭壁上，题云“日本国内供奉翻经大德灵仙，元和十五年九月十五日到此兰若”云云。院中僧等见日本国僧来，奇异示以壁上之题，故记著之。

可知，圆仁到达五台山前的停点普通院时，看到了灵仙三藏作于西亭壁上的题记。

圆仁一行到达灵仙曾住的七佛教戒院，记录了悬挂于此的灵仙与其密友渤海僧贞素的诗文以及与灵仙死亡相关之事。《巡礼行记》开成五年七月三日条载：

> 三日，斋后，共头陀等同为一行。头陀云：“想送直到汾州。在路与作主人。从台顶向南下，行十七里许。于谷里有一院，屋舍破落无人。名为七佛教诫院。”院额题云：“八地超兰若，日本僧灵仙曾居此处，身亡。渤海僧贞素哭灵仙上人诗于板上书，钉在壁上，写之如后。”
>
> 哭日本国内供奉大德灵仙和尚诗〈并序〉　渤海国僧贞素
>
> 起余者，谓之应公矣。公仆而习之，随师至浮桑，小而大之，介立见乎缁林。余亦身期降物，负笈来，宗霸业。元和八年，穷秋之景，逆旅相逢。一言道合，论之以心。素至于周恤，小子非其可乎。居诸未几，早向鸰原。鹡鸰之至，足痛乃心。此仙大师是我应公之师父也。妙理先契，示于元元。长庆二年，入室五台。每以身厌青瘀之器，不将心听白猿之啼。长庆五年，日本大王远赐百金，

远至长安。小子转领金书，送到铁勤。仙大师领金讫，将一万粒舍利、新经两部、造勅五通等，属附小子，请到日本，答谢国恩。小子便许，一诺之言，岂惮万里重波。得遂钟无外缘，期乎远大。临回之日，又附百金。以太和二年四月七日，却到灵境寺。求访仙大师，亡来日久。泣我之血，崩我之痛。便泛四重溟渤，视死若归，连五同行李，如食之顷者，则应公之原交所致焉。吾信始而复终，愿灵几兮表悉。空留涧水，呜咽千秋之声。仍以云松，惆怅万里之行。四月蓂落，如一首途望京之耳。

不那尘心泪自涓，情因法眼奄幽泉。

明日傥问沧波客，的说遗鞋白足还。

太和二年四月十四日书。

于小窟中，安置七佛像。当窟户有一堂，堂南边有一小庵室。于堂下有二屋，并破落。庭地荒芜而无人。昔于此窟前，七佛现矣。南行三里许，到大历灵境寺。向老宿问灵仙三藏亡处。乃云"灵仙三藏先曾多在铁勤兰若及七佛教诫院。后来此寺，住浴室院。被人药杀，中毒而亡过。弟子等埋殡，未知何处"云云……

可知，贞素于元和八年（813）晚秋与灵仙相识，因贞素之师应公曾拜灵仙为师，两人关系颇为深厚。据贞素所述，灵仙于长庆二年（822）入五台山。长庆五年[1]（825）嵯峨天皇托渤海使节赐予灵仙供养黄金一百两，贞素将送至长安的钱物带到了灵仙所住五台山铁勤兰若。灵仙则托贞素以佛家舍利、经典等物作为回礼答谢国恩。贞素便随渤海使渡海赴日，将回礼送至日本朝廷。有关灵仙托渤海使节将回礼送至日本一事，《类聚国史》卷一九四天长三年（826）五月辛巳（十五日）条载：

1　此处应为宝历之年，但引文史料中作"长庆五年"。

辛巳，天皇启问渤海国王：使承祖等转送在唐学问僧灵仙表物来。省启悉之，转深嘉慰。王信确金石，操贞松筠。襄国命于西秦，五台之岭非邈，敦临好于南夏，万里之航自通。烟波虽辽，义诚密迩。有斐君子，秉心塞塞。感激之怀，不可道说。土宜见赠，深领远情。答信轻毛，别附检到。其释贞素，操行所缺者，承祖周悉。风景正热，王无恙也。略此寄怀，不复烦云。

可知，渤海使因转送在唐学问僧灵仙的“表物”而受到日本朝廷慰劳。前述《巡礼行记》所载灵仙的上表以及佛舍利一万粒、新译经典两部等回礼是由贞素带去的。《类聚国史》中有关于当时贞素品行不佳的记载。对此，小野胜年认为书中恐脱漏了“操行无所缺者”中“无”之类的否定词，原为夸赞贞素节操高洁之意。但广濑宪雄主张其中并无日方夸赞之言，诸写本的调查都未发现脱字漏字的痕迹，据后文中“承祖周悉”的表述也可知贞素在日期间曾做过有失妥当之事。

虽缺少可以判断贞素在日活动的资料，但在其归国之际，淳和天皇也托其转交供养黄金一百两与灵仙。然而太和二年（828）贞素前往五台山灵境寺之际，灵仙已圆寂。据《巡礼行记》的记述可知，灵仙从铁勤兰若、七佛教诫院移居灵境寺，后在该寺浴室院中惨遭毒杀。虽有弟子将其埋葬，但圆仁到访之时，墓所已不明。

据《巡礼行记》可知，圆仁入五台山后曾得知灵仙在唐活动情况。入唐高僧灵仙的不幸经历是否广为人知尚不明确，但是圆仁在当地似乎已经了解当时的情况。此外，赠予灵仙的一百两黄金并不是导致灵仙死于非命的原因。日本承和九年（842）渤海使携黄金归国之时，于都里镇（现辽宁省大连市旅顺口区）附近遇难，黄金与使节一并沉入大海。

关于灵仙到访五台山的事迹也见于另一史料，下文将对此展开论述。

《王年代纪》与入唐僧

东大寺僧奝然曾立志赴五台山与中天竺巡礼，于太平兴国八年983乘宋商陈仁爽之船入宋。奝然到天台山巡礼之后，谒见宋太宗并献上本国《职员令》、《王年代纪》与铜器等。多位学者对奝然和宋太宗之间的一系列互赠活动进行了考察[1]，对《王年代纪》也有诸多探讨。[2]一般认为本国《职员令》记录的是日本的国家机构职员、《王年代纪》记录的是日本的天皇谱系。[3]

《王年代纪》的内容大致分为两部分：前半部分关于是神代和天皇的谱系，并简短记录日本天皇与佛教的关系；后半部分记述了五畿七道三岛的国郡乡驿和课丁数量。关于《王年代纪》，木宫之彦认为奝然是为了向大宋介绍日本而带去的[4]；上川通夫则主张该书是由于大宋方面想要获取日本的信息，奝然根据自己的记忆撰写而成[5]；河内春人指出这是

---

1 ［日］西冈虎之助《奝然の入宋について》（《西岡虎之助著作集第三巻　文化史の研究Ⅰ》），三一书房1984年版）、塚本善隆《清凉寺释迦像封藏の東大寺奝然の手印立誓書》（《塚本善隆著作集７》，大东出版社1975年版）、塚本善隆《宋初の仏教と奝然》（《塚本善隆著作集７》，大东出版社1975年版）、石上英一《日本古代一〇世紀の外交》（《東アジア世界における日本古代史講座７》，学生社1982年版）、石井正敏《入宋巡礼僧》（荒野泰典、石井正敏、村井章介编：《アジアのなかの日本史Ⅴ》，东京大学出版会1993年版）、石井正敏《成尋》〔元木泰雄编：《王朝の変容と武者》（古代の人物６），清文堂出版2005年版〕。

2 木宫之彦《入宋僧奝然の研究》（鹿岛出版会1983年版）、上川通夫《奝然入宋の歴史的意義》（《日本中世仏教形成史論》，校仓书房2007年版）、河内春人《〈新唐書〉日本伝の成立》（《東洋學報》第86卷第2号，2004年）。

3 ［日］河内春人：《〈王年代紀〉をめぐる覚書》，《歴史学研究》第826号，2007年。

4 ［日］木宫之彦：《日宋文化交流史》，鹿岛出版会1987年版。

5 ［日］上川通夫：《奝然入宋の歴史的意義》，《日本中世仏教形成史論》，校仓书房2007年版。

日本人为应对入宋后被询问而事先准备的资料[1]。奝然虽然只是一介僧人，但其实际上是作为正式的使节入宋并谒见皇帝的。即使王统谱系、地理情况等可以凭记忆来撰写，但是在没有事先准备的情况下撰写本国《职员令》并非易事。从携带本国《职员令》入宋一事来看，奝然事前已设想到入宋后会被询问。王统系谱记录了佛教，尤其是入唐僧人的事迹，如上川通夫和河内春人所述，该书记载了入宋僧求法谱系以及证明其入宋正当身份的信息。

《宋史》卷四九一《日本传》载：

> 雍熙元年，日本国僧奝然与其徒五六人浮海而至，献铜器十余事并本国《职员令》、《王年代纪》各一卷。……其《年代纪》所记云：……次孝德天皇白雉四年，律师道照求法至中国，从三藏僧玄奘受经律论，当此土唐永徽四年也。次天丰财重日足姬天皇令僧智通等入唐求大乘法相教，当显庆三年。次天智天皇、次天武天皇、次持总天皇。次文武天皇大宝三年，当长安元年，遣粟田真人入唐求书籍，律师道慈求经。次阿闭天皇、次皈依天皇。次圣武天皇宝龟二年，遣僧正玄昉入朝，当开元四年。次孝明天皇，圣武天皇之女也，天平胜宝四年，当天宝中，遣使及僧入唐求内外经教及传戒。次天炊天皇。次高野姬天皇，圣武天皇之女也。次白壁天皇二十四年，遣二僧灵仙、行贺入唐，礼五台山学佛法。次桓武天皇遣腾元葛野与空海大师及延历寺僧澄入唐，诣天台山传智者止观义，当元和元年也。次诺乐天皇、次嵯峨天皇、次淳和天皇。次仁明天皇，当开成、会昌中，遣僧入唐，礼五台。次文德天皇，当大中年间。次清和天皇、次阳成天皇。次光孝天皇，遣僧宗睿入唐传教，

---

1 [日]河内春人：《〈新唐書〉日本伝の成立》，《東洋學報》第86卷第2号，2004年。

当光启元年也。次仁和天皇，当此土梁龙德中，遣僧宽建等入朝。次醍醐天皇、次天庆天皇。次封上天皇，当此土周广顺年也。次冷泉天皇，今为太上天皇。次守平天皇，即今王也。凡六十四世。(后略)

上文讲述了起于天御中主的日本王统、钦明时期的佛法受容、圣德太子的相关事迹、入唐僧的具体动向以及日本佛教与中国的关系等内容。笔者对上文中入唐僧及其所属时期作了整理，见表4—1（括号内为笔者补充或修正部分）。

表4—1　入唐僧及其入唐时期

日本天皇年号	日本年	中国年	西历	事项
孝德	白雉四年	永徽四年	653	道昭入唐
齐明	齐明四年	显庆三年	658	智通入唐
文武	大宝三(二)年	长安元(二)年	702	遣唐使、道慈入唐
圣武	宝(灵)龟二年	开元四年	716	玄昉入唐
孝谦	天平胜宝四年	(天宝十一年)	752	遣使、传戒(鉴真赴日)
光仁	?	?	?	灵仙、行贺入唐及巡礼五台山
桓武	(延历二十三年)	元和元年(贞元二十年)	804	遣使,空海、最澄入唐
仁明	(承和五年至十四年)	开成、会昌年间	838—847	圆仁等入唐及巡礼五台山
光孝	(贞观四年)	光启元年(咸通三年)	862	宗睿入唐
宇多	(延长五年)	龙德年间(唐天成二年)	927	宽建等入唐

以上列举的从孝德天皇至守平天皇（圆融）时期的入唐僧具体动向以及日本王统、历代入唐入宋僧情况，或许是奝然为使自身入宋与这一谱系产生关联而刻意为之。《王年代纪》从整体上来说误记较多，借助

其他史料可以对其进行修正，内容大致可信。其中也有在其他史料中未出现过的记载，如关于光仁天皇时期灵仙、行贺巡礼五台山及入唐时间的记述。《巡礼行记》详细记述了灵仙巡礼五台山的足迹，但难以确认行贺的足迹。

行贺生于天平元年（729），25岁时以留学僧身份渡海来唐，学习唯识、法华两派的知识。在唐期间，曾被选为百高座次座，整理《法华经疏》《唯识佥意》等四十多卷，撰写《圣教要文》五百余卷，在唐31年后归国。延历三年（784）被任命为少僧都，十四年（795）被任命为大僧都，二十二年（803）圆寂。

《类聚国史》延历二十二年二月八日条有如下记载：

> （行贺）住唐卅一年，归来之日，历试其才。东大寺僧明一难问宗义，颇有所塞，骂曰："费粮两国，学植庸浅。何违朝寄，不实归乎。"法师大愧，涕泣滂沱。久在他乡，频忘言语。

据此可知，行贺归国后，东大寺僧明一曾向其询问宗义方面的难题，由于长期旅居唐朝，行贺忘记了日语而不能立刻回答，因此遭到明一的痛骂。若《类聚国史》记述属实，那么行贺的入唐时间应为天平胜宝四年前后，当时为孝谦天皇时期。若如此，则《王年代纪》中行贺于光仁天皇时期入唐的记述有误，巡礼五台山一事也不可信。

那么，灵仙的事迹究竟如何呢？因为记载有"白璧（壁）"一词，故常被认为是光仁时期之事。然而，光仁时期并没有24年。木宫之彦认为，如果光仁时期属实，这一时期的遣唐使于宝龟六年（775）任命、宝龟八年六月出发，宝龟十年送唐客使，这在时间上是成立的。大屋德城认为，现存于东大寺的《法相灯明记》后记中有"延历廿二年付遣唐学生灵船阇梨渡大唐"的记载，可知灵仙（"船"与"仙"日语音同）于延历二十三年（804）入唐。[1]

然而，正如木宫之彦所述，《法相灯明记》后记写于保元元年（1156），晚于《王年代纪》。而且，如果灵仙的入唐时间是延历二十三年，那么距离其参与译经工作的元和五年（810）只有6年的时间。若是宝龟年间入唐，则有将近30年的时间，有足够的时间成为译经方面的行家，进而被选为内供奉。

此外，若灵仙伴随延历时期的遣唐使入唐，那么便可能与最澄、义真等人同行。因缺乏相关史料记载，故不能断定灵仙是延历时期赴唐的。

不管《王年代纪》是事前准备还是入宋后记录的，都为奝然所作，特别是其中关于佛教的记载对奝然的巡礼是有利的。对奝然而言，《巡礼行记》是值得信赖，也是值得反复阅读的书籍。《王年代纪》中有先于圆仁到访五台山的记录，从时间上来看，应为孝谦天皇和桓武天皇中间的光仁天皇时期。

本文旨在探讨入唐日僧与五台山的关系，遗憾的是有关圆仁之前入唐巡礼五台山的日僧史料较少。目前能够明确先于圆仁入唐的日僧仅灵仙一人。若《王年代纪》的记述属实，则行贺也曾巡礼五台山，但未得到其他史料佐证。事实上，不仅对入唐的日本僧人，对唐代佛教界而言，五台山的地位也非常重要。

安史之乱后，五台山作为文殊信仰的中心地彰显了其巨大的影响力，这皆归功于不空三藏的努力。通过对照五台山的兴盛与日僧入唐的时期，我们可以明确日僧巡礼五台山的可能性及必要性。若五台山在行贺入唐之前便广为人知，或许能从其携归的佛教经典中看到五台山佛教兴盛初期的情况。

---

1 ［日］大屋德城：《日本国訳経沙門霊仙三藏に関する新史料》，《日本仏教史の研究 三》，国书刊行会1989年版。

虽然笔者暂未进行考察，但是可能存在名为“玄昉”的先行人物，因为平安末期成书的《七大寺巡礼私记》记载了玄昉曾赴五台山巡礼的信息。[1]森克己等人认为玄昉是第一个到五台山巡礼的日僧，只是他未将信息传递给后人。[2]近年来，有学者认为《七大寺巡礼私记》的记载不仅有口传，应该还有引自典籍和古老传说的内容，来源多种多样。[3]然而，玄昉的五台山巡礼并未被《王年代纪》记载，而且时间在安史之乱之前的开元年间。有关唐朝前期五台山与日本佛教的关系，笔者将另行撰文论述。

（本文原题《日本古代の入唐僧と五台山》，发表于王铁桥、孙成岗主编《日本学研究》第6辑，南开大学出版社2012年版）

三

《入唐求法巡礼行记》传入中国与民国时期的中日佛教交流

无论在日本国内还是国外，目前关于《入唐求法巡礼行记》在中国出版及流传情况等的研究极少。这部书作为佛教、历史方面的教材在中国多次出版，主要作为研究唐代佛教、地理等方面的史料。因此，关于《巡礼行记》传入中国的经过，有必要展开探讨。

《入唐求法巡礼行记》的成书

《巡礼行记》是圆仁根据其在唐期间的所见所闻撰写而成的日记。但其成书时期、成书过程尚不明确。据现存的唯一手抄本“观智院本”

---

1 ［日］藤田经世编：《校刊美術史料　寺院篇（上）》，中央公论美术出版1972年版。

2 ［日］森克己：《遣唐使》，至文堂1966年版。

3 ［日］河内春人：《〈七大寺巡礼私記〉と言談》，《駿台史学》第126号，2005年。

的跋文记载，该书为正应四年（1291）由僧兼胤在京都东山长乐寺抄写，且参照了“二位僧正宽圆本”。其跋文如下：

> 明德二年十月　日，全部四帖感得了　可喜可喜
> 法印权大僧都贤宝＜生年五十九＞
> 正应四年十月廿六日　于长乐寺坊拭老眼
> 书写毕。任本写之。后人以证本可校合耳。
> 法印大和尚位遍照金刚兼胤＜七十二＞记之。
> 以写本比校了。不审事注而已。
> 二位僧正宽圆本也。

宽圆是13世纪初期致力于重建比睿山的高僧，由此可以窥知这一时期《巡礼行记》的书写过程。其后，明德二年（1391）京都东寺观智院的贤宝获得兼胤抄写本，后将其收藏于观智院。

《巡礼行记》何时被归纳成书尚不清楚，但可以确定的是，东大寺僧宗性《弥勒如来感应抄》和天台宗僧承澄《阿娑缚抄》中的相关记载被广泛引用，13世纪时在僧侣间广为流传。

入宋僧成寻《参天台五台山记》中首次出现了《巡礼行记》，当时其已传入中国。《参天台五台山记》卷四延久四年（1072）十月十四日条载：

> 奝然《日记》四卷、慈觉大师《巡礼记》三卷，依宣旨进上。至《巡礼记》第四卷隐藏不进上。依思会昌天子恶事也。

延久四年（1072）入宋的成寻向宋神宗进献了奝然《在唐记》和圆仁《巡礼行记》。可知，此时名称并非《入唐求法巡礼行记》，而是《巡

礼记》。11世纪时，《巡礼行记》的状态尚不明确，但是成寻进献的《巡礼行记》原为四卷本，第四卷记载的会昌废佛事件可以从《参天台五台山记》的记述中得以确认。可以推定，其与现在所知的“观智院本”内容相同，11世纪时的形态已经与现在无异。[1]

一般认为从日本传来的佛教书籍并不仅仅是《奝然日记》和《巡礼行记》，也有其他书籍。例如，源信的《往生要集》是经由北宋居士周文德之手传到天台山国清寺的。《往生要集》内附有宽和二年（986）周文德的回信：

> 大宋国台州弟子周文德谨启，仲春渐暖，和风霞散，伏惟法位无动，尊体有泰，不审不审，悚恐悚恐。唯文德入朝之初，先向方，礼拜禅室，旧冬之内，喜便信，启上委曲，则大府贯首丰屿才人，附书状一封，奉上先毕，计也经披览欤，郁望之情，朝夕不休，驰愤之际，遇便脚重启达，唯大师撰择《往生要集》三卷，捧持诣天台国清寺。附入既毕，则其专当僧，请领状予也，爰缁素随喜，贵贱归依。结缘男女，弟子五百余人，各发虔心，投舍净财，施入于国清寺。忽饰造五十间廊屋，彩画柱壁，庄严内外。供养礼拜，瞻仰庆赞。佛日重光，法灯盛朗。兴隆佛法之洪基，往生极乐之因缘只在于斯。方今文德，忝遇衰弊之时，免取衣食之难。仰帝皇之恩泽，未隔诏敕，并日之食，甑重欲积尘，何避饥馑之惑，伏乞大师垂照鉴，弟子不胜愤念之至。敬表礼代之状，不宣，谨言。
>
> 二月十一日大宋国弟子周文德申状
>
> 谨上　天台楞严院源信大师禅室　法座前

1　王丽萍：《圆仁〈入唐求法巡礼行记〉中国早期流布考》，《浙江大学学报（人文社会科学版）》2011年第6期。

由此可知，周文德一行五百多人主动向国清寺捐献钱物建造了堂舍。另外，传说吴越王钱弘俶向日本求取《一切经》，藤原实赖曾送经书给吴越国。因此，有必要对中日佛教典籍的交流进行探讨。

《入唐求法巡礼行记》传入中国

正如上述史料所示，熙宁五年（1072）成寻向宋神宗进献了《巡礼行记》，这是该书首次传入中国。然而，原书已不复存在。其后直至20世纪，再无《巡礼行记》传入中国的记载。

《巡礼行记》再次传入中国应是该书于日本被"再发现"以后。13世纪，《巡礼行记》曾被诸多僧人在文献中引用，后被收藏于观智院。19世纪末，观智院本《巡礼行记》通过养鸬彻定以及内阁临时修史局的史料调查，才开始被研究并公开。[1]公之于世的《巡礼行记》最初是由《续续群书类从》翻刻发行的。之后，1914年翻刻"津金寺本"，并与"观智院本"和"国书刊行会本"（群书本）对校后刊载于《四明余霞》。"津金寺本"的祖本是比睿山横川饭室谷松禅院所藏本（现已不存），一般认为是信浓津金寺的长海大僧都于文化二年（1805）抄写。"津金寺本"被同寺的池田长田收藏，也称"池田本"，但该写本现存地点和详细内容均不明确。1915年，把"观智院本"和《四明余霞》收录"津金寺本"进行对校后的版本被收录于《大日本佛教全书》。1926年，东洋文库发行了"观智院本"的影印本，被学界广泛使用。

此后，《巡礼行记》再次被介绍到中国，出现了民国25年（1936）和民国27年出版的版本。这些版本是一些中国僧人入手日本发行的《巡礼行记》而后在中国出版的。遗憾的是，这些版本仅在少数人手中

---

1 ［日］平泽加奈子：《〈入唐求法巡礼行記〉の伝来》，［日］铃木靖民编：《円仁とその時代》，高志书院2009年版。

流传，并未得到广泛利用。

《巡礼行记》在中国的普及得益于顾承甫和何泉达点校的《入唐求法巡礼行记》，1986年由上海古籍出版社出版。随后，小野胜年的《入唐求法巡礼行記の研究》在经过周一良审阅以及白化文、李鼎霞、许德楠的校注后，以“入唐求法巡礼行记校注”的书名出版（花山文艺出版社1992年版），《巡礼行记》在中国也成了可以直接利用的史料。另外，《大日本佛教全书》再版本（台湾文海出版社，1971年初版、1976年再版）的出版，也推动了《巡礼行记》在学界的广泛使用。

民国时期的《入唐求法巡礼行记》

在此，笔者想详细论述中国首次出版的《巡礼行记》。上海古籍出版社出版的点校本（以下称“上海本”）前言中介绍了两个版本：

> 在我国，入唐记已有两种本子出版发行。一是民国丙子（一九三六年）仲春发行的石印本。每半页十一行，行廿一字。简称丙子本。一是丁丑（一九三七年）夏由海上佛教净业社发行的一卷本（仅入唐记第一卷），“后记”述及常惺、范成等，有的是曾经游学日本的僧徒。书名题签者袁希濂。（画线为原文所加）

据此可知，第一版是1936年出版的“丙子本”，为石印本。第二版是1937年由上海佛教净业社出版的一卷本，只有第一卷。在其后记中有常惺、范成等游学日本的僧侣的记录，书名由袁希濂题签。

笔者于2013年7月有幸在南京图书馆见到这两本书。由于提及这两本书的资料很少，其来历尚不明确，笔者试图厘清其由来，并对其进行研究。

民国25年（1936）发行的《巡礼行记》的信息如下：

· 线装本二册（第一卷、第二卷合订为上册，第三卷、第四卷合订为下册）

· 裱装无题签

· 内表纸“入唐求法巡礼行记”

· 内表纸里“丙子仲春发行”

· 石印本

· 四周单边有界十一行二十一字

民国27年（1938）发行的《巡礼行记》的信息如下：

· 线装本一册（只有第一卷）

· 裱装有题签“入唐求法巡礼行记　袁希濂题（双行）”

· 有范成“后记”

· 观智院本的复写本

· 上海佛教净业社发行

民国25年发行的《巡礼行记》如“上海本”的记述，没有题记、版权页等内容，故无法从中获得除发行年份的其他信息。因此，本文以民国27年发行的《巡礼行记》为中心进行探讨。

通过民国27年版《巡礼行记》的后记，我们可以了解其发行经过。它的发行年份并非“上海本”中记述的丁丑年（1937），而是民国27年（1938）。后记如下：

丁丑夏，道过京口，访尹居士石公。（石公）出亦日僧慈觉所著《入唐求法巡礼记》全部凡六册。书法古样，爱不忍释。慈师为日本天台宗高僧，唐开成会昌间发心来华，亲近善知识，瞻礼各道场，历十二载，足迹遍苏、越、皖、豫、鲁、冀、秦、晋等处，所见所闻无不记之。惟首册中言及如皋掘港，各节与梓里历史关系重大。今特选再版，又得常惺法师协助法币三十圆，玉成此举。以供同志研究。民国二十七年孟夏，蠙山西方寺范成题于海上佛教净业社。

参照后记可知，1937年范成访问京口（今江苏镇江），拜访了尹文（尹石公），当时看到了全六册的《巡礼行记》，他关注到书中有故乡如皋的记载，后在常惺法师的协助下获得了再版的资金，于民国27年（1938）出版了有关如皋记载的第一卷。然而，出版方写着“海上佛教净业社”，一般认为就是后文所述的“上海佛教净业社”。

为了解《巡礼行记》的发行经过，下面对后记中出现的人物进行考察。范成法师于1884年生于今江苏如皋，1910年进入江苏僧师范学堂学习，曾与仁山、智光等人同窗学习，受到月霞法师的教诲。1912年，范成成为掘港西方寺住持，后积极参与社会事业，参与掘港的修建，整顿交通。1929年，范成法师匀出寺田的一部分创建了“皋东私立僧伽图书馆”。该馆收藏内外典籍及各种杂志，并向社会公开。1935年，影印本《碛砂藏》（佛学书院）出版。范成居住在上海佛教净业社期间，在社内建造了法宝图书馆，收集展示佛教文物。抗日战争全面爆发后，范成法师组织了中国佛教会战地救援组织，致力于难民的救济。1950年，任苏州市文物管理委员会委员，收集管理文物。之后，历任中国佛教协会理事、政协委员。1958年，返回掘港西方寺，同年仙逝。[1]此外，大谷莹润访问中国之际曾提到范成法师，一般认为与上述的范成是同一人。二人的见面详情不明，或与某位日本僧人的介绍有关。[2]

1　孔勤：《范成法师行状》，《香港佛教》第604号，2010年。

2　[日]大谷莹润：《新中国見聞記》，河出书房1955年版。

《巡礼行记》由上海佛教净业社出版，当时正值净业社建造法宝图书馆。因此，《巡礼行记》的出版也是其扩充藏书的一个环节。

接下来介绍一下常惺法师。常惺于1896年出生于江苏如皋，1912年毕业于如皋省立师范学校，1915年进入月霞法师在上海创设的华严大学学习。1924年，返回江苏泰县，跟随光孝寺住持培安和尚学法。同年7月，太虚法师在庐山凤林寺召开世界佛教联合会，常惺作为江苏的代表参加。日本的佛教学者、英国和德国的佛教徒也参加了此次会议，常惺与佛教学者黄季刚、李政纲等人曾与日本代表木村泰贤等人进行了深入交流。1925年，就任太虚法师设立的厦门南普陀寺闽南佛学院副院长。1927年，从佛学院辞职，到昆明讲经。1928年，在上海向归国的持松法师学习密法，接受灌顶。1930年，被任命为北京柏林教理院院长。1933年回到闽南佛学院，1936年因病辞职，后被任命为中国佛教协会秘书长，1939年去世。《巡礼行记》的出版工作在当时属于中国佛教协会秘书长的重要任务，或因此，常惺向范成提供了出版资金帮助。

下面介绍尹文的生平。尹文别名太蒸，号石公、硕公、说翁、蒜山等，于1888年出生于镇江并在此长大。毕业于上海吴淞中国公学国文系，师从胡韫玉、李详。20世纪20年代担任北京农业学堂的教员。1926年，接受辅仁大学校长陈垣邀请，就任辅仁大学国文系主任，兼任中法大学教授。1935年，调任河南大学历史系主任。1936年返回镇江，从事《江苏通志》的整理编纂工作。为了防备日本军队的侵略，他将资料保管于往生寺。抗日战争时期转移到贵州，担任贵州师范学院教授。战后，在南京先后任中央图书馆馆员、国史馆纂修。新中国成立后，担任上海文物管理委员会委员，致力于资料的搜集和整理。1971年逝世。他因收藏元刻本《资治通鉴》、明嘉靖刻本《和靖尹先生文集》、明天启刻本《论衡》以及方苞、姚鼐、戴名世、梅曾亮、阮元、包世臣、章太炎等清代至民国时期学者的书籍而声名显赫。范成拜访时，正是其从河南大学回到镇江之时，抑或是从事《江苏通志》编纂之时。尚不清楚尹文是如何得到《巡礼行记》的，但此书是其编纂《江苏通志》时不可或缺的参考资料。

最后再介绍袁希濂的事迹。袁希濂，字仲濂，名律师，出生于江苏宝山（今上海市宝山区）。与其兄希洛、希涛合称“宝山三袁”，是一名佛教居士。1897年肄业于上海龙门书院。后加入文艺社团城南文社，与许幻园、蔡小香、张小楼、李叔同结成“天涯五友”[1]。1904年游学日本，后留学东京法政大学。1911年辛亥革命后归国，在天津担任法官。1920年，在武昌玉泉寺邂逅弘一法师，皈依佛门。1928年，断然拒绝上海市市长之职，借住在佛教净业社。1950年在苏州逝世。袁希濂学艺精湛，《巡礼行记》出版之时，因他正借住在上海佛教净业社而受托撰写了该书的题签。

综观《巡礼行记》的出版过程可知，范成返回上海佛教净业社努力扩大图书馆规模之际，在与回到镇江的尹文商量后，决定发行该书，同时得到了中国佛教协会秘书长常惺的支持，题签则委托给了滞留在上海佛教净业社的袁希濂。

上海佛教净业社和民国时期的佛教复兴

出版发行《巡礼行记》的上海佛教净业社是1922年成立于上海的佛教居士团体，主要开展佛教文化事业和慈善事业，开展佛教图书馆的建立和维持、杂志的发行、难民和病人的救济、法会的举行等活动。[2] 1956年与世界佛教居士林合并，成为上海佛教净业居士林。

---

1 ［日］大野公贺：《弘一法師（李叔同）と日本——清末から民国期の中日文化交流の一例として》，《東洋文化研究所紀要》第160册，2011年。

2 高振农：《民国年间的上海佛教净业社》，《法音》1990年第5期。

明清时期，居士佛教盛行起来。梁启超曾指出，清末思想界的底流是佛教。居士佛教界的代表人物是杨文会。他曾一边担任曾国藩、李鸿章等人的幕僚，一边学习佛教，是清末佛教界的重要人物。19世纪末，他作为驻英公使的随从人员前往伦敦，邂逅了日本佛教学者南条文雄，后在日本找到了许多已经在中国散佚的经典。1866年，他和同人在南京创设金陵刻经处，致力于佛典的出版和发行。[1]

各个时代都曾刊印发行汉译佛经集大成的《大藏经》，但在明朝以后，唐朝以前的原本经典已经散佚。杨文会通过南条文雄再次输入大量经典，之后，还在金陵刻经处设立祇洹精舍，创办僧侣、居士的教育机构，力图通过教育复兴佛教。祇洹精舍开办大约两年后关闭，在此期间出现了太虚、欧阳渐等一批致力于近代佛教复兴的人物。

像这样以在家居士为中心试图复兴佛教的活动，在佛教界也同样此起彼伏。清末有志之士在接触到日本以及西藏地区的佛教后，立志求取已在消失的佛教教诲，派遣留学僧赴日，引进佛教经典，竭力复兴佛教。

另外，中国佛教界出现了进退两难的状况。太平天国起义之后，寺院荒废，全国推行了所谓“庙产兴学”的寺庙没收政策。没收的寺庙土地和建筑，用于建设学校，推进近代教育的发展。因此，恢复佛教界戒律，提高学问水平成为中国佛教界亟待解决的课题。许多僧侣倾力推进了佛教教育机构的成立，月霞法师建立的华严大学、太虚法师建立的武昌学院和闽南佛学院等都十分有名。

到了民国时期，随着留学僧的归国和经典的再次引进，中国传统佛教经典开始回流，佛教教育机构培养的僧侣也不断推动佛教的复兴。而且，随着佛教经典搜集工作的不断推进，需要成立出版发行的机构。因

1　陈继东:《清末仏教の研究—楊文会を中心として—》，山喜房佛书林2003年版。

此，佛教净业社、居士林等出版机构应运而生。

由杨文会开启的日本佛教经典的引进在此后得以延续。例如，弘一法师于1934年至1936年两年间在内山完造的帮助下，将一万多册经典运到中国。《巡礼行记》经何人之手带入中国？尹文是否获得了这些书籍？这些问题尚不明确，但可以肯定的是，该书是在清末民初的佛教经典回流时期传入中国的。若要了解唐代佛教诸相，与同一时代的其他史料相比，《巡礼行记》可谓是最合适的书籍。

查阅民国27年发行的《巡礼行记》的后记，我们可以了解到其传入和出版的来龙去脉。“上海本”介绍的民国时期两部《巡礼行记》中的民国27年本的情况已经明朗，今后将努力厘清民国25年本《巡礼行记》的出版发行情况。

第五章
圆仁的足迹与唐代中原交通

一
圆仁的足迹与唐代交通路线——山东至河北的交通路线复原

圆仁作为承和五年（838）遣唐使的一员入唐，滞留唐朝近10年。作为入唐僧的圆仁，以宗教内容为中心，记录遣唐使、留学僧的动向，以及唐代地域社会及内政、外交、习俗、典礼等各方面的情况，著成《入唐求法巡礼行记》一书。该书是了解唐代社会风貌和交通情况最为重要的历史资料。本文依据《巡礼行记》所载圆仁的足迹，对其途经的部分唐代交通路线进行复原。

圆仁的足迹

圆仁一行从入唐至归国的足迹大致可划分为如下五个阶段：

①入唐

日本承和五年即唐开成三年（838）六月，日本遣唐使团从博多出发，历经航海艰辛，终于在七月二日抵达扬州海陵县白潮镇桑田乡东梁丰村（今江苏省南通市如东县花市街附近），开启在唐之旅。其后，使团沿水路经如皋镇（今江苏省如皋市如城镇），于二十六日抵达扬州府

（今江苏省扬州市）。

在大使藤原常嗣等遣唐使臣赴长安朝谒期间，圆仁滞留扬州求法，并向扬州都督李德裕提出巡礼天台山的申请，但未得许可。开成四年（839）二月，为了与归国的遣唐大使一行会合，圆仁从扬州沿运河北上楚州（今江苏省淮安市楚州区）。会合后，经淮河向东北行进，由此踏上归国之路。

然而，圆仁终究无法放弃在唐求法巡礼的宿愿，在新罗译语金正南的帮助下，中途下船，意图留唐不归，并于四月五日潜入宿城村（今江苏省连云港市连云区宿城乡）。但因语言不通，圆仁一行的身份很快暴露，被押至官府，之后被迫与遣唐使团会合，再次踏上乘船归国之旅。

②赤山法华院

开成四年六月，沿岸北上的遣唐使船到达登州文登县赤山（今山东省荣成市斥山）山麓。在新罗译语道玄以及其他在唐新罗人的协助下，圆仁再次下船，并成功地在赤山村的赤山法华院（今山东省荣成市石岛镇）落脚。赤山法华院为新罗将军兼商人张宝高（张保皋）所建，是在唐新罗人的聚居地。

图5—1　宿城村

圆仁和弟子惟正、惟晓、水手丁雄万等人脱离遣唐使团后，在赤山法华院度过冬天。在得知天台宗另一圣地五台山的消息后，立志巡礼的圆仁在新罗军事押衙张咏等人的鼎力相助下，获得了行至文登县（今山东省文登市）的公验。开成五年（840）二月，圆仁一行离开法华院赴文登县，但由于赴五台山、长安的公验必须前往上级行政机构青州节度府办理，故从文登县经由登州都督府（今山东省蓬莱市），来到青州节度府（今山东省青州市），提出申请。在此，圆仁一行拿到了去五台山和长安的公验，于四月启程向五台山进发。

③五台山

从青州向西，渡过黄河，经由贝州（今河北省清河县）、镇州（今河北省正定县）等地，在黄山（今河北省阳平市）夜宿普通院（类似于官府驿站的佛教徒住宿设施），后翻越太行山，五月一日，圆仁一行终于进入五台山，在竹林寺安顿下来。

圆仁从五台山的中台出发，沿西台、北台、东台、南台各处巡游，历经各种罕见景象，并遍访大华严寺（显通寺）、金阁寺等名刹古寺，与当地高僧进行交流，同时也誊写经典、临摹佛画，在五台山总计逗留约50天。同年七月，圆仁启程前往长安，途中访问日僧灵仙寄居过的灵境寺，凭吊客死异国的灵仙和尚。之后下山，于七月十三日抵至太原府（今山西省太原市），由此向西南行进，沿汾河过晋州（今山西省临汾市）、河中节度府（今山西省永济市），横渡黄河，八月二十一日抵达长安（今陕西省西安市）春明门。

④长安

圆仁到达长安后，得到许可入住资圣寺。其后一年间，遍访名僧，抄写经籍，并于大兴善寺及青龙寺研习密教，在大慈恩寺受传法灌顶，后又于大安国寺学习梵语。会昌元年（841）八月，完成求法巡礼宏愿的圆仁申请回国，但未得许可。于是，圆仁滞留长安，继续求法巡礼。

当时的皇帝武宗推崇道教，对其他宗教大肆弹压，僧侣的行动受到严格管制。由于归国许可未能获取，圆仁在此又度过了近5年时间。在此期间，会昌废佛愈演愈烈。武宗下达诏令，强制外国僧侣还俗或归国，圆仁由此方才获得归国许可。

⑤归国

会昌五年（845）五月十五日，归心似箭的圆仁离开长安，过潼关（今陕西省潼关县），途经渭南（今陕西省渭南市）、花阴县（今陕西省华阴县）、洛阳永宁县（今河南省洛阳市洛宁县）、东都（今河南省洛阳市）、郑州（今河南省郑州市）、开封（今河南省开封市）、陈留县（今开封市陈留镇），沿大运河乘船行至盱眙县（今江苏省盱眙县），其后由陆路行至扬州。然而，当地官员禁止圆仁滞留扬州。经由楚州、海州（今江苏省连云港市）、密州（今山东省诸城市）、莱州（今山东省莱阳县），重往登州。赤山法华院因废佛运动被毁，已物是人非。所幸圆仁再遇故知张咏，并在其协助下，几经波折终于踏上归国之途。

大中元年（847）九月二日，圆仁乘坐新罗人金珍的船只从赤山浦出发，朝着朝鲜半岛（新罗）、耽罗岛（济州岛）、对马方向行进，经松浦，于当月十七日抵达博多。九月十九日，圆仁下船到达鸿胪馆，漫长的求法巡礼之旅至此结束。

复原唐代交通路线

青山定雄[1]和严耕望[2]通过对古典文献史料进行周密细致的查证，对唐代交通路线进行了复原。但是，通过实地调查，发现其现状与推测的复原路线并不一致，仅结合史料中的地名并不能复原出准确的交通路

---

1 ［日］青山定雄：《唐宋時代の交通と地誌地図の研究》，吉川弘文馆1963年版。

2 严耕望：《唐代交通图考》（全6卷），上海古籍出版社2007年版。

线。在日本的交通路线复原研究中，为了复原与宫都、国府、郡家等相连的道路，会采用历史地理学的方法，利用古地图、地名及各种史料对驿道、驿站的具体位置进行比较推定。[1]同样，在复原唐代交通路线之际，要复原连接城郭都市及聚落的交通路线，需利用以地方志为主的文献史料、以碑刻铭文为主的出土资料，并进行实地考察，获取地名更迭相关的乡土资料。

如今，地形图等比较详细的地图一般不对外公开。因此，利用当地的观光地图及道路地图对地名进行比较推定，通过详细的地名记载与地形图来复原交通路线，是十分必要的。

在这样的状况下，近年来"外邦图"备受关注。所谓"外邦图"，即区别于日本国内的地图（内邦图），是中日甲午战争前后作为日本对外扩张政策的一部分而制作的地图总称，地图内容不只限于中国，还涉及了西伯利亚、澳大利亚等远东、南洋地区。"外邦图"还包括一些日本陆军参谋本部陆地测量部制作的地图，以及由各国相关部门制作、被日本参谋本部获取的地图。

近年来，针对"外邦图"的研究不断得到推进，出现了利用这些"外邦图"进行的历史学或地理学方面的实地研究。此外，被称作"苏联图"的地图，也受到了研究者的关注，这种地图是苏维埃联邦参谋本部在20世纪70年代到80年代间制作的地形图，详细记录了等高线、植被等信息，并用颜色区别标识了道路与运河。

此外，利用航拍及卫星图片对地形地貌进行调查，也是在历史学与地理学领域经常采用的手段。特别是研究日本古代交通时，可以利用航拍技术复原古代交通路线。但因条件限制，笔者现在只能利用卫星图片进行研究。通过此技术对自然地形、城郭都市等进行确认，并推进对都

1 ［日］藤冈谦二郎：《都市と交通路の歴史地理学的研究》，大明堂1960年版。

市、陵墓及交通路线的发现与复原。近年来，也有学者利用这种手段对玄奘途经道路进行研究。

笔者通过综合利用这些地图或图片，一一对照与近现代显著不同的地名或地形，逐步复原圆仁的行进路线。笔者以《巡礼行记》的记载为基础，对从赤山法华院至五台山的道路进行复原。

开成五年（840）三月二十日至二十一日：自北海县至青州府（行程Ⅰ）。

行程Ⅰ（括号内为现在地名）：

（1）北海县（潍坊市）$\xrightarrow{\text{西二十里}}$与渤海使相遇（官路村附近）$\xrightarrow{\text{五里}}$（2）孤山村（朱刘镇）$\xrightarrow{\text{三十里}}$（3）半城村（薛家村）$\xrightarrow{\text{三十里}}$（4）韮味店（巨弥镇）$\xrightarrow{\text{三十里}}$（5）青州府（青州市）

①三月十九日

（十九日）到（1）北海县观法寺宿。……县城东西二里，南北一里。是先代潍州，今为北海县。

②三月二十日

二十日早上出发，西行二十里，途中逢渤海使从上都归国。又行五里，到（2）孤山村宋家食餐。……斋后，行三十里到寿光县界（3）半城村李家宿。

③三月二十一日

二十一日出发，行三十里，到（4）韮味店张家断中。主人心平。斋后，行三十里，到（5）青州府龙兴寺宿。

以下为笔者对圆仁一行从赤山法华院向五台山行进途中所经（北海

县到青州府）地名的比较推定。

北海县，原名潍州，自隋代更名为北海县，其治所自唐至今未变，今仍有城墙。

孤山村，根据圆仁的记述可知，其距北海县二十五里。据清代地理志《大清一统志》记载，孤山位于昌乐县东二十里，昌乐县（北宋时期自寿光县分出）距北海县三十里，应在孤山略偏东。现在，孤山东面有朱刘镇，根据其位置和距离，可以推断其为唐代孤山村。

半城村，据清代地理志《读史方舆纪要》记载，昌乐县在青州府东七十里，东距莱州府潍县（北海县）五十里。半城村距北海县五十五里，当在昌乐县偏西。在民国时期的地图上，昌乐县略偏西之地有霍家村，即今薛家村，此地距北海县约五十五里。因此，可推断其周边地区即为半城村。

韮味店，距半城村、青州府均约三十里，故可以先确认（5）青州府的位置。青州是山东省古地名，唐代在此设有都督府、节度府，其地理位置至今仍非常重要。青州府向东三十里，由现今地图可知，为谭坊镇附近的巨弥镇。此地当为唐时的（4）韮味店。

将这些推定的地名标记在地图上，便形成了一条清晰的直线。这便是连接（青州）节度府和（北海）县城的官道。潍坊市（北海县）向西十五里有一村，名官路村。这也佐证了此交通线路是当时官道的事实。根据现存的石碑记载，官路村起源于北宋。由此可见，唐朝至宋期间，官道附近形成了村落。

另外，三月二十日圆仁一行所见渤海使，即为参加新年朝贺的渤海王子大延广等人，时为自上都（长安）经青州向登州归国的途中。登州经渤海湾的庙岛列岛，与辽东半岛的都里镇（旅顺口）相接，新罗和渤海的使节多经由此路至长安。此线路不仅是国内交通要道，更是国际外交通道。

开成五年（840）四月十九日至二十一日：自宁晋县至镇州（行程Ⅱ）。

行程Ⅱ（括号内为现在地名）：

（1）宁晋县（宁晋县）$\xrightarrow{\text{西北十五里}}$（2）秦丘村（秦邱村）$\xrightarrow{\text{西北二十五里}}$（3）赵州（赵县）$\xrightarrow{\text{西北四十里}}$（4）栾城县（栾城县）$\xrightarrow{\text{西北三十里}}$（5）作护驿（大马村）$\xrightarrow{\text{正北三十里}}$（6）镇州（正定县）

①四月十八日

（十八日）到（1）赵州界宁晋县东唐城寺宿。

②四月十九日

十九日辰时出发。穿城内，向西北行十五里，到（2）秦丘村刘家断中。……向西北行二十五里，热气如蒸。到（3）赵州南开元寺宿。

③四月二十日

二十日黎明吃粥。向西北行四十里，到镇州（4）栾城县，城外孙家断中。向西北行三十里，到镇州大廓县界（5）作护驿，刘家宿。

④四月二十一日

二十一日早上出发，正北行三十里，到（6）镇州节度府。

以下为笔者对从宁晋县至镇州府地名的比较推定。

宁晋县，自天宝七年（748）更为此名后，治所至今未变。

秦丘村，至今留有其名。民国时期地图上，宁晋县向西北十五里为秦邱村，距赵州约十二公里。根据《巡礼行记》记载，该距离为二十五里，可知两地大致在同一位置。无论从地名本身来看，还是从距离来看，秦丘村都应为秦邱村。

赵州，北齐之后出现的地名，为该区域的重要行政中心。据唐代地理志《元和郡县图志》记载，赵州和宁晋县相距四十三里，该距离在《大清一统志》中为四十里，与《巡礼行记》记载吻合。

栾城县，西汉后出现的地名。据《大清一统志》记载，镇州和栾城县相距六十里，与《巡礼行记》记载一致。

作护驿，此地名现已停用，当是斜行延伸的道路变成直线的地区。根据其位于镇州府南三十里这一点来看，其当在栾城县与正定县之间。从距离上看，大致在今石家庄市大马村附近。

镇州，治所自北魏起未有变更，原名为真定县，清代更名为正定县。直到1900年初，正定县一直是当地的中心城市，后因铺设铁路，交通据点开始转到石门市（今河北省石家庄市）。若把民国时期地图、20世纪70年代的苏联地图及现在的卫星图片进行比对，其变迁情况便一目了然。

宁晋县到作护驿的路线，正如圆仁所记载的那样，是一条向西北延伸的斜行直线。从作护驿开始，线路转为正北直进镇州府。作护驿在石家庄市内大马村一带，由此可知，自宁晋县至石家庄是斜行路线，石家庄市至正定县是向正北延伸的直线。

从现代地图和卫星拍摄图看，现代都市正是依照唐时的都市和道路规划形成的。通过把《巡礼行记》记载的路线复原到地图上，我们可以窥探圆仁脚下唐代交通路线的实态。此路线几乎未受地形限制，呈直线延伸，或许是一条由国家规划建设的道路。

开成五年（840）四月二十三日至五月一日：从上房普通院至竹林寺（行程Ⅲ）。

行程Ⅲ（括号内为现在地名）：

行唐县（行唐县）$\xrightarrow{\text{西北二十五里}}$（1）上房普通院（上房乡）$\xrightarrow{\text{西北二十里}}$（2）刘使普通院（口头镇）$\xrightarrow{\text{西北二十五里翻越山峰}}$（3）两岭普通院（两岭口）$\xrightarrow{\text{西北三十里}}$（4）果苑普通院（槐树底）$\xrightarrow{\text{西三十里}}$（5）解脱普通院（法华村）$\xrightarrow{\text{二十里}}$（6）净水普通院（圣水村）$\xrightarrow{\text{翻越两山峰向西三十里}}$（7）塘城普通院（龙王庙）$\xrightarrow{\text{西十五里}}$（8）龙泉普通院（东西下关）$\xrightarrow{\text{西二十里}}$（9）张花普通院（龙泉关）$\xrightarrow{\text{十里}}$（10）茶铺普通院（石钞印）$\xrightarrow{\text{西十里}}$（11）越过大复岭（太行山脉分水岭）$\xrightarrow{\text{西三十里}}$（12）角诗普通院（石咀）$\xrightarrow{\text{西三十里}}$（13）停点普通院（黄土咀）$\xrightarrow{\text{西十七里，向北翻越一山峰十五里}}$（14）竹林寺（竹林寺）

①四月二十三日

向西北行二十五里，到黄山八会寺断中。吃黍饭。时人称之为（1）上房普通院。长有饭粥。不论僧俗，来即可宿，有饭即与，无饭不与。不妨僧俗赴宿，故曰普通院。……从上房行二十里，到（2）刘使普通院宿。

②四月二十四日

从山谷出发向西北行二十五里……翻过一岭，到（3）两岭普通院。……乘山谷行，向西北行三十里到（4）果苑普通院宿。

③四月二十五日

寻谷向西行三十里，到（5）解脱普通院。

④四月二十六日

向山谷处行二十里，到（6）净水普通院。……逾两重岭，西行三十里，到（7）塘城普通院。过院西行，岭高谷深、峰雾缭绕、溪水长流。从塘城西行十五里，申时，到（8）龙泉普通院宿。后丘上龙堂里出泉清冷。院近此泉，唤为龙泉普通院。

⑤四月二十七日

从山谷向西行二十里，到（9）张花普通院。共九僧断中。院有粥饭。斋后，行谷十里，到（10）茶铺普通院。过院西行十里，逾（11）大复岭。……从茶铺行三十里，薄暮，至（12）角诗普通院宿。

⑥四月二十八日

入平谷西行三十里，巳时，到（13）停点普通院。未入院中，向西北望见中台，伏地礼拜。此即文殊师利境地。

⑦五月一日

从停点西行十七里，向北翻过高岭，行十五里，到（14）竹林寺。

从行唐县到五台山的路线与现在的几乎没有变化。普通院是专门为前往五台山的巡礼僧准备的留宿及休憩场所，通常在巡礼路上每二十里到三十里就设有一处普通院。行唐县于战国时期设立治所，之后一直未曾改变，由此可以进入通往五台山的山路。圆仁等人中途首先在（1）上房普通院落脚。如今仍有名叫上房的聚落。圆仁一行继续行走二十里，留宿在（2）刘使普通院。距离上房乡二十里的地方是现在的口头镇。距此处二十五里的（3）两岭普通院所在区域，如今仍有两岭口这一地名。《大清一统志》中记载的“行唐县西北二十里”与圆仁的记载一致。

圆仁一行再向北行走，到达（4）果苑普通院。小野胜年认为，此处距离两岭普通院三十里，可以推断此地位于现在的槐树底附近。[1]从这一带沿山谷向西行走大约三十里的地方，名为法华村，可以推断这附近为（5）解脱普通院。再向前行走二十里，就是（6）净水普通院，一般认为其位于色岭口附近的圣水村。再向前行走三十里就是（7）塘城普通院，可以推断此地位于不老树前面的龙王庙附近。从这里前行十五里为（8）龙泉普通院，可以推断此地位于东下关和西下关的正中间。

进入山中向西行走二十里就是（9）张花普通院，位于现在的龙泉关。再向前行走十里处，就是（10）茶铺普通院，位于现在的石钞印。再向前行进十里到达大复岭。大复岭是位于河北省和山西省之间的太行山的分水岭。《大清一统志》中载有“（大复岭）东至龙泉关二十里”，该记载与将张花普通院推定为龙泉关的观点一致。越过大复岭行走三十里，到达石咀，可推断这里就是（12）角诗普通院。从石咀向西北行进三十里，到达黄土咀，这里是（13）停点普通院。如今这里有名为白云寺的尼寺。正是在此处，圆仁因终于抵达五台山而激动落泪。随后，圆仁短暂逗留（14）竹林寺。

由此可见，《巡礼行记》与地方志等文献史料、地图的记载一致，如实记载了当时的情况。正如《巡礼行记》开成五年三月一日条所载：“唐国行五里立一候子，行十里立二候子。筑土堆，四角上狭下阔，高四尺或五尺不定，曰唤之为‘里隔柱’。”唐代交通线路上每五里设有一个“里隔柱”（也称“一里冢”），据此可计算其准确距离。由此也可确认《巡礼行记》所载距离与方位的准确性。

《巡礼行记》记载了圆仁约10年的求法巡礼行程。通过梳理圆仁一行的行程，并考证唐代交通路线，可以复原至今仍有诸多不明之处的唐代交通路线。这为研究以制度为中心的唐代交通提供了确凿的证据。

---

1 ［日］小野胜年：《入唐求法巡礼行記の研究》（全4卷），法藏馆1989年版。

复原交通路线，使得往来于道路上的“人、物、信息”的相关研究成为可能。[1]这些“人、物、信息”的移动，不仅涉及交通，还涉及贸易交流等问题，也是研究外交、文化传播等的前提。例如，正因为从北海县到青州的路线是外交使节通道，因此才有完善的驿站和公馆等公用供给设施来支撑南来北往的交流。

此外，对外交流不仅仅局限于政治交往，也有文化交流。来自新罗或渤海的僧侣多次造访五台山，他们同圆仁一样从山东半岛出发，经过河北到达山西五台山进行巡礼。因此，在研究中国与朝鲜半岛及日本间的文化传播及人员、物品交流方面，复原唐代交通路线意义重大。《巡礼行记》为这方面的研究提供了宝贵的信息。

囿于篇幅，本文未能逐一论述圆仁行程的全部路线。读者可以从近年出版的著作中获得有关圆仁行程的详细情况。[2]若本文能为相关研究人员带来些许启发，可谓荣幸之至。

（本文原题《円仁の足跡と唐代の交通路—山東から河北までの交通路復原》，发表于铃木靖民编《円仁とその時代》，高志书院2009年版）

1　［日］中村太一：《日本古代国家と計画道路》，吉川弘文馆1996年版。

2　［日］阿南史代著，小池晴子译：《円仁慈覚大師の足跡を訪ねて》，兰登书屋讲谈社2007年版。

二
连接长安和洛阳的两条道路——以《临泉驿碑》铭石刻为中心

唐王贞白《长安道》云:“晓鼓人已行，暮鼓人未息。梯航万国来，争先贡金帛。”可知，长安城是当时为数不多的国际大都市，来自世界各国的人们汇聚于此。长安的道路通往四面八方，辐射中国全境，连接周边各国。其中，连接长安与东都洛阳的道路，与其他的道路不同。长安和洛阳均曾是王都或陪都，是中国历代王朝的中心，连接两座都城的道路更是中国历代王朝的交通大动脉。

隋唐时期，长安为上都，洛阳为东都，两都间的交通量大大增加，连接两都的道路成为政治、经济乃至军事上最重要的交通路线。而且，这条道路也是外交之路。入唐的新罗、渤海等国使者均沿此路来贡，来自日本的入唐官员、僧侣也穿行于其中，但是相关记录却非常少。通过入唐僧圆仁和圆珍的日记中对各自所经道路的记载，我们可以一探唐朝后期该地区的交通情况。

本文以近年来发现的《临泉驿碑》为中心，通过复原崤山南路路线，来推测支撑东亚交流和连接唐朝大动脉即长安至洛阳的道路，将其作为考察唐代交通路线的一个切入点。

连接长安和洛阳的道路

1. 两座都城

隋朝的开国皇帝杨坚（隋文帝）于今西安市中心建都，命宇文恺建造大兴城，唐代长安城由此传承下来。长安在最盛时期曾是人口过百万的国际性都市。唐朝灭亡后，长安不再是都城，转变为地方都市，自明朝改称西安，延续至今。

隋炀帝时期，隋朝于今洛阳市中心建都。唐朝将此地作为陪都，武周时期改名神都。洛阳与长安不同，唐朝灭亡以后，后梁、后唐均以此为都城。之后，北宋和金也以此为陪都。这是因为洛阳是中原地区重要的交通枢纽与经济重心。

这两座城市因其都城或相当于都城的地位备受中国历代王朝重视，特别是在唐代，以长安为上都、洛阳为东都，采取了所谓的复都制。[1]长安所处的关中地区位于内陆，四周环绕着天然要塞，对于时常担心受到其他民族侵扰的王朝来说，长安是最适合作为都城的地方。但是，易于防守的同时也意味着交通受到限制，尤其经常出现粮食供给不足的问题。与此相对，洛阳盆地位于华中平原西部，多条河流汇聚于此，作为物资的聚集地具有独特优势，尤其是通往河北、江南的交通十分便利。因此，历代王朝常以洛阳为王城，以长安为都城的王朝也常以洛阳作为陪都。唐高宗尝言“两都是朕东西二宅也”，这两座都城如车之两轮，缺一不可。

2. 连接两座都城的道路

长安至洛阳的道路起到了连接两个“车轮”的“传动轴”作用。在连接两座都城的道路上，不仅有从长安前往洛阳的人，还有前往河北、河南、江淮、岭南等地的人，热闹非凡。长安和郑州之间修建有大道，设置了很多交通驿馆。关于长安至洛阳间的道路，史籍有“两京间驿家，缘使命极繁”、“两京大道多游客”的记载，据此可知唐代连接两京的交通路线为使臣、官员、商旅等往来的大动脉。入唐的外国使节在前往长安时也经由这条路线谒见皇帝。如今，此道路仍为连接西安和郑州

---

1 ［日］泷川政次郎：《復都制と太子監国の制度》，《京制並に都城制の研究》，角川书店1967年版。

两省会间的重要路线，还是连接东亚（海域）和中亚（内陆）中原地区的交通干线。

这条交通路线始于长安，止于洛阳，全长超过四百公里，大致可分为三段。首先是从长安至潼关，接着是从潼关至陕州，最后是从陕州至洛阳。从长安至潼关的第一条道路正是渭水之路，即在潼关与黄河相汇的路线。潼关是面向东面和北面路线的交叉点，也是物资聚集地。从潼关到陕州的第二条道路被称为函谷道，沿着黄河连绵起伏。从其别名函谷关可知，道路中段至今仍留存着秦朝的函谷关。从陕州至洛阳的第三条道路从中间被分为南北两路，因隔开南北两路的山为崤山，故又名崤山道，下文将对此展开详细分析。

3. 两条道路

从长安到潼关、函谷关，基本上是一条道路。不过，这条唐朝大道分为南北两条。唐朝许浑《丁卯集》上卷《别张秀才》载："余与张秀才同出关至陕府，余取南道止洛下，张由北路抵江东。"可知，从位于两京中间的陕州府（现在的河南省三门峡市）出发前往洛阳的道路可分为直线贯穿山间的北路和面朝东南、直指洛河的南路（图5—2为长安至洛阳的行程示意图）。

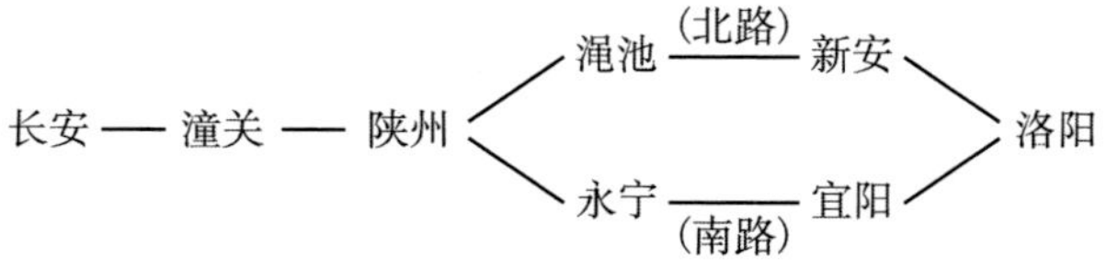

图5—2　长安至洛阳的行程示意图

关于这两条道路，9世纪入唐僧圆珍的记录可作为参考。他于大中七年（853）入唐，在大中九年（855）从天台山前往长安途中，从洛阳出发经北路至潼关。后来，离开长安的圆珍从陕州出发，经南路进入洛阳（表5—1为大中九年圆珍的行程，参见《行历抄》《请弘传真言止观两宗官牒》《天台宗延历寺座主圆珍传》)。比圆珍稍早入唐的圆仁在回国之时，从长安出发，过潼关，由南路前往洛阳和郑州。

表5—1　大中九年（855）圆珍的行程

时间	行程
五月七日	洛阳(徽安门)→磁涧
五月八日	→新安县→缺门
五月十日	→三濠五谷等难所→陕州
五月十五日	→潼关
五月十七日	→赤水店
五月十八日	→新丰店
五月十九日	→昭应县
五月二十一日	→长安(春明门外)
十一月二十七日	长安(春明门外)→东渭桥
十一月二十八日	东渭桥→栎阳县
十二月初	→同州城
十二月四日	→解县→安邑县→陕州府→硖石官路→洛州界
十二月十七日	→洛阳、龙门
十二月十八日	→洛阳(长夏门)

表5—2　会昌五年（845）圆仁的行程

时间	行程
五月十五日	京兆府→万年县→长乐坡
五月十六日	昭应县
五月二十二日	潼关
	渭南县→华阴县→永宁县*
六月一日	东都(洛阳)
六月九日	郑州

*渭南县→华阴县→潼关→永宁县为原行程（参考《入唐求法巡礼行记》）

在整个唐代，南北两路并用。史料中也有多处关于两路的记载。以下简单介绍一下陕州至洛阳的路线。

首先是北路。北路穿山而过大致成一条直线，始于陕州，途经今渑池县、铁门镇、新安县等地，最后到达洛阳。圆珍从洛阳出发，经由北路前往长安。从洛阳城西门即徽安门出发，经过磁涧、新安、缺门（铁门），途经三濠五谷到达陕州的路线即圆珍的行程。严耕望的研究表明[1]，出洛阳，沿涧河，途经磁涧（磁涧镇）、汉函谷关、新安县、缺门（铁门镇）、千秋亭（千秋镇）及渑池县的路径应为圆珍的行程。北路方面，洛阳至渑池的路线一目了然，但渑池至陕州的路线尚不明确。

其次是南路。南路从陕州出发，朝东南前进，经硖石县（菜园乡）和永宁县（洛宁县），于洛河交汇，又经三乡驿（三乡乡）、福昌县、柳泉驿（柳泉镇）、寿安县和甘水驿，从南侧到达洛阳城。圆仁《巡礼行记》记载了从潼关到洛阳途经永宁县之事，可知其途经南路。

圆珍在从长安出发的归途中，虽只记载了从硖石县前往洛阳之事，但根据硖石县位于"硖石官道"、由洛阳城南的龙门进入洛阳等记载，可以推断其经过南路。关于南路，沿洛河前进的路线虽较为明确，但由陕州府至洛河的山中路线尚有诸多不明之处。因此，笔者接下来基于新发现的资料，对不同于北路、从陕州出发经永宁县至洛阳的交通路线进行具体考察。

唐代永宁县周边的驿站和交通路线

1.《临泉驿碑》的发现

从陕州至洛阳的两条路线中，北路大致以直线贯穿山间，与现今道路几乎没有差异。南路方面从洛河沿线的三乡至洛阳道路的路线较为明确，但从山间的陕州至三乡道路的路线比较模糊，再加上县治有所变化，故难以明确。

1　严耕望：《长安洛阳驿道》，《唐代交通图考》（第1卷），上海古籍出版社2007年版。

2010年秋，河南省洛阳市洛宁县出土了刻有“临泉驿”铭文的石碑。据《洛阳晚报》（2010年10月13日）报道，当年9月29日上午，从洛宁县东宋乡官庄村西气东输施工现场的地下三米处发现了一块石碑，由于石碑刻有文字，当地立即向洛宁县文物局报告。这块石碑现由洛宁县文物局保管，原物虽未公开，但从媒体公布的照片中可以释读出石碑上的文字（旧体字和异体字已改为通用字）。

赴东都知选睹裴阁老曹长旧
题率然纪列
寥落邮亭秋树中晓霜寒吹转朦
胧前山灵药讵可问马迹悠悠西
复东
元和五年九月廿七日吏部侍郎杨
先祖司空元和中题诗在临泉
驿梁上岁月浸远文字湮暗难
于披寻乾符五年十月三日赴
镇平庐命仲弟河南尹授刻石
致于垣墙传于永久平庐军节
度使检校左散骑常侍兼御史
大夫赐紫金鱼袋杨损记

图5—3　从《临泉驿碑》上释读出的文字

碑文内容大致分为两部分：一部分为元和五年（810）吏部侍郎杨某吟咏的诗文；另一部分则是乾符五年（878）平庐军节度使杨损制作石碑并放置于驿站之事的相关记述。

碑文中的杨某应为制作石刻的杨损祖父杨于陵。杨于陵，字达夫，生于弘农（今河南省三门峡市），为汉代名臣杨震的后世子孙。历任吏部郎中、中书舍人、潼关防御、京兆尹、户部侍郎等职。元和初年，因其作为考官赞许牛僧孺等人的策论，而得罪了当时的宰相李吉甫，被左迁岭南节度使。元和五年，被任命为吏部侍郎，石刻所载应为此时之事。后历任知吏部选事和户部尚书，在此期间告老还乡。[1]据《全唐文》卷六三九记载，其于太和四年（830）逝世，赐号司空，这与正史及墓志中的内容一致。

杨于陵担任岭南节度使期间，曾与监军许遂振不和，被诬告时得到宰相裴垍的袒护，反被提拔为吏部侍郎。题记中的“裴阁老曹长”应指裴垍。裴垍，字弘中，曾任翰林学士、知制诰、中书舍人等职。元和初年，在考官杨于陵、韦贯之赞许皇甫湜、牛僧孺、李宗闵的对策时，因裴垍赞同而招致李吉甫的不满，被贬为户部侍郎。但在李吉甫出任淮南节度使时，唐宪宗命裴垍出任中书侍郎、同中书门下平章事，代替李吉甫执掌朝政。元和五年十一月迁兵部尚书，次年逝世，赐号太子少傅。[2]“阁老”“曹长”为官职名的别称。唐李肇《唐国史补》卷下载：“宰相相呼为元老，或曰堂老。两省相呼为阁老。尚书丞、郎、郎中相呼为曹长。”

接下来介绍制作石刻的杨损。杨于陵有四子，次子嗣复即杨损之父。[3]嗣复有五子，杨损为长子。杨损，字子默，历任洛阳令、京兆尹、青州刺史、御史大夫、淄青节度使等职。乾符五年，杨损作为淄青（平庐）节度使赶赴任地，到访了临泉驿。“仲弟河南尹授”指杨损的弟弟杨授。《旧唐书》卷一七六《杨嗣复传》中记录了杨授曾担任河南尹一职，这与《临泉驿碑》石刻的记载相符。

---

1 《旧唐书》卷一六四《杨于陵传》。

2 《旧唐书》卷一四八《裴垍传》。

3 《旧唐书》卷一七六《杨嗣复传》。

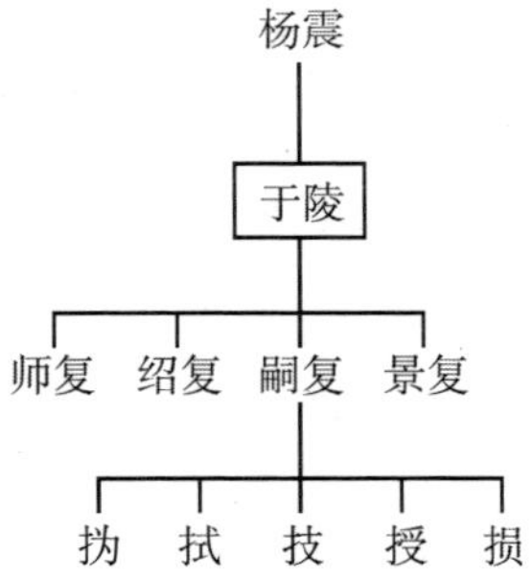

图5—4　杨氏家系图

杨于陵为了选拔官吏赶赴东都洛阳，途中效仿于己有恩的裴垍题诗，作诗一首。68年后，途经同一条路的孙子杨损在休息时到访临泉驿，看到了祖父的诗文，感动不已，便与其弟制作《临泉驿碑》石刻并嵌入驿站的垣墙之中。

总之，我们从石刻的记录中可以确认：元和五年及乾符五年，临泉驿为经过南路的公使提供补给。元和五年，杨于陵所作诗文被置于驿馆梁上；乾符五年，杨损在驿馆见到此诗。由此可知，驿站的位置没有发生变化。换言之，此时的南路经过临泉驿。笔者接下来以临泉驿为中心，对此地区的交通路线进行考察。

2. 唐代的永宁县和交通路线

出土石刻的洛宁县位于河南省洛阳市以西的洛河中游，自古以来就在从黄河流域越过崤山到达洛河的交通路线上。关于此地的记载，自秦代就已见诸史册。晋朝时此地属宜阳县，北魏时分置崤县。之后经过几次变迁，于唐武德元年（618）改称永宁县。县治位于今洛宁县中心，称为永固城。贞观十四年（640），县治被移至今洛宁县河底乡的莎栅，贞观十七年（643）迁往鹿桥驿。唐代永宁县的县治在较长时间内均设在鹿桥驿。据推测，鹿桥驿位于今洛宁县中河乡的旧县村，该地还出土了唐瓦。北宋时，县治再次迁往永固城。1913年改称洛宁县。

通过南路从陕州前往洛阳时，要经过硖石县和永宁县，到达洛河后再沿河东进，经过宜阳等地最终到达洛阳。笔者曾于2010年11月、12月和2011年3月三次前往该地进行考察。

2010年11月，笔者原本打算考察从西安至洛阳的交通路线，但在出发前，从洛阳理工学院宇都宫美生处得知洛宁发现刻有驿名的石碑一事，因此改变部分行程，决定立即前往石碑出土地。11月18日，笔者从西安出发，途经三门峡，从交口乡进入249省道，经过菜园乡、宫前乡和小界乡前往东宋乡，最终到达了石碑的出土地。笔者以宫前乡的离宫遗址和石碑的出土地点为中心展开调查。

2010年12月笔者又来到该地，24日上午从洛阳出发，到达东宋乡，但是由于下雪，车辆无法通行，放弃了前往石碑出土地的想法。不过，这也让笔者得以确认，从临泉驿推定地到洛河东宋乡小宋村附近都是弯弯曲曲的羊肠小道。

为了进行更详细的调查，笔者于2011年3月12日从三门峡出发，进入249省道，调查了硖石县推定地、绣岭宫推定地和兰峰宫推定地，途经中河乡的永宁县治推定地，到达临泉驿推定地，之后又考察了从该地到洛河的路线。

接下来，笔者重点以2010年11月和2011年3月的两次调查为基础，调查确认该地附近的交通路线。遗憾的是，现在三乡乡所在的宜阳县尚未对外国人开放，故无法进行调查。

硖石县推定地。从唐代时设置陕州府的三门峡市出发，经310国道，于交口乡转至249省道朝东南方向前进，最终进入菜园乡。据《元和郡县图志》记载，硖石县距陕州以西五十里。被推断为县治的南县村附近距陕州府城（今三门峡博物馆周边）大约二十五公里，与《元和郡县图志》的记载一致（唐代的一里大约为四百六十米）。县治正好位于山对面的平地。

在紧邻南县村的寺坡村有寺院遗址，现存有武周长寿元年（692）的石碑[1]，此处被认为是唐代的大通寺。从“硖石县令”四字可一窥此地与县治的关系。

绣岭宫推定地。距离硖石县推定地约两公里的山麓处，是石门村所在地。由此进山，连接道路的石门水坝附近约五百平方米的平地上散落着很多瓦片，此地或为显庆三年（658）建造的绣岭宫遗址。

雁翎关遗址。菜园乡和宫前乡的分界即雁翎关村，位于距石门村约七十五公里的地方。此处山路狭窄，推测其为关所所在地，据说夏后皋的墓就位于附近。此地虽被称为崤陵关，但不知何时更名为雁翎关。[2]

兰峰宫推定地。从雁翎关村出发，经过岳家沟村，前行七八公里处即宫前乡宫前村。正如名称所示，聚落北侧是唐代行宫所在地。北侧是高台平地，行宫宽敞，面积约六千平方米（见图5—5）。现此处已是一片田地，仍散落着很多瓦砖（见图5—6）。平原中部与正南面的

图5—5　北观兰峰宫遗址和南唐山

1　李久昌：《崤函古道交通线路的形成与变迁》，《丝绸之路》2009年第6期，第7—21页。

2　李久昌：《崤函古道交通线路的形成与变迁》，《丝绸之路》2009年第6期，第7—21页

图5—6　散落在田地中的唐代瓦当

南唐山交汇，壮丽的行宫可能就坐落于此。《中国文物地图集》中虽记录有紫微宫[1]，但据《新唐书》卷四十二《地理志》载“（永宁县）西三十三里有兰峰宫，皆显庆三年（658）置”及与永宁县治的距离可知，兰峰宫应位于此地。

永宁县推定地。经过宫前村，前往山中，途经今陕县和洛宁县交界处，即头峪村。若进入前往东南的县道，则可到达中河乡。正如前文所言，唐代的永宁县治于贞观十七年（643）以后设在鹿桥驿，据推断其位于现在的南北旧县村。据严辉的调查，该地散落着大量的砖瓦，也残留着土墙。[2]从宫前村到旧县村约十五公里，这与《新唐书》中记载的县治与兰峰宫的距离大致相同。现在，在旧县村的东南部还保留着鹿山、鹿川等名称，由此可推断鹿桥驿的名称与其相关。而且，《新唐书》卷四十二《地理志》载有显庆三年永宁县治西五里设置崎岫宫一事，后来确认在旧县村西部两公里处出土了唐代的瓦片。[3]

临泉驿推定地。沿着旧县村南边的县道宅延村、罗凹村前进十四五公里，可以到达东宋乡官庄村西侧。《临泉驿碑》是在下山途中坡度较缓的三岔路口（见图5—7）被发现的。这三条道路分别是从旧县

1　国家文物局主编：《中国文物地图集（河南分册）》，中国地图出版社1991年版。

2　严辉：《洛阳地区隋唐离宫遗址调查与考证》，《河南科技大学学报（社会科学版）》2004年第4期，第26—29页。

3　严辉：《洛阳地区隋唐离宫遗址调查与考证》，《河南科技大学学报（社会科学版）》2004年第4期，第26—29页。

村出发的道路、前往官庄村的道路和经过小宋村前往洛宁县中部的道路（见图5—8）。

图5—7 《临泉驿碑》出土地

在此之前，从永宁县到通往洛河的三乡驿的路线不详，也没有临泉驿推定地。三乡驿（三乡乡）是在从山中延伸出的道路和沿洛河道路的交汇点上，此处的位置与唐代并无二致。从三乡驿沿着洛河经过福昌县、柳泉驿、宜阳县，最后到达洛阳。

图5—8 从小宋村推定地前往临泉驿之路

由于这次在洛宁县东宋乡官庄村附近出土了《临泉驿碑》，因此从永宁县前往洛河的路线便一目了然。从临泉驿推定地到三乡乡的距离大约十三公里，约为唐代的二十七里。这与唐代交通制度所规定的约每三十里设置一个驿站相符。

3. 北路和南路

如前所述，与平原相比，翻越山脉更容易使人马疲惫，故山区供给地较多。虽然从陕州府到硖石县治有五十里，且连接平原，但从硖石县进入山间的道路狭窄，路途艰险，因此供给地很重要。在被称为崤山南路的路线中，建设众多行宫是为了便于皇帝出行，使其能够轻松往返于长安、洛阳。从紧邻硖石县治的绣岭宫到兰峰宫，从兰峰宫再到永宁县治，从永宁县治到临泉驿，从临泉驿到三乡驿，均相距约十五公里，即唐代的三十里左右。在沿洛河的路线上，在县治或者驿馆之外设有许多行宫。由此可知，该路线是皇帝出行所经之路。与之相比，在崤山北路的路线上仅有一座行宫，即位于渑池县以西五里的紫桂宫（避暑宫、芳桂宫）。《新唐书》卷四十二《地理志》载该行宫于仪凤二年（677）建造，但至弘道元年（683）便被废除。废除的原因不甚明了，北路距离虽比南路短，但因沿线有汉函谷关，且道路狭窄，并不具备接待大规模行幸队伍的条件。《旧唐书·宋璟传》载："（开元四年）秋，驾幸东都，次永宁之崤谷，驰道隘狭，车骑停拥，河南尹李朝隐、知顿使王怡并失于部伍，上令黜其官爵。"由此可知，开元五年（717）皇帝驾临时，由于永宁的崤谷道路狭窄，河南尹李朝隐和知顿使王怡被责罚。此处虽指南路，但穿过山间后，沿洛河前行，道路豁然开朗。与此相对，北路狭窄路段更多，特别是渑池县、新安县附近的道路十分狭窄，且落差较大，故避而行之。

由于上述原因，皇帝从长安到洛阳大多沿南路行进，官用交通以南路为主。杨于陵、杨损走的应是此路。入唐僧圆仁也应随衙差沿此路向东前行。但是，并不是说北路毫无用处，从距离上看，北路较短，必要之时也会使用。

笔者从新发现的资料入手，考察了连接长安和洛阳两座都城的道路。所谓的崤山路是指连接两京的大动脉，同时还是支撑东亚交流的交通路线。从洛阳到陕州有南北两条道路，各有不同的作用。

位于南路的洛宁县（唐代永宁县）出土了带有临泉驿名的石碑，这使复原此前不详的南路成为可能。虽然临泉驿仅仅是一个驿站，但却是支撑唐代交通、交流的重要场所。临泉驿的位置恰好与唐代交通制度

“三十里一驿站”的原则相符合，作为皇帝、官员和外交使节的供给设施，为入唐僧圆仁一行的行程提供保障。

由于本文是以《临泉驿碑》和此驿站的推定地为中心进行的研究，因此没有对崤山路全貌进行考察，更没有涉及从陕州到渑池县的南北交通路线的连接点。从宫前乡往东数公里处开始有岔道出现，从这里往东通向渑池县，东南通往永宁县。向东大约二十公里的元上村附近，有一座唐代皇帝敕封的安国寺。在熊耳山西面的山麓，有一座与白马寺同时期建造的古刹——空相寺。此外，在鹿桥驿附近有永宁县治莎棚栅，可知此处是交通枢纽，由此往北可进入渑池县。现在从三门峡经交口乡直走，有一条通往渑池县的路，这是近代铺设铁路之后修建的，但之前从渑池县到陕州“以通山道，车行甚困难”。

笔者今后的课题是全面复原北路和南路路线。据说包括永宁县在内的周边地区是安禄山和史思明的活动区域，史思明在永宁县附近度过了余生，这一点本文并未涉及。今后笔者将通过多角度的调查，进一步厘清该地区的地域景观与历史事实。

（本文原题《長安と洛陽を結ぶ二つの道—〈臨泉駅〉銘石刻を中心に—》，发表于铃木靖民、荒井秀规编《古代東アジアの道路と交通》，勉诚出版2011年版）

三
圆仁的中原交通路线——从渭南至开封

平安时代的天台僧圆仁作为承和五年（838）遣唐使的一员入唐，其后为实现求法、巡礼的夙愿，私自脱离遣唐使一行独自踏上旅程，从山东半岛的赤山法华院前往五台山。结束了五台山巡礼之后，圆仁于开成五年（840）八月二十三日携同弟子惟正、惟晓及行者丁雄万到达长安。其间，弟子惟晓因病不幸逝世，但圆仁在长安度过了近五年充实的求法巡礼生活。由于受到武宗灭佛的影响，圆仁被迫还俗归国。会昌五年（845）五月十四日，圆仁一行从长安出发，途经洛阳、郑州踏上归国之路。

圆仁从长安启程之际，新罗人李元佐、唐人杨敬之及杨鲁士均给予其无微不至的帮助，他们不仅赠送衣物、佛像、经卷，而且还给圆仁归国途中必经之处的官吏撰写书信，请求给予其便利。圆仁离开长安之后，沿着渭南—华阴—潼关—永宁—洛阳—郑州—汴州的路线一路东行，其间杨敬之、杨鲁士的书信也分别送到了沿途州县的官吏手中。因此，圆仁一路受到热情款待，在中原地区一路畅行无阻。

研究古代中原地区的交通地理情况，圆仁在唐期间所著《入唐求法巡礼行记》是不可或缺的史料之一。因此，本文以《巡礼行记》现存最早的写本即“观智院本”为底本，利用其他版本作为校对本，对其中的地名、人名、物名进行校对与注释，并参照先行研究，对渭南至开封段的中原交通路线进行考察。

【说明】

1. 本文的底本、各参考版本及其简称：

（1）底本“观智院本”（收录于《東洋文庫論叢》第七，1926年）

（2）参考版本：

“续续群书本”：《续々群書類徒》第十二辑宗教部（国书刊行会1907年版）

“小野本”：小野胜年《入唐求法巡礼行記の研究》全四卷（法藏馆1989年版）

“顾本”：顾承府、何泉达点校《入唐求法巡礼行记》（上海古籍出

版社1986年版）

“白本”：白化文等点校，周一良审阅《入唐求法巡礼行记校注》（花山文艺出版社2007年版）

“广本”：广西师范大学出版社编《入唐求法巡礼行记》（广西师范大学出版社2007年版）

“佛全本”：《大日本佛教全书》第一一三卷、游方传丛书第一（佛书刊行会1915年版）

“国本”：堀一郎译《国译一切经》史传部二十五（大东出版社藏版1937年版）

2. 本文在对各个版本的文字进行校订的基础上，对部分词汇进行注释，最后进行综合考察。

3. 校订的文字顺序以圆圈数字表示，注释的词汇顺序以括号数字表示。

4. 原文中没有的文字用〔〕加以补充。

渭南至永宁

圆仁一行离开长安（现陕西省西安市）之后，经昭应县（现陕西省西安市临潼区），沿途路过渭南、华阴、潼关、永宁等地。《巡礼行记》卷四载：

〔会昌五年五月〕廿二日，过潼①关(1)，是国城(2)之咽喉也。渭南县(3)、花阴县(4)、永宁县(5)皆有杨卿(6)书状，并通入讫。

1.校订

①潼：续续群书本作“隨”，观智院本、小野本、顾本、白本及广本作“潼”。由于现存圆珍的《越州都督府过所》中也记为“潼”，故此

处采用“潼”字。

2.注释

（1）潼关：唐代天下二十六关之一，位于今陕西省潼关县。《通典》卷一七三《州郡三》华州条载：“潼关，《左传》所谓桃林塞也。本名冲关，河自龙门南流，冲激华山东，故以为名。……隋大业七年，移于南北镇城间坑兽槛谷置，去旧关四里余。至大唐天授二年，移向北，近河为路。”据此可知，此地自古以来就是从中原地区进入关中的要地，东汉建安元年（196）设立关所，亦称冲关。隋大业七年（611），关所迁至坑兽槛谷（即禁沟口，今潼关县港口镇杨家庄城北村附近）。之后，天授二年（691）移至北边，隔黄河与山西省风陵渡相对，为今潼关所在地。小野胜年指出，通过关所之时需出示过所或者公验。圆珍《越州都督府过所》中载有“潼关五月十五日勘入”，即大中九年（851）五月十五日经过该关卡，圆仁的公验或许也与之相同。[1]

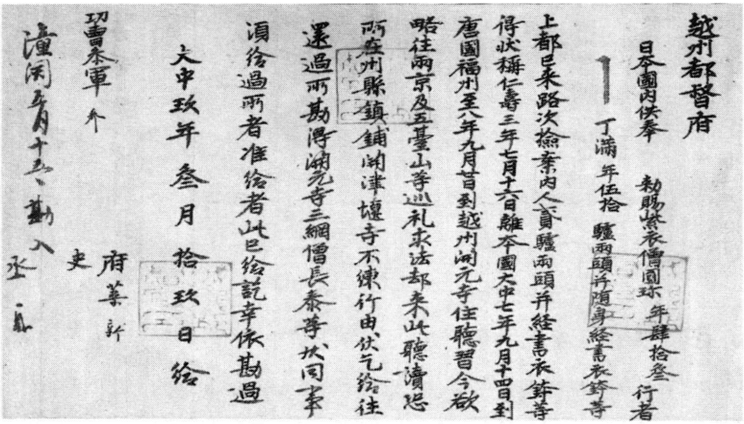
越州都督府
日本國內供奉 勅賜紫衣僧圓珍 年肆拾叁 行者
丁滿 年伍拾 驢兩頭并隨身經書衣鉢等
上都已來路次檢案內人貟驢兩頭并經書衣鉢等
得狀稱：仁壽三年七月十六日離本國，大中七年九月十四日到
唐國福州，至八年九月廿日到越州開元寺住聽習，今欲
略往兩京及五臺山等巡礼求法，却來此聽讀。恐
所在州縣鎮鋪關津堰寺不練行由，伏乞給往
還過所。勘得開元寺三綱僧長泰等狀同，事
須給過所者，准給者。此已給訖，幸依勘過。
大中玖年叁月拾玖日給
府
功曹參軍
史
潼關五月十五日勘入
丞

图5—9　圆珍的越州都督府通关许可证

1　［日］小野胜年：《入唐求法巡礼行記の研究》第4卷，法藏馆1989年版，163—164页。

（2）国城：指国都。唐代虽有长安、洛阳两都，但从文中“国城之咽喉”可知，此处应指长安。

（3）渭南县：现陕西省渭南市。据《元和郡县志》卷一《关内道一·京兆府上》渭南县条可知，甘露二年（360）前秦设置渭南县，不久即被废止，北魏孝昌三年（527）设置南新丰县，西魏废帝二年（533）复称渭南县。隋开皇三年（583）成为雍州的管辖区，唐朝时期隶属京兆府。

（4）花阴县：即华阴县，现陕西省华阴市。最初为春秋时期魏国的阴晋邑，秦朝时改为宁秦县，汉高祖八年（前199）改称华阴县。唐垂拱元年（685）改称为仙掌县，神龙元年（705）又称华阴县，上元二年（761）称太阴县，宝应元年（762）再度改回华阴县。潼关位于华州东部六十五里处，归其管辖。《元和郡县志》卷二《关内道二》华州条载：“潼关，在（华阴）县东北三十九里，古桃林塞也。”小野胜年指出，圆珍回程自长安出发至潼关大约需要一周的时间，即五月十五日至五月二十一日。[1]

（5）永宁县：位于现河南省洛阳市洛宁县东部。《元和郡县志》卷五《河南道一》河南府条载：“永宁县，畿，东至府二百里。汉渑池县之西境。……义宁二年置永宁县，属宜阳郡。贞观元年，改属河南府。”可知，其位于河南府西部两百里处，隋义宁二年（618）设置永宁县，归宜阳郡管辖。贞观元年，归河南府管辖。据《旧唐书》卷四十二《河南道》永宁县条载：“隋熊耳县所治，义宁二年，置永宁县，治永固城，属宜阳郡。武德元年，改属熊州。三年，移治同轨城，改属函州。八年，复属熊州。贞观元年，改属谷州。十四年，移于今所。十七年，移治鹿桥。显庆元年，谷州废，改隶洛州。”义宁二年置永宁县，以永

---

1 ［日］小野胜年：《入唐求法巡礼行記の研究》第4卷，法藏馆1989年版，第164页。

固城（现洛阳市洛宁县城关镇）县治。武德三年（620），县治移往同轨城。贞观十四年（640）移至今处（莎栅）。贞观十七年（643）移至鹿桥。因此，圆仁通过之时，永宁县县治之所应为鹿桥。

（6）杨卿：即杨敬之。《巡礼行记》卷四会昌五年五月十五日条载："大理卿、中散大夫、赐紫金鱼袋杨敬之。"《新唐书》卷一六〇《杨敬之传》载："敬之，字茂孝，元和初，擢进士第，平判入等，迁右卫胄曹参军。累迁屯田、户部二郎中。坐李宗闵党，贬连州刺史。文宗尚儒术，以宰相郑覃兼国子祭酒，俄以敬之代。未几，兼太常少卿。是日，二子戎、戴登科，时号杨家三喜。转大理卿，检校工部尚书，兼祭酒。卒。"由此可知，杨敬之因李宗闵党连坐，被贬连州（现广东省清远市）刺史。后经唐文宗提拔至国子祭酒兼太常少卿等职，其后升迁至大理卿、检校工部尚书之职。此外，小野胜年指出，《入唐新求圣教目录》所载"《维摩经疏》十卷，豫州刺史杨敬之"中的"杨敬之"为同一人，是一位佛学造诣极高的人物。[1]

东都洛阳

经过潼关、永宁之后，圆仁一行于六月一日到达东都。《巡礼行记》卷四载：

> 六月一日，到东都(1)崔太傅(2)宅，送杨卿书。太傅专使来，传语安存，施绢一匹。

1　[日]小野胜年：《入唐求法巡礼行記の研究》第4卷，法藏馆1989年版，第149—150页。

1. 校订

无

2. 注释

（1）东都：即洛阳，也称东京、神都，今河南省洛阳市。显庆二年（657）设置东都，武周时期称为神都，中宗神龙元年（705）称为东都，开元元年（713）改洛州为河南府，天宝元年（742）改称东都为东京，至德元年（756）再度改称东都。《旧唐书》卷四十二《河南道》河南府条载：“（东都）在西京之东八百五十里。”根据《巡礼行记》卷四可知，圆仁从长安到洛阳大概用了15天的时间，每天的行程约为五十七里。

（2）崔太傅：不详。太傅与太师、太保、太尉同级，属正一品。若为太子太傅的简称，则为从一品。小野胜年认为，太傅是大夫的误称，崔太傅应为崔璪。[1]但白化文认为，由于两次出现“太傅”，误写的可能性极小，因此推测崔太傅可能是以“分司东都”形式退隐的元老大臣。[2]

（3）杨卿：即杨敬之。参照前文注释。

郑州

六月九日圆仁一行到郑州，将杨敬之所写书信呈递州官。之后，与长安旧识郑州长史辛文昱会面，受到了热情款待。《巡礼行记》卷四载：

> 〔六月〕九日，到郑州(1)。刺史李舍人(2)处，有杨卿书。任判官(3)处，亦①有杨卿书。将书入州见刺史②及判官，并已安存③殷

---

1 ［日］小野胜年：《入唐求法巡礼行記の研究》第4卷，法藏馆1989年版，第167—168页。

2 白化文等校注，周一良审阅：《入唐求法巡礼行记校注》，花山文艺出版社2007年版，第467页。

勤。州长史④、殿中监察侍御史(4)、赐紫金鱼袋(5)辛文⑤昱⑥(6)在长安长供饭直(7)，情分甚殷勤。去年得⑦郑州长史赴任。今在州相见，悲喜交驰，存问至厚。便唤宅里断中(8)歇息。刺史施两匹绢。诸人皆云：此处是两京大路，乞客浩⑧汗，行人事不辨⑨。若不是大官，是寻常衣冠(9)酢⑩大⑪(10)来，极是殷勤者，即得一匹两匹。和上⑫得两匹，是刺史殷重深也。任判官施夹⑬缬一匹。辛长史见来，便交裁作祹⑭衫。斋后出州归到宿处。辛长史专使⑮来施绢一匹，袜⑯肚(11)一，汗衫、褐衫、书一⑰。中云：续到拜辞，请暂时待者。缘县家已差人，贪程(12)不及相待，便⑱发。行十五里，回头望西，见辛长史走马趁⑲来(13)，三对行官(14)遏道(15)走来。遂于土店里在⑳喫茶㉑，语话多时，相别云：此国佛法即无也，佛法东流，自古所言。愿和上努力，早达㉒本国，弘传佛法。弟子多幸，顶谒多时。今日已别，今生中应难得相见。和上成佛之时，愿不舍弟子。

1. 校订

表5—3

序号	①	②	③	④	⑤	⑥	⑦	⑧	⑨	⑩	⑪	⑫
观智院本	亦	曳	在	吏	久	显	淂	浩	弁	酢	太	上
续续群书本	仝	吏	在	吏	久	显	得	洁	辨	酢	太	上
小野本	彑	史	存	史	文	昱	淂	浩	辨	酢	太	上
佛全本	亦	史	存	吏	久	昱	得	浩	辨	酢	大	上
白本	亦	史	存	史	文	昱	得	浩	辨	酢	大	上
顾本	亦	史	存	史	文	昱	得	浩	辨	措	大	尚
广本	亦	史	存	史	文	昱	得	浩	辨	措	大	上
校正案	亦	史	存	史	文	昱	得	浩	弁	酢	大	上

续表

序号	⑬	⑭	⑮	⑯	⑰	⑱	⑲	⑳	㉑	㉒
观智院本	夹	褟	史(旁书:使)	秼	书一	使	趁	任	喫祭	达
续续群书本	纈	褟	使	秼	书一	便	趁	任	喫茶	建
小野本	夹	褐	使	袜	一书	便	趁	在	喫茶	达
佛全本	纈	褐	使	袜	书一	便	趁	任	喫茶	建
白本	夹	褟	使	抹	一书	便	趁	在	吃茶	达
顾本	夹	褐	使	袜	书一	便	趁	任	喫茶	建
广本	夹	褐	使	袜	书一	便	赶	任	吃茶	建
校正案	夹	褟	使	袜	书一	便	趁	在	喫茶	达

2.注释

（1）郑州：今河南省郑州市。《元和郡县志》卷九《河南道》郑州条载："隋开皇三年，改荥州为郑州。十六年，分置管州。大业二年，废郑州，改管州为郑州。隋末陷贼，武德四年五月擒建德、王世充，东都平，其月置郑州，理虎牢。其年又于今郑州理置管州，贞观元年废管州。七年，自虎牢移郑州于今理。"武德四年设州，治虎牢，虎牢应为虎牢关（今郑州市荥阳市汜水镇），也称汜水关、武牢关。《旧唐书》卷四十二《河南道》郑州条载："郑州至京师一千一百五里，至东都二百七十里。"如果日行五十里，那么从洛阳至郑州大约需要6天。然而，据《巡礼行记》卷四载，圆仁一行从洛阳至郑州用了8天时间。

（2）李舍人：舍人即中书舍人，正五品上。李舍人即李褒，著名诗人李商隐的叔父。小野胜年指出，李褒于会昌二年（842）从中书舍人调任绛州刺史，会昌三年转任郑州刺史，当时可能正担任郑州刺史一职。[1]郁贤皓经过多番考证，指出李褒在会昌四年至会昌六年应担任郑州刺史一职。[2]

---

1 ［日］小野胜年：《入唐求法巡礼行記の研究》第4卷，法藏馆1989年版，第171—172页。

2 郁贤皓：《唐刺史考全编》第1册，安徽大学出版社2000年版，第703页。

（3）任判官：不详。在州的属官中没有判官这种官职名称。判官是节度、团练、观察等诸使的属官。在乾元二年（759）至上元二年（761）这段时间内郑州曾设有郑陈节度使，但时期与上文不吻合。小野胜年指出，此处判官为俗称，指的是通判州务的诸曹录事参军事，从长史辛文昱担任监察御史一职来看，可以推断其为辅佐官。[1]从下文所引《唐六典》内容可知，判官并非俗称，也非通判州务的诸曹录事参军事，仅为监察御史辛文昱之佐官。

（4）殿中监察侍御史：据《唐六典》卷十三《御史台》载，御史台有台院、殿院、察院三院，殿中侍御史是殿院的官职，监察御史是察院的官职。由于"殿中监察侍御史"这一官职并未留下史料记载，因此很可能是圆仁的误写。关于监察御史一职，《唐六典》卷十三《御史台》监察御史条载："监察御史分察百僚，巡按郡县，纠视刑狱，肃整朝仪。〔朝廷有不肃敬，……十道巡按，则选判官二人以为之佐；如本道务繁，得量差官人历官清干者，号为支使。〕"从其身边有佐吏任判官这一点来看，此处的郑州长史辛文昱当身负"巡按郡县"之责。

（5）赐紫金鱼袋：赐紫即赐紫衣，服紫、着紫色服装的简称。金鱼袋就是用黄金装饰的鱼袋。关于朝服颜色制度，《唐会要》卷三十一裘冕条载："三品已上服紫，四品五品已上服绯，六品七品以绿，八品九品以青，妇人从夫之色。"由此可知，三品以上官吏着紫色朝服，五品以上官吏着红色朝服。中国唐代官制中有鱼符的制度，出入朝廷的官员皆佩戴记录有官职氏名的鱼形金属板。金属板有金、银、铜之分，三品以上佩金，五品以上佩银，六品以下佩铜。《唐会要》卷三十一鱼袋条载："景云二年四月二十四日勅文：鱼袋，着紫者，金装。着绯者，银装。"着紫色朝服者佩戴金鱼袋，着红色朝服者佩戴银鱼袋。

---

1 ［日］小野胜年：《入唐求法巡礼行記の研究》第4卷，法藏馆1989年版，172页。

(6) 辛文昱：其人不详。据《慈觉大师传》载："文昱，先在长安，至诚殷勤。及重相见，制衣服，赠素帛，以资费用。俱共携送，可十五里，揽手徘徊，掩泪离别。"由此可知，底本中的"显"或为"昱"的误写。

(7) 饭直：指与饮食经费相当的金银、货币等。"直"通"值"。值得注意的是，足立喜六、盐入良道根据日本汉文训读法将此处释读为"長く飯を供し，直にして情分甚だ慇懃なり"，认为"饭直"两字应该分开理解[1]，该说法还有待商榷。

(8) 断中："中"是日中（正午）的意思，此处应指正午的餐饭。佛家戒律中有过午不食的戒令。"断中"一词是指吃了中午的斋饭后不再吃饭之意。据《宋高僧传》卷二十五《唐越州诸暨保寿院神智传》载："年十二、一食断中，持大悲心咒，应法登戒，峻励恪勤。俄属会昌灭法，智形服虽殊，誓重为僧。"敦煌变文《大目乾连冥间求母变文》(《敦煌变文集》卷六) 中记载："贫道生年有父母，日夜持斋，常短午。"小野胜年指出，"短午"和"断中"可以互相替换。[2]

(9) 衣冠：穿衣戴冠之人，指代官吏。李白《登金陵凤凰台》载："吴宫花草埋幽径，晋代衣冠成古丘。"

(10) 酢大：也称为"措大""醋大"。贫儒，穷书生之义。唐代苏鹗《苏氏演义》卷上载："醋大者，或有抬肩拱臂，攒眉蹙目，以为姿态，如人食酸醋之貌，故谓之醋大。大者，广也，长也。"

(11) 袜肚：挺胸收腹之意。"抹肚"最早写作"袜肚"，后也称"袜腹""抹胸"。最初指女人用来遮盖胸部到腹部之间、并在背上用带

---

1 [日]圆仁著，足立喜六译注，盐入良道补注：《入唐求法巡礼行記》第2册，平凡社1985年版，第262页。

2 [日]小野胜年：《入唐求法巡礼行記の研究》第4卷，法藏馆1989年版，第215—216页。

子系起来的贴身衣物，后来变成男女皆用之物。[1]五代马缟《中华古今注》卷袜肚条载：“袜肚，盖文王所制也。谓之腰巾，但以缯为之。宫女以彩为之，名曰腰彩。至汉武帝以四带，名曰袜肚。至灵帝赐宫人蹙金丝合胜袜肚，亦名齐裆。”

（12）贪程：由于路远，为了早点到达目的地而很早出发之意。其他写本中皆写作“贪祥”。但是，董志翘指出“贪图吉兆”和“不及相待”无关，是“贪程”的误称。[2]刘禹锡《鱼复江中》载：“风樯好住贪程去，斜日青帘背酒家。”

（13）趁来：追上来之义。刘言史《葛巾歌》载：“谷鸟衔将却趁来，野风吹去还寻得。”

（14）行官：官职名，掌管四方派遣之事。行官指幕府（节度府）属官。《巡礼行记》卷二开成五年四月三日条载：“平明发，幕府判官差行官一人送过城门。”此外，《资治通鉴》卷二十三《代宗本纪》广德二年（764）二月条载：“节镇、州、府皆有牙官、行官，牙官给牙前驱使，行官使之行役，出四方。”

（15）遏道：“遏”或为“喝”的误写。封建时代官员出门时，前面引路的差役会喝令行人让路。

汴州

圆仁于六月十三日到达汴州，随后即将杨敬之、杨鲁士等人所撰写的书信呈给汴州高官，受到了热情款待。《巡礼行记》卷四对当时的情况作了如下记载：

1　董志翘：《〈入唐求法巡礼行记〉词汇研究》，中国社会科学出版社2000年版，第220—222页。

2　董志翘：《〈入唐求法巡礼行记〉词汇研究》，中国社会科学出版社2000年版，第292—294页。

〔六月〕十三日，到汴州[1]。节度副使裴郎中[2]处有杨①郎中[3]书状，竹兵马使[4]处有杨卿书，并通送讫。裴郎中存问殷勤。便差行官一人专勾当船②发送。兵马使不在州，不得相见。裴郎中雇船，直到陈③留县[5]西泊上。待县牒，未来。缘官私杂载船④，不及相待，前发去。汴河[6]路次，每县不免自雇船。汴州已来，傍河路次[7]人心急恶不善，能似所吃汴河水之急流浑浊也。京牒[8]不说程粮[9]，在路自持粮食。

1. 校订

表5—4

序号	①	②	③	④
观智院本	揭	般	谏	船
续续群书本	揭	般	谏	船
小野本	杨	船	陈	舩
佛全本	杨	般	陈	船
白本	杨	船	陈	船
顾本	杨	般	陈	船
广本	揭	般	陈	船
校正案	杨	船	陈	船

（二）注释

（1）汴州：今河南省开封市，是南北朝时期东魏所设梁州之前身，北周时改称汴州。隋朝建立后，汴州管辖一郡两县。大业二年（606）由于汴州被废止，其下辖县移交郑州管理。义宁元年（617）再次设置汴州。《元和郡县制》卷八《河南道》汴州条载："陈留，天下之冲，四通五达之郊。……汉陈留郡即今陈留县。东魏孝静帝于此置梁州。周宣帝改为汴州，以城临汴水故也。隋大业二年州废，以开封、浚仪属郑州。隋乱陷贼，武德四年平王世充复置汴州。"汉朝陈留郡即唐朝陈留县，东魏时期在陈留郡设梁州，后周宣帝时改称汴州。根据该地临近汴水可知，此地自古以来就是水陆交通要道。

（2）节度副使裴郎中：据《通典》卷三十二《州郡上》载："大唐本制，大总管乃前代专征之任，其寮佐亦多同之。自后改为节度大使，署副使、判官以为僚佐，如前代长史以下之任。然长史、司马及诸曹是曰官名。副大使、副使、判官乃为使职。有所改易；合随府主。置大使则有副使。"由此可知，节度副使是唐朝设置辅佐节度使的官职，作为藩镇的重要属官，在军事、政治方面发挥重要作用。另外，齐藤圆真从裴休对于佛教信仰的极大热情以及其与杨敬之的关系方面进行考察，推测裴郎中极有可能就是裴休。[1]《旧唐书》卷十八下《宣宗本纪》载："（大中九年）二月，中书侍郎兼礼部尚书、同平章事裴休检校吏部尚书，兼汴州刺史、御史大夫，充宣武军节度使、汴宋亳颍观察处置等使。"由此可知，大中九年二月（855），裴休被任命为汴州刺史、宣武军节度使。然而，裴休在会昌五年（845）六月是否仍担任宣武军节度副使这一职务尚不明确。

（3）杨郎中：即杨鲁士。《巡礼行记》卷四会昌五年五月十五日条载为"职方郎中、赐紫金鱼袋"。杨氏一族为唐代名门，《欧阳修全集》卷六十二《杨侃墓志铭》载："大和、开成之间，曰汝士者与虞卿、鲁士、汉公，又以名显于唐，居靖恭坊杨氏者，大以其族著。"杨鲁士的表妹嫁给了著名诗人白居易，杨鲁士之女正是白景受（白居易弟白行简之子）的妻子。

（4）竹兵马使：名不详。兵马使是自唐代长安二年起设置的藩镇使府中重要武职辅佐官。"竹"或为姓氏，但史料上未曾见过"竹"姓人

---

1 ［日］齐藤圆真：《唐の在家仏教徒との関わり—楊卿・楊郎中・裴郎中—》，《渡海天台僧の史的研究》，山喜房佛书林2010年版。

物，“竹”字恐为“州”字之误。

（5）陈留县：今河南省开封市陈留镇。战国时期隶属郑国，后被陈国夺取，改称陈留。隋开皇三年（583），划分浚仪县，设陈留县，隶属汴州。武德四年（621）陈留隶属杞州，因贞观元年（627）废杞州，便隶属汴州。

（6）汴河：河流名，今流淌于河南省境内。古河道有两条，其一为古汴河旧道，注入淮河；另一条为隋朝之后的汴河旧道。此处或为连接黄河、淮河的运河，即隋炀帝时开凿的通济渠。《元和郡县志》卷五《河南道》河阴县条载：“汴渠，位于县南二百五十步，又名莨荡渠。隋炀帝大业元年更令开导，名通济渠。自洛阳西苑引谷、洛水达于河，自板渚引河入汴口。又从大梁之东引汴水入于泗，达于淮。”由此可知，汴渠位于河阴县南二百五十步，也称莨荡渠。隋炀帝大业元年（605），疏通汴渠，更名通济渠。该渠从洛阳西部引谷、洛水至黄河后将水引入汴口，并与汴水合流，再从大梁东部引汴水注入泗水，最终流入淮河。皮日休《太湖诗》诗序载：“咸通九年，自京东游，复得宿太华，乐荆山，赏女几，度轩辕，穷嵩高，入京索，浮汴渠，至扬州。”据此可知，沿汴渠而行，便可到扬州。

（7）路次：沿途、路途之义。如《晋书》卷八《哀帝本纪》载：“戎旅路次，未得轻减赋役。”

（8）京牒：即京兆府发行的公验。

（9）程粮：途中的粮食。如《新唐书》卷四十六《百官志》主客郎中条载：“西南蕃使还者，给入海程粮。西北诸蕃，则给度碛程粮。”

以上是针对《巡礼行记》中记载的有关中原地区交通地理状况的译注。总结上文后，内容大致如下：

唐朝以长安为上都，以洛阳为东都。连接两都城的交通路线在政治、经济乃至军事上都发挥着举足轻重的作用。此路线大致分为两条，即长安至陕州（陕县）、陕州至洛阳的交通路线。第一条是从长安至陕州（陕县）的道路，即从长安（春明门）出发，经长乐驿—昭应县—渭南县—华阴县—潼关—陕州（陕县）的南路。第二条是长乐驿—东渭桥—栎阳县—同州—蒲津关—河东县—解县—陕州（陕县）的北路。据《天台宗延历寺座主圆珍传》（三善清行撰）可知，圆珍从长安出发走的归路是北路。从洛阳到长安时，会经过潼关，可知圆珍走的应该是南路。据《巡礼行记》记载，由于圆仁从长安回程走的是南路，路上有许多关卡，因此必要的通关许可证、公验也不少。

从陕州至洛阳的道路也可分为南北两路。一条是从陕州（陕县）出发的南路，即陕州（陕县）—硖石县—永宁县—三乡驿—洛阳。另一条为北路，即陕州（陕县）—硖石县—渑池县—新安驿—洛阳。据《巡礼行记》可知，圆仁一行是沿南路前往洛阳的。

虽然圆仁沿陕州至洛阳的南路路线已经明确，但是其从永宁到洛阳的具体行程尚不明确。河野保博通过对永宁县出土的《临泉驿碑》进行考察，探明了圆仁从永宁到洛阳的路线，并指出无论是元和五年还是乾符五年临泉驿的位置均未发生改变，南路路线当经过三乡驿、临泉驿。此外，他还根据入唐僧圆仁、圆珍的日记指出，若从陕州出发走南路到达洛阳，需要自陕州经硖石县、永宁县，渡洛河并沿河东进，经宜阳等地到达洛阳，复原了迄今不明的南路路线，并主张皇帝从长安至洛阳的行程及官道均以南路为主。[1]

据《巡礼行记》记载，圆仁一行于五月十六日从长安出发，六月一日到达洛阳，用了约15天时间。由于河南府（洛阳）距离西京八百五

1 ［日］河野保博：《長安と洛陽を結ぶ二つの道—〈臨泉駅〉銘石刻を中心に—》，［日］铃木靖民、荒井秀规编：《古代東アジアの道路と交通》，勉诚出版2011年版。

十里，故圆仁一行应日行五十七里。此外，郑州距离长安一千五百里，距离洛阳二百七十里。若日行五十七里，从洛阳到郑州需5天时间。但圆仁于会昌五年六月一日到达东都洛阳，六月九日到达郑州，即从洛阳到郑州大约用了8天时间，故可以推测圆仁中途可能去了其他地方。近年，在河南省登封市嵩山法王寺发现了刻有圆仁名字的《释迦舍利藏志》（也称“圆仁石刻”）的石碑。笔者据此推断出圆仁为了守护释迦舍利，中途到访嵩山法王寺，并指出圆仁从洛阳到郑州所走的路线不是北路（洛阳—偃师—巩义—虎牢关—荥阳—郑州），而是南路（洛阳—缑氏—参店—轘辕关—登封—密县—郑州）。[1]此外，赵振华指出，由于汜水虎牢关归孟州管辖，所以圆仁一行为了避开州府检查，避免惊扰官吏，才经由嵩山到郑州。[2]酒寄雅志认为，若圆仁从洛阳到郑州走的是南路，其步行距离约一百五十五里，则与从长安到洛阳的速度一致。这块石碑是填补《巡礼行记》中圆仁一行从洛阳到郑州的8天时间中圆仁活动空白的重要史料。[3]

圆仁在求法巡礼途中，得到了官私的供给。《天圣令校证》唐厩牧令复原第四十五条载：“诸官人乘传送马驴及官马出使者，……其在路，即于道次驿供。无驿之处，亦于道次州县供给。”由此可知，圆仁得到了来自官吏、驿站、州县良好的供给，当时普通的旅行者和官吏难以得到同样供给。

《巡礼行记》卷四会昌五年六月九日条载：“刺史施两匹绢。诸人皆云：此处是两京大路，乞客浩汗，行人事不辨。若不是大官，是寻常衣

1　葛继勇：《円仁石刻の発見及びその課題》，《日本思想文化研究》2010年第2号。

2　赵振华：《唐代武宗廃仏の物証と中日僧侶の護法活動》，［日］铃木靖民编：《円仁と石刻の史料学》，高志书院2011年版。

3　［日］酒寄雅志：《法王寺釈迦舎利蔵誌の史料性と解釈》，［日］铃木靖民编：《円仁と石刻の史料学》，高志书院2011年版。

冠酢大来，极是殷勤者，即得一匹两匹。和上得两匹，是刺史殷重深也。”由此可知，圆仁到达郑州时，刺史李褒赠予其两匹绢。这是收到杨卿（杨敬之）书信的刺史李褒的深情厚谊。也就是说，非官吏的普通旅行者，若有私人关系，依旧可以获得良好的供给。

此外，《巡礼行纪》卷二开成五年（840）四月二日条载：“萧判官宅吃粥。……暮际，幕府判官施给粮米二斗，驴料小豆二斗。黄昏，入幕府判官宅，谢施路粮，辞别判官。”可知，圆仁得到了非官吏而是私交之友的良好供给。

圆仁从汴州乘船前往山东沿海地区的途中，并未提到持有杨卿（杨敬之）、杨郎中（杨鲁士）所写的书信。《巡礼行记》卷四会昌五年六月十三日条载：“汴州已来，傍河路次人心急恶不善，能似所吃汴河水之急流浑浊也。京牒不说程粮，在路自持粮食。”据此可知，因圆仁所持公验上未写有发放粮食的字样，故未得到官方的供给。因此，杨敬之等人为圆仁撰写书信，使其获得沿途官员的私人帮助，得以补充粮食。若沿途无杨敬之友人的帮助，圆仁便需自行购买粮食。这并非所谓的“人心急恶不善”，而是在会昌年间大肆废佛之际，人们对僧人唯恐避之不及的情况下，若非有私人关系，不向外国僧侣提供施舍是再自然不过的事情了。

在会昌灭佛的影响下，圆仁被迫还俗归国，但由于在归途中得到了长安高官给沿途官员所写书信的庇护，享受了极大的便利。圆仁在中原地区沿途所到之处不仅受到热情招待，还获得了各种援助。在当时全国各地废佛形势严峻的情况下，这些高官为何对僧侣，尤其是外国僧侣圆仁怀有如此深情的厚谊呢？

据《巡礼行记》载，这些官吏大多是佛教的支持者和信奉者。杨敬之、杨鲁士、辛文昱等高官更是不遗余力地给予圆仁最大的援助。迄今为止，关于圆仁归国以及其在山东半岛的活动中曾得到在唐新罗人援助的研究成果颇丰，但关于其从唐人尤其是唐朝官吏处得到援助的研究略显薄弱。但是，正是因为有这些热心的唐朝官吏的援助，圆仁的在唐求法巡礼活动才得以顺利进行。

（本文原题《入唐僧円仁の中原交通ルート—渭南から開封まで—》，发表于《日本思想文化研究》2013年第2号）

第六章
圆仁在唐的交通住宿设施

一
唐代的交通住宿设施——以宗教设施的供给功能为中心

“交通”一词的概念比较宽泛，中村太一指出其广义上是指人们相互之间的关系，也可称作“交流”“交换”，狭义上指“人、物、信息的社会性移动现象”[1]。当然，这并非个别现象，广义上的交通的基础条件即为狭义上的交通，而狭义上的交通的诸条件正是基于广义上的交通而成立，两者相辅相成。石母田正所倡导的经济、政治、精神等方面的“多样的交流”[2]，应该通过具体的人、物、信息的移动来阐明。为此，必须弄清为人们往来提供支撑的交通之实况。然而，在旅途中为人们提供有力支持的交通设施却时常被忽视。为人们出行提供便利即为“供给”。旅途中的人们在各种各样的场所接受供给。比如本章所研究的僧侣，即使怀着崇高的信念，肩负着使命立志求法，但若行路途中没有补

1 ［日］中村太一：《古代計画道路研究の課題》，《日本古代国家と計画道路》，吉川弘文馆1996年版。

2 ［日］石母田正：《国家成立史における国際的契機》，《日本の古代国家》，岩波书店1971年版。

给，一切就都是空谈，在国外的移动更是难上加难。从中国出发远行至天竺的玄奘、法显、义净，还有从日本前来中国求法巡礼的圆仁、圆珍等人，历尽千辛万苦将新佛法带到中国或日本，探寻为他们艰辛旅途提供支撑的交通设施及其得以顺利通行的历史背景，不仅可以弄清楚这些交通现象，还可探明相关时期及某些地域的历史样貌。同样，探讨丝绸之路上的商人以及在社会底层贩卖生活必需品的行旅商人的移动也同样重要。

笔者长期致力于考察唐代交通的国家规制和供给方式，以及为交通提供支撑的住宿设施，以期探明为唐代经济、文化、宗教渐趋成熟、商业飞速发展提供前所未有契机的唐代交通之一斑。以下以佛教的宗教设施为中心，考察其对交通的贡献及其运营的相关背景，以还原当时交通供给的实际情况。

交通的管制和国家的交通供给

1. 关隘和过所

阻碍人们通行、物品移动、信息传递等的交通因素中，有山川峡谷等自然因素和关隘等人为因素。面对山川峡谷等难关，人们平山填谷修路，在河流上架桥，或乘船渡河来实现移动。与此相对，桥梁和渡口等交通要塞以及领地边界等所设的关隘，则是人为地阻断交通，限制人、物往来。通过关隘时所需的许可文书即为过所。北宋《天圣令》复原的《关市令》唐令第一条载："诸欲度关者，皆经本部本司请过所，具注姓名、年纪及马牛骡驴牝牡、毛色、齿岁，官司检勘，然后判给。还者，连来文申牒勘给。"[1]由此可知，通关的过所须向本部本司申请并在其中

1　孟彦弘：《唐关市令复原研究》，天一阁博物馆、中国社会科学院历史研究所天圣令整理课题组编：《天一阁藏明钞本天圣令校正（附唐令复原研究）》，中华书局2006年版。《天一阁藏明钞本天圣令校正（附唐令复原研究）》以下简称为《天圣令校正》。

注明姓名和通行的牛马，且在归来时同移动记录一同返还。《天圣令校正》唐关市令复原第八条载：“诸行人赍过所及乘驿、传马出入关者，官司勘过所，案记。其过所、符券、递牒并付行人自随。”下文提到的利用国家公用交通制度——驿传马的人，按规定也必须在关隘接受检查。通过关隘时必须有官方的许可，若私自越过关隘，则按《唐律疏议》卷八《卫禁律》第二十五条中针对私自过关者的处罚执行：

> 诸私度关者，徒一年。越度者，加一等，不由门为越。
>
> 疏议曰：水陆等关，两处各有门禁，行人来往皆有公文，谓驿使验符券，传送据递牒，军防丁夫有总历，自余各请过所而度。若无公文，私从关门过，合徒一年。越度者，谓关不由门、津不由济而度者，徒一年半。

另外，疏议中还列有通过关隘时必需的公文。可知，交通许可证的基础即为过所，利用驿制传递需有符券，利用传制需递牒，军防丁夫则需备有总历。法律条文中规定，过所即为过关时交验的通行许可证。但是，保存在日本园城寺的大中九年（855）圆珍过所中，有“所在州县镇铺关津堰寺”“恐所在守捉”[1]等相关记载。据此可以推测，关隘以外的检查点也要进行交通检查。[2]如此一来，唐代人员在移动之际要有过所，若无过所等公文，将被视为未得官方许可的非法移动。

1　园城寺：《園城寺文書》第1卷，讲谈社1998年版。同样，圆仁的过所也可见于《入唐求法巡礼行记》开成四年（839）九月十二日条、开成五年（840）三月十一日条等。

2　［日］馆野和己：《関津道路における交通検察》，《日本古代の交通と社会》，塙书房1998年版，第125—154页。

2. 移动的许可和供给的许可

唐代人员的往来必须有官方颁发的过所及其他公文，但是，过所仅是移动许可的证书，其中不含供给的内容。这也可从《巡礼行记》会昌五年（845）五月十四日条得到证实：

> 早朝，入京兆府请公验，恐无公凭在路难为钦。西国三藏等七人，亦同来府请公验。府司判与两道牒，仰路次差入递过。

这是遭遇会昌灭佛、受命归国的圆仁一行，在得到京兆府颁发的公验之后，被递送至沿海地区的记载。《巡礼行记》会昌五年六月十三日条载："到汴州……京牒不说程粮，在路自持粮食。"可知，在当时的移动过程中，京兆府发行的公验[1]中并未注明行程中供给粮食，必须提前准备。圆仁一行持有递牒，即可利用州县的交通设施，但没有供给粮食。不过，也有部分僧侣和商人、官员一样，不仅可以利用国家交通网，还可得到供给。尽管供给内容存在一定程度的差异，但他们都能得到供给。荒川正晴指出，即便是商人，若运送的是州府的军用财物或杂捐课税的"和雇送达"，便可利用国家供给进行移动。[2]

如此一来，除了过所等移动许可和接受交通供给等问题，另一个问题就是并非所有获得移动许可的人均可得到供给。唐代交通的往来人员中，有可以得到国家供给的人，也有无法得到国家供给的人。可以得到

---

1 关于唐代的公验和过所，有程喜霖的《唐代过所研究》（中华书局2000年版）等诸多先行研究。本文中采用中大辅指出的"公验为包含过所在内的交通许可证"这一观点。[日] 中大辅：《〈入唐求法巡礼行記〉にみる唐の通行許可証——〈公験〉の再検討》，《〈入唐求法巡礼行記〉に関する文献校定および基礎的研究》，2005年。

2 [日] 荒川正晴：《唐の対西域布帛轮送と客商の活动について》，《東洋學报》第72卷第3、4号，1992年。

国家供给的人最先得到的供给为“保障”，即安全到达下一个交通据点的“保障”。所谓递送，即为“沿途派人传递发送”。由此可知，通过派人途中依次递送，既可起到向导作用，又可起到监视作用。总之，国家供给的本义即保证将移动者从州县或驿馆等交通据点安全送至下一个据点。为了达成这一目标，根据移动者的地位和性质提供粮食、马、车、船等交通工具，并赋予他们利用设施的权利。上述由国家保障的交通制度即为下文考察的驿制和传送制。

3. 唐代的交通制度和供给据点

唐代交通制度分为利用驿马的驿制和以传送马为中心的传送制两种制度。然而，关于两者的关系却众说纷纭，迄今尚无定论。青山定雄认为唐代继承了秦汉以来的驿制和传制，传送制并入驿制之中，驿站中配备有驿马和传送马。[1]然而，王冀青则认为传送马不同于驿站中的驿马，一般置于州县的治所并由马坊管理，用于常行人员和物资输送。[2]另外，荒川正晴认为，驿制是以驿站为据点进行递送的交通网，而传制则是以县治为据点进行递送的交通网。从对敦煌出土的传马坊牒的分析和县官的职责来看，传制就是以县为据点进行递送的制度，根据递牒递送供给全县官马。与之相比，驿制则无法覆盖支撑公用交通的整个体系。[3]另一方面，黄正建推测律令中并无被称为传制的交通体系，传马驴等与官马驴性质相同。[4]

笔者在此并无论述唐代交通制度之意，但欲通过北宋《天圣令》中

---

1 ［日］青山定雄：《唐代の驛郵及び進奏院》，《唐宋時代の交通と地誌地図の研究》，吉川弘文馆1963年版。

2 王冀青：《唐前期西北地区用于交通的驿马、传马和长行马——敦煌、吐鲁番发现的馆驿文书考察之二》，《敦煌学辑刊》1986年第2期。

3 ［日］荒川正晴：《唐朝の交通システム》，《大阪大学大学院文学研究科紀要》第40号，2000年。

4 黄正建：《唐代的“传”与“递”》，《中国史研究》1994年第4期，第77—81页。

的复原唐令来考察驿马、传送马的供给据点。根据《天圣令校正》唐《厩牧令》复原第三十一条，驿站就是供给水、粮食、马匹等交通工具，并提供休息和住宿的设施：

诸道须置驿者，每三十里置一驿。若地势阻险及无水草处，随便安置。其边缘须依镇戍者，不限里数。

根据上文可知，每三十里设一驿站，并依据地域情况进行设置。利用驿马的驿使，以驿站为供给据点进行移动，而对于使用传送马的传送使的供给，《天圣令校正》唐《厩牧令》复原第四十一条载有“诸乘传日四驿，乘驿日六驿”，可知，传送马和驿马均以驿站为基准来计算一日的移动距离，由此可以推测两者均利用驿站。《天圣令校正》唐《厩牧令》复原第四十五条有：

诸官人乘传送马、驴及官马出使者，……其在路，即于道次驿供。无驿之处，亦于道次州县供给。其于驿供给者，年终州司总勘，以正租草填之。

另外，如上文所示，该令也规定利用传送马与驿马的使者均可得到供给。其中记载若无驿站便可在州县接受供给，驿站为唐代公用交通制度的主要据点，这一点也在该令中得到证实。总之，驿站基本上就是为驿制而设，驿制是国家在紧急情况下传递信息的方式，并非经常使用。因此，笔者认为，驿站平时作为国家常用交通制度——传送制的供给设施而使用。

这种驿站及州县的供给仅提供给获得国家供给的移动人员（驿使、调动的官吏、地方巡察使、从军士兵、流放罪犯、特权商人、外交使节等）。如《天圣令校正》《杂令》复原第四十六条载，即便是官员，若非因公移动也不能接受供给：

> 诸私行人，职事五品以上、散官二品以上、爵国公以上，欲投驿止宿者，听之。若边远及无村店之处，九品以上、勋官五以上及爵，遇屯驿止宿，亦听。并不得动辄受供给。

由上可知，即使是官员的移动，在没有驿传制使用许可的情况下，不同的官位也有相应的限制。另外，即使可提供住宿，也不供给饮食。如强制要求供给饮食，据《唐律疏议》卷二十六《杂律》不应入驿而入条，则依据准盗论处。那么，不能在驿站等地接受供给的人可在何处得到供给呢？下面，笔者想探讨一下那些无法获得国家供给的移动人员的供给情况。

交通和宗教设施的功能

1. 住宿设施与供给

利用驿传制这种官方交通制度移动的人，从数量上来说还是少数。像商人、僧侣、道士、巡礼者、文人墨客等主要往来者，无法得到上述驿站和州县等国家设施的供给。然而，对于行路的人们来说，水和粮食是必不可少的，并无公用、私用之别。圆仁虽然能得到国家的交通保障，但必须自备粮食。粮食可以在市场等地买到，但摄取水和粮食及休息的场所不定。即便可以自带粮食，若无法烹调，也难以食用。虽然在市场与住处可以就餐，但在边远地区就变得困难。在进行长距离移动时，睡眠更是必需的。人们风餐露宿，在天冷之时还得设法取暖。若要露宿野外，还要考虑危险。北宋黄休复《茅亭客话》卷八《虎化为僧》中有："武都人姓徐，失其名，以商贾为业。开宝初往巴逢兴贩，其路危狭，猿径鸟道，人烟杜绝，猛兽群行。”这句话生动地刻画了北宋开宝年间（968—976）一个在人迹罕至的道路上行进的商人形象。这种露宿野外的行为本身就等于将自己置身于随时都有可能被野生动物或山贼等侵袭的危险境地。因此，可以烹调自带粮食且能够安全就寝的住宿设施，便成为这些没有国家供给的行人的落脚点。

由于没有国家的交通供给，缺乏顺利安全到达目的地的“保障”，人们在途中必须靠自身寻求供给。那么，提供供给的住宿设施有哪些？我们在《巡礼行记》中可以一窥圆仁利用的住宿设施。由于圆仁是僧侣，故寺院与佛堂等住宿设施最为常见。除此之外，也寄宿在熟人家中、村人家宅、旅店等处。其中，寺院、道观和旅店都是唐代主要的住宿设施。[1]寺院、道观作为宗教事业提供供给，而旅店则是作为一种经济活动主体来提供供给，这些都是不依赖国家供给而使行旅成为可能的据点。限于篇幅，在此无法一一论述，下文笔者将以寺院为中心，考察这类宗教设施的供给情况。

2. 作为供给据点的宗教设施

（1）普通院

在唐代后期较为盛行的普通院，是一种特殊的宗教设施。普通院是沿着五台山巡礼之路设置的住宿及休憩设施。基本上每隔二十里至三十里，也就是将近半天的行程设置一处，以便行人休憩。《巡礼行记》开成五年（840）四月二十三日条载：

> 早朝，吃粥。向西北行廿五里，到黄山八会寺断中，吃茶饭。时人称之为上房普通院。长有饭粥，不论僧俗，来集便宿，有饭即

1 圆仁通过在佛堂和普通院等宗教设施以及旅店、村人家宅中住宿来继续巡礼之路。僧侣和商人等在村落住宿，不同于宗教型、经济型住宿，是另一种供给体系。

与，无饭不与，不妨僧俗赴宿，故曰普通院。

上文为圆仁赴五台山途中首次宿于普通院的记载。可知，无论僧俗均可得到普通院提供的供给与住宿。关于普通院，那波利贞认为，这是寺院应五台山巡礼者要求而设置的开放式简易住宿场所，或是为巡礼者而特设的简易住宿场所。[1]道端良秀则认为其是五台山巡礼者为便于达成目的而设立的免费住宿场所[2]。高濑奈津子指出，普通院的经营基础是巡礼者和信徒，为巡礼者和信徒设置的普通院不仅是支撑五台山信仰的重要存在，还是支撑中唐时期佛教政策的无名英雄[3]。除了僧侣和巡礼者，送来布施的供养主等频繁地赶赴五台山，也是五台山信仰兴盛的原因之一。不过，普通院的供给范围仅限于五台山周边地区[4]，其他地方则依靠普通院以外的设施。

（2）寺院、道观

据《巡礼行记》可知，圆仁曾在诸多寺院住宿，寺院通常都是开放的，僧尼云游在外时均可住宿。[5]《高僧法显传》中有“四方作僧房，供给客僧”，可知寺院为移动的僧侣提供供给。而对于僧侣以外的人，道端良秀指出唐代史料中大多将寺院视为住宿场所，其在交通方面起到一

---

1 ［日］那波利贞：《簡易宿泊処としての唐代寺院の対俗開放》，《龍谷史壇》第33号，1950年。

2 ［日］道端良秀：《宿坊としての唐代寺院》，《中国仏教史全集十一》，书苑1985年版。

3 ［日］高濑奈津子：《五台山普通院の成立と中唐の仏教教団》，《第二十七回國學院大學東アジア異文化間交流史研究会セミナー報告資料》，2006年。

4 据北宋赞宁《大宋僧史略》卷上（《大正新修大藏经》卷五四《事汇部下》二一二六）创造伽蓝条载：“六普通（今五台山有多所也）。”可知，普通院的供给范围仅限于五台山周边地区。

5 僧侣留宿的例子不胜枚举。可参照《入唐求法巡礼行记》开成三年（838）十月十四日条、开成四年（839）闰正月十九日条等。

定的作用。[1]要考察僧侣以外的人在寺院的住宿情况，可以先看一下文人墨客住宿的例子。白居易《游丰乐招提佛光三寺》中就有为拜访风景名胜而寄宿于寺院的诗句："山寺每游多寄宿，都城暂出即经旬。"

可知，大多数寺院都建在风光明媚的地方，很多文人为欣赏当地的风景名胜而将寺院作为住宿场所。其次就是举人的住宿：

元和三年三月敕制：举人试讫，有逼夜纳策，计不得归者，并于光宅寺下止宿，应巡检勾当官吏并随从人等。待举人纳策毕，并赴保寿寺止宿。仍各仰金吾卫使差人监引，送至宿所。

据上述《唐会要》卷七十六记载可知，元和三年（808）科举过后，无法归家者可宿于光宅寺，随从等则宿于保寿寺。光宅寺和保寿寺位于距离科举会场尚书省较近的地方。同样，让官员留宿于寺院的例子可见于《巡礼行记》开成五年（840）三月二日条：

登州都督府……，城下有蓬莱县开元寺，僧房稍多，尽安置官客，无闲房，有僧人来，无处安置。

上文记载登州开元寺各房被官吏占有，导致无房安置僧侣。由此可知，不只是僧侣，官吏等也将寺院的僧房作为住宿设施来使用。根据唐代宗《禁断公私借寺观居止诏》（《全唐文》卷四十六）中所载的"如闻州县公私，多借寺观居止，因兹亵渎，切宜禁断，务令清肃"等内容，可知官吏大多宿于寺院和道观。同样的例子在德宗时期也可见到，

1 ［日］道端良秀：《宿坊としての唐代寺院》，《中国仏教史全集十一》，书苑1985年版。

德宗《修葺寺观诏》（《全唐文》卷五十二）载："释道二教，福利群生，馆宇经行，必资严洁。自今州府寺观，不得宿客居住。屋宇破坏，各随事修葺。"可知，由于州府的寺院、道观让旅客留宿，以致屋宇破坏，特命今后禁止住宿，进行修缮。从这些史料可知，一般情况下，寺院、道观也是个人可以住宿的设施。《佛祖统纪》卷四十二收录宣宗大中二年（848）颁发的诏书，载有"宣州刺史裴休言：天下寺观多为官僚寄客蹂践，今后不得在寺居止，违者重罚。制可"的禁令。一般认为，住宿在寺院、道观是贯穿整个唐代的问题。此外，虽然与住宿功能没有直接关系，但作为展现俗人与寺院关系之一例，《巡礼行记》开成五年（840）二月二十七日条载：

> 到牟平县，城东去半里。有庐山寺。未时，入寺宿。只有三纲、典座、直岁五人，更无僧人。佛殿破坏，僧房皆安置俗人，变为俗家。

此处记载了寺院荒芜、僧房成为安置俗人的地方，并最终成为俗家住宅的例子。

我们没有看到圆仁在寺院住宿，缴纳住宿费用的记录。这是因为让僧侣和巡礼者住宿是寺院的慈善事业，在某种意义上可视为服务于社会的布施行为。然而，从上述史料中也不难看到，俗人并非长期免费住宿，寺院可能会向他们收取类似于租金的费用。这个时期的寺院有碾硙的经营[1]和金融事业[2]等经济活动。同样，通过住宿、租房来营利也不无可能。

总之，不难看出，为了传播佛教教义而开展的供给、住宿这一慈善

1 ［日］那波利贞：《中晚唐時代における敦煌地方—仏教寺院の碾磑経営につきて—》，《東アジア経済叢書四》，东亚经济研究所1942年版。

2 ［日］道端良秀：《中国仏教寺院の金融事業》，《大谷學報》第49号，1934年。

事业，直接导致了寺院的荒废，最终变成了以营利为目的的住宿设施，进而导致了僧房变成俗家住宅。因此，为防止僧道与俗世关系过深而丧失其本义，国家屡次颁发前述禁制。另外，寺观遭到破坏，除上述原因，还有以下原因。《唐大诏令集》卷一一三《禁天下寺观停客制》载："如闻天下寺观，多被军士及官吏诸客居止，狎而黩之。"其中言及宿于寺观的人员中，军士和官吏较多。三岛一曾对寺院经济与贵族门阀之间的关系作过分析探讨，他认为有权势者是通过寺僧来扩张自家势力。另外，有权势者还通过建立私人寺院，管理家产，免除经济负担。[1]田中史生明确指出，7世纪时日本的寺院逐渐增加、扩大，贵族门阀介入到寺院经营中，试图对寺院进行"家产"管理。他还推测这种通过寺院进行的"家产"管理，是伴随着朝鲜半岛佛教的传来而出现。[2]田中史生所提及的寺院"家产"管理，在唐朝的寺院中也有出现。因此笔者推测，中央政府为防止寺院与军士、官吏接触，才会频频颁布禁制。

如上所述，为僧尼开设并提供住宿的交通据点——寺院，之所以对信徒和一般民众开放，是由于其是佛教社会慈善事业的一环。此后作为寺院经济之一，发展成为住宿产业。正是由于其为营利而允许非信徒住宿，国家才会频繁地颁布禁制。然而，作为慈善事业让这些往来的行人免费住宿，需要有相应的资财保障。《巡礼行记》开成五年（840）六月二十一日条载：

> 爰有汾州头陀僧，五台十二寺及诸普通兰若十年供养主，名义圆，因送今年供来。

1 ［日］三岛一：《敦煌文書より見た唐代寺院財政史の一知見》《二松学舎大学東洋学研究所集刊》第1号，1971年。

2 ［日］田中史生：《七世紀の寺と〈家〉—〈家産〉管理の側面からの考察—》，《国史學》第169号，1999年。

可知，利用这些设施的巡礼者的捐款仅是普通院其中一项资金来源，而其运营主要靠信徒布施，因此这些供养主和送供人就显得极为重要了。文中的僧人义圆即汇集信徒的布施，并将之用于寺院运营之人，其中包括五台山中诸寺院和普通院在内。诸寺均为慈善事业和社会活动而寻求布施，从而开展经济活动。可以想象，其结果就是出现官员和军士占据僧房、俗人毁坏佛殿这种情况。

（3）兰若

由前文可知，作为住宿设施，寺院和道观为巡礼者提供供给，进而发展住宿产业，以至于政府多次颁发禁制。但是，负责供给的宗教设施对于国家也很重要，这一点在《唐会要》卷四十八《议释教下》中可得到证实：

> 大中六年十二月，祠部奏：……自后应诸州准元敕置寺外，如有胜地名山，灵踪古迹，实可留情。为众所知者，即任量事修建，却仍旧名。其诸县有户口繁盛，商旅辐辏。愿依香火，以济津梁，亦任量事。各置院一所，于州下抽三五人住持。其有山谷险难，道途危苦，羸车重负，须暂憩留，亦任因依旧基，却置兰若，并须是有力人自发心营造。

武宗薨后，会昌灭佛就此终结。宣帝即位，下令复兴佛教，重建大量寺院。上文记述了大中六年（852）修复各地寺院，并将寺院置于交通要道，为商旅带来方便。后半部分则记载了再建兰若，为在旅途中跋涉的客商、货郎提供休息及住宿场所的情况。

兰若就是梵语中的Aranya，为远离世俗的寂静场所之意。兰若作为商旅之人的供给设施，具有十分重要的地位，尤其对于像货郎那样走街串巷的行商来说，是极其重要的休憩场所。

《唐会要》卷四十七《议释教上》记载：

> 会昌五年八月制……其天下所拆寺四千六百余所，还俗僧尼二十六万余人，收充两税户，拆招提、兰若四万余所，收膏腴上田数千万顷，收奴婢为两税户十五万人。

上文记录了因会昌灭佛而遭到破坏的寺院、兰若和被迫还俗的僧侣等情况。其中，寺院四千六百余所，兰若有四万所以上。这些其实只是被毁坏的数量，除此之外应该还有许多位于深山和偏僻地方的兰若存在。这些兰若多为以货郎为代表的商旅移动之际所利用。商旅赶赴穷乡僻壤之时，建在上述场所的兰若便会发挥其供给设施的功能。

日野开三郎曾研究过这些兰若和货郎之间的关系，指出为货郎的移动提供支持的设施为旅店，但是在那些交通不便的偏远山区，兰若就会取代旅店、发挥其作为供给设施的功能。另外，他还认为走街串巷贩卖商品的货郎活跃了当地的经济活动，带来了货币经济，进而引来了商旅客人，人流量也随之增加，旅店便应运而生。[1]据《巡礼行记》开成五年六月二十一日条，建在山中偏僻场所的供给设施即为上述普通院，也称“普通兰若”，具有招提、兰若同样的功能和性质，也可把它看作客僧、巡礼者、商人等的交通支撑之一。

（4）古代日本及欧洲的住宿设施

以佛教设施为例，宗教设施具有为来往行人提供住宿的供给功能。那么，在其他地区又是如何的呢？接下来，笔者想要探讨一下日本及欧洲的情况。

---

1 ［日］日野开三郎：《商品・貨幣経済の僻村浸潤と孤店・寒店・草店》，《続唐代邸店の研究》，九州大学东洋史研究室1968年版。

关于古代日本的住宿设施，坂本太郎指出，官员以外的脚夫等“食宿非常困难”[1]；青木和夫也认为，“除食料、寝具之外，他们还要准备炊具，在路旁人家的屋檐下或山野中露宿”[2]。但是，从近年来的研究中可知，佛教设施就是交通据点。宫泷交二指出，僧侣移动的前提就是寺、堂等住宿设施具备供给条件。[3]松原弘宣也提到，古代民众将民家和以佛堂为主的村落内寺院等作为住宿设施。[4]关于把寺院作为住宿场所这一点，《日本灵异记》下卷载：

> 纪伊国名草郡贵志里，有一道场，号曰贵志寺。其村人等造私之寺，故以为字也。白壁天皇代，有一优婆塞，而住其寺。于时寺内，音而呻音，痛哉痛哉，其音如老大人之呻，优婆塞初夜思疑行路之人得病参宿。

文中提到，道场里的优婆塞以为寺内的呻吟声是生病的旅人发出的，可以推测寺院内必有旅人住宿。《日本灵异记》还记载有其他类似的故事，如在私堂中越山之人突然生病住宿的故事。这些都是发生在村民等建造的私寺等小规模场所。圆仁也在村落内的佛殿里住宿，这些都是提供免费住宿的设施。

以上，我们确认了日本和唐代村落内小规模的寺、堂是可以住宿的这一情况，下面我们不妨看一下欧洲的情况。

---

1 ［日］坂本太郎：《古代日本の交通》，《坂本太郎著作集八》，弘文堂1989年版。

2 ［日］青木和夫：《古代交通》，《日本律令国家論考》，岩波书店1992年版。

3 ［日］宫泷交二：《日本古代の民衆と〈村堂〉》，［日］野田岭志编：《村中の古代史》，岩田书院2000年版。

4 ［日］松原弘宣：《古代の宿泊施設について》，《愛媛大学法文学部論集 人文学科篇》第17号，2004年。

汉斯·康拉德·佩耶尔对以中世纪欧洲迎来异邦人、提供饮食和住宿并予以庇护的“异人接待”有深入研究。[1]下文将以佩耶尔的研究为依据，探讨基督教的供给情况。

古希腊圣地中提供免费食宿的设施被称为Xenon，公元前后则有附属或邻接于犹太教堂的供给设施。进入4世纪以后，出现为旅行的基督教徒而建的被称为Xenodochien的设施。这是由司教和修道院修建，由圣职人员运营的设施，7世纪时扩展到意大利和高卢。Xenodochien迅速扩展的原因有二：一是在保护穷人、孤儿、病人，体现博爱的同时，作为斋坊供巡礼者和旅人使用；二是对象征不道德和榨取利益的小酒馆进行反击。圣职人员被禁止靠近小酒馆，即使在旅途中不得不到小酒馆买一些必需品，也要通过使者把物品送到其家中。另外，直到中世纪后期，贵族和商人也都忌讳去小酒馆。从古希腊时代开始，小酒馆作为卖淫场所和盗贼的巢穴一直为人们所歧视。[2]正是由于这个原因，Xenodochien为所有阶层的旅人提供住宿。

到了加洛林王朝时代，又修缮和再建了许多Xenodochien，明确将修道院的生活和待客工作加以区别，并要求不再为客人准备特别的饮食。而且，也出现向尊贵客人收取与穷人住宿支出等额的住宿费的现象。不难看出，Xenodochien作为体现博爱精神的设施，其原始作用已逐步丧失。这与唐代中期开始的寺院住宿业相同，为了维持无偿的供给而接受尊贵客人的付款。

11世纪后半期，具有支付能力的商人和旅人从提供免费住宿的教会

---

1 Hans Conrad Peyer: *Von der Gastfreundschaft zum Gasthaus, Studien zur Gastlichkeit im Mittelater, Monumenta Germaniae Historica*, Schriften, Bd. 31, 1987.

2 根据臼田昭氏研究，小酒馆不只是供酒的场所，也是村落里就餐、住宿的场所，还是人和物品聚集、信息交换的场所。

等处转移到要求付费的住宿业——旅馆。中世纪后期，贫困的巡礼者到教会住宿，而具有支付能力的旅行者则到旅馆住宿。此外，出于政治上的考虑，教会也会接待一些尊贵客人，提供慈善帮助，且从事慈善服务的多为施疗院和孤儿院。

（5）五台山巡礼和住宿设施

无论是东方还是西方，宗教设施既是作为社会慈善事业而提供无偿住宿的场所，也是进行有偿接待的场所。本来只是间接地接受布施充作维持费用的场所，却变成直接向尊贵客人收取维持费用，其结果就是后者成为获取维持费用的主要手段。但是，不管怎样，救济穷人这一点从未发生改变。因为这是教会、寺院等宗教设施的义务，是无法被取代的。

那么，对于巡礼者来说又当如何呢？如上所述，在中世纪欧洲，大部分巡礼者都为旅馆所接收，只有极少数贫穷巡礼者才接受教会的供给。与此相对，在中国为巡礼者所建的供给设施普通院，在中唐时期达到鼎盛，之后改变形式，通过寺院继续供给。日比野丈夫认为，由于《五台山图》和《参五台山日记》中并未出现“普通院”一词，会昌灭佛以后，经五代之乱，普通院消失，旅馆取而代之成为住宿场所。[1]小野胜年也提出了同样的观点。[2]但是，五代时期的《参五台山日记》[3]中有记录“普通，楞严禅院，胜愿尼寺”“团伯谷口普通禅院宿”[4]等的条目，这些均是以巡礼五台山的人为对象的供给设施。北宋的《大宋僧史

---

1 ［日］日比野丈夫：《敦煌の五台山図について》，《仏教芸術》第34号，1948年。

2 ［日］小野胜年：《入唐求法巡礼行記の研究》第2卷，铃木学术财团1966年版。

3 ［日］日比野丈夫：《敦煌の五台山巡礼記》，《小野勝年博士頌寿記念東方学論文集》，朋友书店1982年版。

4 上海古籍出版社、法国国家图书馆编：《法藏敦煌西域文献33》，上海古籍出版社2005年版。

略》中也有普通院的相关记录，由此可知，直到五代、宋代，普通院仍然发挥其作为供给设施的功能。从五代末到宋初所描绘的敦煌莫高窟第六十一窟的《五台山图》的数项条目中，“送供使”“送供道人”等用语也可佐证普遍院的存在。[1]这些就是将信徒的捐款送至诸寺院的人，他们不仅是运送物资，还发挥了引导巡礼者的作用。他们的活动支撑着唐代普通院的经营。考虑到这些人对五台山的佛教教团的重要性，我们推测，在绘制《五台山图》的时代，也有与普通院相同功能的供给设施存在。

此外，成寻所著《参天台五台山记》中没有途经普通院之类设施的记录，那是因为成寻得到了国家的供给，将宋代公共交通的供给设施马铺作为移动据点，并无去利用私人交通的供给设施普通院的必要。

3.宿屋的成立

最后，笔者想简单讨论一下另一供给设施——唐代旅馆。旅馆以营利为目的，为旅者提供途中就餐和休息的场所。唐代后期开始出现的“旅店”——相当于旅馆，承担着非官方的供给。

《唐律疏议》卷四《名例律》第三十四条载：“邸店者，居物之处为邸，沽卖之所为店。”邸为仓库，店为商店，然而，两者实际上并无明确区别。据加藤繁研究，邸店是指那种有复合性质的商用屋舍。[2]日野开三郎指出，旅店指小规模的场所，位于乡村草市之中。[3]我们可以认为，《巡礼行记》中之所以不见邸只有店，是因为圆仁在大城市时留宿于寺院，在没有佛教设施的情况下则留宿于村落里的旅店或农家。关于具体的旅店

1 ［日］大沼淳、樊锦诗监修，［日］冈田建、刘永增编：《敦煌石窟—莫高窟第六十一窟—》，文化学园、文化出版局2002年版。

2 ［日］加藤繁：《唐宋時代の倉庫》，《中国経済史考証》上，东洋文库1952年版。

3 ［日］日野开三郎：《肆舗と邸店》，《日野開三郎東洋史学論集》第17卷，三一书房1992年版。

状况，《太平广记》卷二八六《幻术部三》中有如下的记载：

> 唐汴州西有板桥店。……有舍数间，以鬻餐为业。……元和中，许州客赵季和将诣东都，过是宿焉。客有先至者六七人，皆据便榻。季和后至，最得深处一榻。

可知，汴州的板桥店不仅提供餐饮，还有数间可住宿房间。其中每个房间可以收容六七人，并配备有称为“榻”的床铺。旅店是唐代开始出现的特殊设施，后逐步发展形成村落，迄今仍作为地名保留。[1]旅店村落原本就是由叫作草市的城外商业地区发展而来。唐代的市基本上就是位于城内一角的商业区，草市则是指位于城外乡村的商业区。所谓旅店就是指兼有住宿业、饮食业与仓库业的设施，是由市和交易发展起来的。一般认为，旅店是通过保障客商的供给及保管物资而发展起来的，旅店村落则是在由以物为媒介的交通要道上诞生的旅店设施聚集在一起后形成的。

上述复原《杂令》四十六条中记载，私行官员只有在周边没有村落和旅店的情况下才被允许在驿站内住宿。由此可知，除公用交通，作为官员和商人、僧侣及巡礼者的供给据点——旅店，与宗教设施同时作为私人交通的供给设施，支撑着一部分唐代交通。然而，旅店之所以在唐代后期开始发挥住宿功能，是因为之前宗教设施在发挥主要交通据点的作用。可以说，伴随宗教设施所支持的交通量的增加，旅店这一供给设施才得以形成、发展。

我们不妨通过比较《巡礼行记》和《五台山图》来看一下五台山周边住宿设施的变迁。圆仁一行路过山东、河北，从镇州进入深山，依赖

---

1 ［日］日野开三郎：《草市の発展と店（二）》，《日野開三郎東洋史学論集》第17卷，三一书房1992年版。

供给设施普通院完成了五台山巡礼。这里的普通院是支撑五台山信仰的重要设施，尽管这些设施不仅在唐代，直到五代、宋代依旧存在，但《五台山图》中却看不到相关信息，反而是在从镇州出发的巡礼路上不断增加带有旅店的地名，这与《巡礼行记》的记述有所不同。附有旅店的地名中有“新荣店”“龙泉店”“灵口之店”等。另外，在从太原出发的巡礼路上可以看到“太原白视（杨）店”“太原新店”“太原三桥店”等。分析其与《巡礼行记》的对应关系，便可看出龙泉店与“龙泉普通院”、太原白杨店与“白杨普通院”、太原三桥店与“三交驿”的关联性。另外，“白杨普通院”在《五台山巡礼日记》中被当作白杨树店，在《参天台五台山记》中则载为“白杨木马铺”；“大于普通院”在《五台山巡礼日记》中记录为“大于店”，同样是由普通院转化为旅店名称。伴随着经济的发展、交通量的不断增加，普通院演变成带有地名的旅店，成为为僧侣、巡礼者、商旅等出行提供支持的兰若，并逐渐形成了旅店村落。

从《五台山图》的这些旅店，我们可以看到其作为住宿设施的功能。太原三桥店和灵口店处均画有马槽，这从侧面反映了旅店不单为人提供供给，还为马匹提供供给。在龙泉店和灵口店处，画有正在转动的磨和石碾。日比野丈夫指出，食料加工正是宿驿的标志。[1]《五台山图》中画有众多的行人、马匹等，车水马龙的交通情况由此可见一斑。

总之，可以说不单是僧侣和巡礼者，商旅之人也多来往于五台山周边地区，提供住宿和饮食的旅店应运而生，并逐步发展成村落。虽然这些设施在会昌灭佛之后遭到毁坏，且由于五代的混乱，唐代中期的繁华已不复存在，但是仍有许多僧侣和巡礼者以五台山为目标。同时，货郎和客商的到来，为僧侣和巡礼者以及五台山的人们送来各种商品，带动

1 ［日］日比野丈夫：《敦煌の五台山図について》，《仏教芸術》第34号，1948年。

了五台山周边经济的发展，随着交通量的增加，逐渐形成旅店村落。尤其是太原周边地区正好处于从平城到长安、洛阳之间的中心位置，亦是连接南北交通干线的地区，对于在北方的汉人来说是极其重要的交通路线。[1]从平城通往漠北的绢马交易主要干线对周边地区的经济发展起到了促进作用。因此，笔者认为，伴随着带有商业性质的村落进一步发展，住宿业迎来了新的繁荣。

本章以宗教设施的供给功能为中心，探讨了唐代交通的供给情况。唐代人员的移动均需得到相关许可，并且有能否得到国家供给之别。获得国家供给的行人能得到顺利到达目的地的保障，并能在出行期间获得各种各样的供给；相反，无法获得国家供给的行人只有借助佛堂、普通院等宗教设施及旅店等，才能够顺利通行。本章以五台山周边为例，以普通院为例，在研究经营住宿业的旅店村落形成的过程中，明确了宗教设施支撑交通的功能。

在唐代交通中承担一部分供给功能的宗教设施，尤其是佛教设施，作为那些无法得到国家供给的人们的供给设施，在宋代以后依然存在。石川重雄认为，在宋元时代，最具特征的是：寺院和兼作住宿场所的接待施水庵等不断出现和发展。虽然规模和建设背景各不相同，但是这些设施无论僧俗皆可住宿，并开展桥梁管理和医疗等社会服务事业。另外，这些既是实践福田思想的设施，也是支撑巡礼、游历的设施，同时在经济发达的江南地区承担着对一般商旅的供给。[2]石川重雄认为，在寺院统制较为严格的宋代，接待施水庵的存在，对国家和社会顾及不到的

---

1 ［日］前田正名：《平城をめぐる交通路》，《平城の歴史地理学的研究》，风间书房1979年版。

2 ［日］石川重雄：《宋元時代における接待・施水庵の展开—僧侶遊行と民衆教化活動—》，宋代史研究会编：《宋代の知識人—思想・制度・地域社会—》，汲古书院1993年版。

部分进行灵活补充，为国家和社会所认可。[1]

高濑奈津子指出，唐朝利用佛教思想来统治国家，与佛教团体之间是共同参与制度管理的合作关系。唐代的佛教团体通过开展国家无法进行的社会事业来宣传佛教思想，国家也允许其将佛教团体专用的设施用于完善社会交通等基础设施。[2]会昌灭佛结束之后，之所以下令再建寺院、兰若，是因为其作为以商人为代表的交通通行者的供给设施，是必不可少的。佛教越是被禁止，对社会的影响力就越大。即便如此，唐朝也希望个人交通能够顺利进行。因为个人交通若受到阻碍，便会导致物流停滞，有引起社会动荡的危险。正因如此，即便是国家不予干涉的人口移动，其供给设施也深受国家的重视。笔者认为，即使在唐代，佛教设施也发挥着对国家与世俗社会十分重要的补充的功能。

（本文原题《唐代交通の宿泊施設—宗教施設の供給機能を中心として》，《國學院大學大學院研究紀要（文学研究科）》2010年第41辑）

二
对唐代“馆”的再探讨

在唐代，周边国家的遣唐使、留学生（僧）前往长安、洛阳朝圣，把唐文化传播到各自的国家。他们只有接受物资供给，才能顺利行进在

1 ［日］石川重雄：《巡礼者の道と宿—伝統中国の巡礼—》，《sinica》第419号，1993年。

2 ［日］高濑奈津子：《唐代悲田養病坊の変遷とその成立背景》，《仏教史学研究》第45卷第1号，2002年。

唐代交通路上。唐代的交通制度称为“驿站递送制”，为官用交通提供支持的设施称为“驿馆”。唐代后期入唐的圆仁一行，在行程中多次留宿在称为“驿馆”的地方。驿馆作为官用交通的供给设施广为人知。圆仁在《入唐求法巡礼行记》中也有记载，称“馆”是为官客提供物资供给的地方，实际上“馆”也服务于公务出行。

然而，在唐代交通的研究中，关于驿站制度的研究较为盛行，驿站相关的考证也在不断推进，但关于“馆”的研究，目前只停留在用西域文书进行佐证的阶段，其在制度上的定位一直没有定论。本文根据《巡礼行记》来确定唐代交通路上“馆”的存在的同时，也参考西域文书及其他史料的记载，尝试对支持唐代交通的“馆”的功能进行深入探讨。

关于唐代的驿站

唐代的驿站递送制由驿站制和递送制组成，尽管学者们的观点多少有些出入，但一般认为，驿站制是在紧急情况下的信息传递制度，递送制则是一般情况下的人员、物资、信息的传递制度。关于它们各自的供给设施，众说纷纭，针对这点笔者在其他文章中已有论述，本文仅探讨驿站和馆相关的基本情况。

关于驿站的设置方式，概述如下：

史料一：《天圣令校证》唐《厩牧令》复原第三十一条载：

> 诸道须置驿者，每三十里置一驿。若地势阻险及无水草处，随置便安。其缘边须依镇戍者，不限里数。

由上可知，驿站是每三十里设置一处，但也有“地势阻险及无水草处，随便安置”这种因地制宜的设置方式。因此，在交通往来频繁或要塞之地，数十里设置一处，而在西北沙洲地区，不限里数设置。

史料二：《天圣令校证》唐《厩牧令》复原第三十二条载：

诸驿各置长一人，并量闲要置马。其都亭驿置马七十五匹，自外第一等马六十匹，第二等马四十五匹，第三等马三十匹，第四等马十八匹，第五等马十二匹，第六等马八匹，并官给。使稀之处，所司仍量置马，不必须足。（其乘具，各准所置马数备半。）定数下知。其有山坡峻险之处，不堪乘大马者，听兼置蜀马。（其江东江西并江南有暑湿不宜大马及岭南无大马处，亦准此。）若有死阙，当驿立替，二季备讫。丁庸及粟草，依所司置大马数常给。其马死阙，限外不备者，计死日以后，除粟草及丁庸。（括号内为双行注释）

由上可知，当时是按照驿站的规模来配置马匹，提供补给。都亭驿位于连接长安和洛阳的交通道路上，是规模巨大的驿站。一般认为驿站的规模分为一等至六等，根据其重要性或交通量来确定。

史料三：《天圣令校证》唐《厩牧令》复原第三十六条载：

诸州有要路之处，应置驿及传送马驴，皆取官马驴五岁以上、十岁以下，筋骨强壮者充。

由此可推测，并非诸州的所有交通道路之上都设有驿站。在诸州的要道配置驿马、递送马匹时，必须挑选五岁以上、十岁以下强壮的官马。

关于“馆”的情况，目前找到的唯一一处记载见于杜佑《通典》中。

史料四：《通典》卷三十三《职官十五·州郡下》载：

三十里置一驿〈其非通途大路则曰馆〉，驿各有将，以州里富

强之家主之，以待行李。〈自至德之后，民贫不堪命，遂以官司掌焉。凡天下水陆驿一千五百八十七〉

可知，在交通道路上设置的供给设施，除驿站外，还有称为“馆”的设施。《通典》在记述驿站的设置之后，引用杜佑的注，将设置在大路以外的设施称为馆。此处的“大路”究竟指代何物尚不明确，但可以推测为设置驿站的驿路。驿路之外，设置“馆”。以下笔者将结合史料对“馆”进行探讨。

“北馆文书”中出现的“馆”

“北馆文书”作为与馆有关的重要资料，极其重要。“北馆文书”即吐鲁番出土的一批唐高宗仪凤年间西州都督府管辖下的北馆厨在市场上购买柴、酱等物的酬值案卷，这些文书残片最终都流散到了日本。大庭修[1]和内藤乾吉[2]梳理了文书的基本内容。

史料五：《西域都督府北馆牒》（抄出）载：

……

北馆厨

莿柴柒车参拾陆分……

醤壹㮏伍胜贰合……

牒。在厨于诸坊市得柴等，供客讫。其

主具如脚注。请酬直。谨牒。

1 ［日］大庭修：《吐魯番出土北館文書—中国駅伝制度史上の一資料—》，西域文化研究会：《西域文化研究二》，法藏馆1959年版。

2 ［日］内藤乾吉：《西域発見唐代官文書の研究》，《中国法制史考証》，有斐阁1963年版。

仪凤二年十月十八日典周建智牒

此为“北馆文书”的一部分，记载的是北馆庖厨使用的柴、酱数量以及申请拨付的货款。[1]

孙晓林从交通角度分析了这些史料，推断北馆位于西州治所高昌县，因其位于县城北部而得名，并推测北馆虽作为驿站递送制的一部分，但馆内并未配备马匹和驴，仅负责往来官客使节的食宿以及为其照看牲畜的任务。[2]此外，对递送制进行深入研究的李锦绣认为，递送制由马坊和车坊构成，而馆则是停泊留宿的设施。[3]

据从财政、运营方面分析的大津透推断，馆的经营是以“贴本钱”的出举和馆田等为财源，同时征集当地人作为劳动力。[4]唐代地方行政最底层的职务为“职掌人”“色役”，担任该职务的人在当地颇具实力，而且其官职根据户籍等级也有所不同。吐鲁番文书的差科簿中记载有中中户的人可以充当州府史或常平仓史，而中下户的人可以充当医学校助教的例子。此外，其属下的劳动力一般从民众中征集，担任驿丁或馆子。大津透指出，在驿站中存在驿田（驿封田）、驿长、驿子，因此与之相对应也存在馆田、馆长、馆子。大津透继承了杜佑的观点，即馆应该属于驿站制的组成部分，且馆主要设置在远离主干道的地方。但是，“北馆文书”中并未出现驿站和递送等字眼，只有旅客这样的词语出现。因此，“馆”是否担负着直接向驿使或递送使供给的任务尚不明确，但也

1 ［日］大津透：《唐日律令地方財政管見—館駅・駅伝制をてがかりに—》，《日唐律令制の財政構造》，岩波书店2006年版。

2 孙晓林：《关于唐前期西州设“馆”的考察》，武汉大学历史系魏晋南北朝隋唐史研究室编：《魏晋南北朝隋唐史资料（第十一期）》，武汉大学出版社1991年版。

3 李锦绣：《唐前期传制》，《唐代制度史略论稿》，中国政法大学出版社1998年版。

4 ［日］大津透：《唐日律令地方財政管見—館駅・駅伝制をてがかりに—》，《日唐律令制の財政構造》，岩波书店2006年版。

可以认为馆向州县的客使提供供给。从《天圣令校正》复原唐令可知，驿马、递送马的首要供给地是驿站。在没有驿站的情况下在州县接受供给，但也不能否认馆向经过州县的使节提供供给的可能性。

此外，职掌人等并非官员，他们没有津贴，只享有免除伙食费和课役等一定程度的权利。因此，驿长往往是由“州里富强之家”的人担任。在律令条文中没有关于“馆”或“馆长”的相关记载，而“馆子”也不过是对安昌馆征集安昌馆的驿丁的一种随意称呼而已。[1]如此，很难证明北馆是与驿站递送制直接相关的设施。那么，是否存在有关“馆”的管理情况的史料？笔者将在下文对此展开探讨。

《巡礼行记》中出现的“馆”

《巡礼行记》提供了关于“馆”的各类信息，其中有关“馆”的实例有二十处。关于“馆”的管理情况有如下史料：

史料六：《入唐求法巡礼行记》开成五年（840）二月二十五日条载：

> 廿五日……到招贤馆宿。知馆人高怒在馆中住，作主人殷勤。

史料七：《入唐求法巡礼行记》开成五年（840）二月二十六日条载：

> 廿六日，开明，早朝出招贤馆，行卅里，到龙泉村斜山馆，断中。知馆人梁公度在馆里住，不恶不好。缘脚痛，不得发行，便于

1 据《唐张惟迁等配役名籍》（收录于《吐鲁番出土文书八》），可知征发的驿丁中有“安昌馆四人”。

馆宿。

这些都是从赤山到登州途中关于“馆”的记载。可以看出，“馆”由“知馆人”来管理。

史料八：《入唐求法巡礼行记》开成五年（840）二月二十八日条载：

> 廿八日……傍北海浦行廿余里，到台村法云寺宿。知馆人了事。台馆本是佛寺，向后为馆，时人唤之为伐台馆。

圆仁走访了由寺院演变成的“馆”。在此处，由“知馆人”管理各项事务。此处的“知馆人”，并未见诸其他史料。但可推测，应该与驿站中的驿长一样，由当地有实力的家户担任。该寺院究竟是废寺，还是直接从寺院变成“馆”的，不得而知。但可推测，不再发挥寺院功能的台村佛寺变成了“馆”，由拥有实力的当地人管理运营，“馆”作为交通的供给地点被使用。圆仁立志巡礼五台山，从赤山法华院到青州一共途经八个“馆”，这也进一步证实了《通典》中杜佑所注，即在山东半岛的交通道路上依照道路的规模，在道路（非“大路”）上设置了接待设施，这种设施没有驿站的规模大。

在山东半岛东部出现了一处驿站，位于莱州和北海县之间的芙蓉驿。[1]依据杜佑注，驿站与馆的设置根据交通重要性的不同而定，两者不能并存。莱州以西确实没有出现“馆”，但是，自莱州起的道路重要性增强，因此设驿站而不再置馆。山东半岛最重要的对外交通口岸是登州。驿站和馆是侧重于不同方面的设施，不一定要具有杜佑所述的特

---

1 《入唐求法巡礼行记》开成五年（840）三月十八日条。

征。下面笔者将对其他地区的“馆”进行探讨。

史料九：《入唐求法巡礼行记》开成三年（838）七月二十四日条载：

> 廿四日辰时……申时到宜陵馆。此是侍供往还官客之人处。依准，判官藤原贞敏卒尔下痢，诸船于此馆前停宿。

由上可知，遣唐使一行抵唐后，在从海陵县沿着运河向扬州前行的途中，曾留宿宜陵馆。圆仁记载了“侍供往还官客之人处”，除此之外也出现了“平桥馆”[1]“楚州馆”[2]等名称，应该是在运河沿岸设置的供给设施。在扬州、楚州，既有用于陆上交通的陆馆，又有用于水上交通的水馆。因此，与此相似，在山东半岛同样并存着“馆”和驿站。圆仁记载的“往还官客”究竟指代何人不得而知，考虑到这些“馆”沿运河设置，且可容纳遣唐使一行，推测其应该为规模相当大的设施。另外，从在别处也设有驿站的情况来看，还不能断定这些“馆”与驿站递送制之间存在直接关系。严耕望指出，唐代长安与洛阳之间的道路上除设置诸多驿站之外，还出现了“新丰馆”“佑顺馆”“甘棠馆”等馆名。由此也可以看出，馆与驿站是完全不同的设施。长安、洛阳之间设置的“馆”，在驿路中也是非常特殊的设施，所以不能认为“馆”是杜佑所说的小规模供给设施。以下笔者以登州为例，分析设置在都市中的馆。

史料十：《入唐求法巡礼行记》开成五年（840）三月二日条载：

> 二日……登州都督府城东一里、南北一里。……城南街东有新

---

1 《入唐求法巡礼行记》开成三年（838）十月三日条。

2 《入唐求法巡礼行记》开成四年（839）三月二十二日条。

罗馆、渤海馆。

由上可知，在登州确实存在着“新罗馆”和“渤海馆”。这些馆在州城内，因此不能视为在交通道路上的供给设施。小野胜年认为，该设施是唐朝为了接待来自外国的往来者而专门设置的公共停泊留宿所。[1]此外，盐入良道认为，此设施为新罗人和渤海人在境外的公馆。[2]因为登州隔渤海与辽东半岛相望，是渤海、朝鲜半岛的出入口，在此设置这种设施也不足为奇。马一虹认为，渤海馆、新罗馆是作为迎接渤海使节和新罗使节的迎宾馆而设立的。[3]与此相对，石见清裕则认为，新罗馆、渤海馆的“馆”，是与朝贡体系下设置的与迎宾馆不同的设施。[4]笔者认为如其他馆一样，这里的新罗馆、渤海馆也是唐朝设立的设施，从其作用来看，应该如马一虹所说，是作为迎宾馆使用的。正如圆仁记载的“侍供往来官客之人处”，应该为接待来自新罗、渤海使节的设施。

外交使节和“馆”

关于唐代的外交宾客制度，石见清裕进行了详细研究。[5]唐朝的迎宾机构有鸿胪寺，迎宾馆有鸿胪客馆。

史料十一：《六典》卷十八《典客署》载：

---

1 ［日］小野胜年：《入唐求法巡礼行記の研究》第2卷，铃木学术财团1966年版。

2 ［日］圆仁著，足立喜六译注，盐入良道补注：《入唐求法巡礼行記》第1册，平凡社1970年版。

3 马一虹：《東アジア異文化間交流における山東の位置付け》，［日］铃木靖民编：《古代日本の異文化交流》，勉诚出版2008年版。

4 ［日］石见清裕：《唐の国際秩序と交易》，《アジア遊学》第26号，2001年。

5 ［日］石见清裕：《唐の鴻臚寺と鴻臚客館》，《唐の北方問題と国際秩序》，汲古书院1998年版。

凡酋渠首领朝见者，则馆而以礼供之。

可知，在鸿胪寺中，宾客都由典客署接待，并且史料显示接待的场所为“馆”。一般认为，此处的“馆”为“鸿胪客馆”。但是，到达唐土的外交使节需要在边境州县处接受是否为正式使节的检查。

史料十二：《新唐书》卷四十六《百官志一》载：

殊俗入朝者，始至之州给牒，覆其人数，谓之边牒。

可知，沿着边境州县到达的外国使节，被当地州县的官员询问从何处来、目的为何、是否为正式使节等问题，并接受人数和朝贡物品的检查。然后当地官员会将这些内容做成“边牒”送至中央，等候指示。

史料十三：《续日本纪》宝龟九年（778）十月乙未条载：

遣唐使第三船到泊肥前国松浦郡橘浦。判官勅旨大丞正六位上兼下总权介小野朝臣滋野上奏言：臣滋野等，去宝龟八年六月廿四日，候风入海。七月三日，与第一船同到扬州海陵县。八月廿九日，到扬州大都督府，即依式例安置供给，得观察使兼长史陈少游处分。属禄山乱，常馆凋弊。入京使人，仰限六十人。以来十月十五日，臣等八十五人发州入京。行百余里，忽据中书门下牒，撙节人数，限以廿人。臣等请，更加廿三人。持节副使小野朝臣石根、副使大神朝臣末足、准判官羽栗臣翼、录事上毛野公大川、韩国连源等卌三人。正月十三日，到长安城，即于外宅安置供给。

由上可知，根据宝龟八年的遣唐使归朝报告，可以复原其入国手续以及抵达长安的行进路线。从扬州海陵县入唐的一行人，按照规定须留在扬州府，等候指示。此时，地方官员将“边牒”制作完成上报，等候中央指示。由于安禄山之乱，常馆凋敝，上京的人数被限制为六十人。于是出发时共八十五人的遣唐使一行，在途中被勒令减至二十人。对此，他们又请求增加人数，最终共有四十三人到达长安并被安置在外宅。[1]

如上文所述，并非所有入境的外交使节最终都能够到达都城。在入境的地点或上京的途中人数会被削减，只有最终获得准许的使节才有可能进入长安（洛阳）的迎宾馆、鸿胪馆或礼宾馆，进而谒见皇帝。这大概是因以下原因所致：第一，所有入京使节往返途中的食物或旅费都由唐朝方面负责；第二，进京的人数过多，不便管理。此外，如石见清裕指出，可能是唐朝出于严格限制外交使节与唐人接触，担心物品、兵器甚至信息的流入流出以及异国通婚等原因所致。[2]

那么，未入京的使节究竟如何安排？遣唐使一行分乘四艘船入唐，有四五百人，仅有十分之一的人能够上京，其余人滞留在入境时的州县。[3]这种在边境州县设置的迎宾设施可能就是上述所谓的“馆”。一般认为，接待上京使节的设施被称为鸿胪客馆，供入唐使节安置逗留的设施是设置在各地的馆，负责上京途中外交使节供给的也称为馆。可以说，只有扬州、楚州或者是登州这些外国使节出入口处出现的特殊的馆，才是承担外交使节供给任务的设施。由此推测，西部地区也一样，在吐鲁番文书中出现的柳谷馆、安昌馆等如北馆一样，作为迎接来自西

---

1 小野胜年认为，此“外宅”是宫城内的鸿胪客馆（内馆）的礼宾院（外宅）。石见清裕也持此观点。[日] 小野胜年：《入唐求法巡礼行記の研究》第2卷，铃木学术财团1966年版；[日] 石见清裕：《唐の鴻臚寺と鴻臚客館》，《唐の北方問題と国際秩序》，汲古书院1998年版。

2 [日] 石见清裕：《交雑の禁止》，《唐の北方問題と国際秩序》，汲古书院1998年版。

3 承和年间，遣唐使准判官藤原贞敏等滞留扬州时，在水馆师从廉承武学习琵琶谱。此事可见于日本宫内庁书陵部本《琵琶谱》。

方使节的迎宾、供给设施发挥其功能。此外，如史料十三记载，由于安禄山之乱常馆凋敝，遣唐使被要求减少上京的人数，在长安和洛阳周边设置有别于驿站的馆，可推测馆承担了使节上京途中的供给任务。正如石见清裕所说，遣唐使入京途中最易于接触民间，唐朝政府的耳目很难触及。[1]因此，唐朝政府需要加强管理，同时也需要设置承担使节行进中供给任务的设施。

目前，关于在唐代史料中出现的“馆”的研究中，存在着许多由于“驿馆”“馆驿”等合称而将“馆”与“驿站递送制”混淆的研究。的确，“馆”承担了交通供给的功能，但也可以推断，这种供给不仅面向驿使或递送使节，也面向外国使节。馆设置在登州、扬州、楚州或者西域的边境州县，作为与驿站并列的设施，也用于外国使节的送迎。由此可以推测，馆是为了从边境到中央保护外国使节的安全且对其进行监视，在唐朝的管理下设置的供给、迎宾设施。目前的研究只集中在关于入唐后边境州县和中央的接待问题上，但笔者认为也应重视途中重要的交通设施、迎宾过程等问题。

综上所述，笔者并不认同《通典》所载的杜佑注中所谓的馆是驿站递送制中的供给驿站（或州县）的说法，实际上它指的是另外层面上的交通设施。本文基本上没有涉及对西域文书内容的探讨，今后笔者拟从西域文书的研究出发，对唐代对外交通、支撑对外交通的设施及设施运营等开展研究。

---

1 ［日］石见清裕：《交雑の禁止》，《唐の北方問題と国際秩序》，汲古书院1998年版。

附录　入隋唐日僧一览表

附录1　入隋僧一览

序号	僧名	入隋年份（日本年·西历）	入隋年份（中国年）	入隋船	归国年份	归国船	事项	出处
1	日文（僧旻）	推古十六年（608）	大业四年	遣隋大使小野妹子船	舒明四年（632）	唐使高表仁船	与遣唐使犬上御田锹等一同乘坐唐使高表仁船归国。《法苑珠林》所载会丞（承）等倭国官人于大业初年入隋，贞观五年（631）与道俗七人归国，当指此事。645年任国博士，后被任命为十师。649年与高向玄理制定官制	《日本书纪》《元亨释书》卷十六《法苑珠林》卷三十八
2	请安	推古十六年（608）	大业四年	同上	舒明十二年（640）	百济、新罗朝贡使船	归国后还俗，改名“南渊请安”	《日本书纪》
3	惠隐（慧隐）	推古十六年（608）	大业四年	同上	舒明十一年（639）	新罗送使	与惠云一同归国。归国后，于宫中讲《无量寿经》	《日本书纪》《元亨释书》卷十六
4	广济	推古十六年（608）	大业四年	同上	不明		学问僧。具体活动不明	《日本书纪》
5	惠齐（慧济）	不明	不明	不明	推古三十一年（623）	新罗使智洗尔船	大唐学问者僧。入唐时期不明	《日本书纪》《元亨释书》卷十六

续表

序号	僧名	入隋年份（日本年·西历）	入隋年份（中国年）	入隋船	归国年份	归国船	事项	出处
6	惠光	不明	不明	不明	推古三十一年（623）	新罗使智洗尔船	与惠齐一同归国。携归阿弥陀三尊像，安置于四天王寺	《日本书纪》《四天王寺秘决》所引《大同缘起》
7	灵云	不明	不明	不明	舒明四年（632）	唐使高表仁船	学问僧。与僧旻一同归国。645年，被任命为十师	《日本书纪》《善邻国宝记》
8	惠云	不明	不明	不明	舒明十一年（639）	新罗送使	与惠隐一同归国。645年，被任命为十师	《日本书纪》

附录2　入唐僧一览

序号	僧名	入唐年份（日本年·西历）	入唐年份（中国年）	入唐船	归国年份	归国船	事项	出处
1	道严	白雉四年（653）	永徽四年	遣唐大使吉士长丹船	不明		学问僧	《日本书纪》
2	道通	白雉四年（653）	永徽四年	同上	不明		学问僧	《日本书纪》
3	道光	白雉四年（653）	永徽四年	同上	天武七年（678）		学习律宗。归国后，著《依四分律抄撰录文》	《日本书纪》《传通缘起》

续表

序号	僧名	入唐年份（日本年·西历）	入唐年份（中国年）	入唐船	归国年份	归国船	事项	出处
4	惠施	白雉四年(653)	永徽四年	遣唐大使吉士长丹船	不明		归国时间不明。698年，就任僧正。《法起寺露盘铭文》载，685年发愿建立法起寺塔	《日本书纪》 《僧纲补任》 《圣德太子传私记》
5	觉胜	白雉四年(653)	永徽四年	同上	客死		《伊吉博德书》有载	《日本书纪》
6	辩正	白雉四年(653)	永徽四年	同上	不明		学问僧	《日本书纪》
7	惠照	白雉四年(653)	永徽四年	同上	不明		学问僧	《日本书纪》
8	僧忍	白雉四年(653)	永徽四年	同上	不明		学问僧	《日本书纪》
9	知聪	白雉四年(653)	永徽四年	同上	遇难		《伊吉博德书》有载	《日本书纪》
10	道昭	白雉四年(653)	永徽四年	同上	齐明七年（661）	遣唐副使津守吉祥船	在长安师从玄奘学习法相宗并修禅。归国后，于元兴寺创建禅院，于各地掘井架桥。法相宗第一传	《日本书纪》 《续日本纪》 《元亨释书》卷一
11	定惠（贞慧）	白雉四年(653)	永徽四年	同上	天智四年（665）	唐使刘德高船	藤原镰足之子。在长安师从神泰。《伊吉博德书》记载其于己丑年归国	《日本书纪》 《藤氏家传》
12	安达	白雉四年(653)	永徽四年	同上	不明		中臣渠每连之子	《日本书纪》
13	道观	白雉四年(653)	永徽四年	同上	不明		春日粟田连百济之子。归国后还俗改称粟田真人	《日本书纪》

续表

序号	僧名	入唐年份（日本年·西历）	入唐年份（中国年）	入唐船	归国年份	归国船	事项	出处
14	知辩	白雉四年(653)	永徽四年	遣唐大使吉士长丹船	不明		归国时间不明，为接待664年赴日的唐使郭务悰等一行被派往对马	《日本书纪》《善邻国宝记》所引《海外国记》
15	义德	白雉四年(653)	永徽四年	遣唐大使吉士长丹船	持统四年（690）	新罗送使金高训船	大唐学问僧	《日本书纪》
16	道福	白雉四年(653)	永徽四年	遣唐大使高田根麻吕船	遇难		同年7月在萨摩竹岛附近遇难	《日本书纪》
17	义向	白雉四年(653)	永徽四年	同上	遇难		同年7月在萨摩竹岛附近遇难	《日本书纪》
18	惠妙	白雉五年(654)？	永徽五年？	遣唐大使高向玄理船？	客死		《伊吉博德书》有载	《日本书纪》
19	智国	白雉五年(654)？	永徽五年？	同上	遇难		《伊吉博德书》有载	《日本书纪》
20	智宗	白雉五年(654)？	永徽五年？	同上	持统四年（690）	新罗送使金高训船	大唐学问僧。《伊吉博德书》载其于庚寅年归国	《日本书纪》
21	义通	白雉五年(654)？	永徽五年？	同上	遇难		《伊吉博德书》有载	《日本书纪》
22	妙位	白雉五年(654)？	永徽五年？	同上	天智七年(668)？		《伊吉博德书》载“今年”与遣唐使人归国	《日本书纪》
23	法胜	白雉五年(654)？	永徽五年？	同上	天智七年(668)？		《伊吉博德书》载“今年”与遣唐使人归国	《日本书纪》

续表

序号	僧名	入唐年份（日本年·西历）	入唐年份（中国年）	入唐船	归国年份	归国船	事项	出处
24	智通	齐明四年（658）	显庆三年	新罗船	不明		在长安师从玄奘、窥基。法相宗第二传。673年成为僧正，于大和建立观世音寺	《日本书纪》《传通缘起》《僧纲补任》
25	智达	齐明四年（658）	显庆三年	新罗船	不明		与智通一同师从玄奘、窥基。法相宗第二传	《日本书纪》《传通缘起》
26	道久（文）	不明			天智十年（671）	唐使郭务悰船	向倭国朝廷传达唐使郭务悰、新罗送使沙宅孙登等四十七艘船至日之事	《日本书纪》
27	净愿	不明			持统四年（690）	新罗送使金高训船	大唐学问僧。与智宗一同归国（详情不明）	《日本书纪》
28	智藏	天智期		不明	持统期	不明	在吴越师从高学之尼，抄写《三藏要义》。三论宗第二传。持统时代就任僧正	《传通缘起》《怀风藻》
29	辩正	大宝二年（702）	长安二年	遣唐执节使粟田真人船	客死		与即位前的唐玄宗切磋围棋，深受宠爱。有朝庆、朝元二子。朝元回到日本，被赐秦姓	《续日本纪》《怀风藻》
30	道慈	大宝二年（702）	长安二年	同上	养老二年（718）	遣唐押使多治比县守船	在长安学习三论宗、法相宗。三论宗第三传。再建大官大寺，改名大安寺	《续日本纪》《传通缘起》《怀风藻》

续表

序号	僧名	入唐年份（日本年·西历）	入唐年份（中国年）	入唐船	归国年份	归国船	事项	出处
31	智凤	大宝三年（703）	长安三年	不明	不明		在濮阳学习法相宗。法相宗第三传。706年担任维摩会讲师	《元亨释书》卷十六 《传通缘起》
32	智鸾	大宝三年（703）	长安三年	不明	不明		在濮阳学习法相宗。法相宗第三传	《传通缘起》
33	智雄	大宝三年（703）	长安三年	不明	不明		在濮阳学习法相宗。法相宗第三传	《传通缘起》
34	胜晓	不明			养老二年（718）?	遣唐押使多治比县守船?	学问僧。720年与唐僧道荣被誉为转经唱礼的模范	《续日本纪》
35	行善	不明			养老二年（718）	遣唐押使多治比县守船	与遣唐使一同归国，于兴福寺供养观音	《灵异记》卷上 《扶桑略记》
36	玄昉	养老元年（717）	开元五年	遣唐押使多治比县守船	天平七年（735）	遣唐大使多治比广成船	在濮阳师从智周学习法相宗。在唐时被玄宗赐紫衣，携归经论五千余卷。736年任僧正	《续日本纪》 《传通缘起》
37	荣睿	天平五年（733）	开元二十一年	遣唐大使多治比广成船	客死		先后在洛阳、长安求学，于扬州师从鉴真，邀请鉴真赴日。在鉴真第五次东渡时，死于瑞州	《东征传》 《延历僧录》
38	普照	天平五年（733）	开元二十一年	同上	天平胜宝五年（753）	遣唐副使吉备真备船	与荣睿一同于扬州师从鉴真。与鉴真同行，在其第六次东渡时归国。759年奏请在道路旁种植果树	《续日本纪》 《东征传》 《僧纲补任》

续表

序号	僧名	入唐年份（日本年·西历）	入唐年份（中国年）	入唐船	归国年份	归国船	事项	出处
39	业行	天平五年(733)	开元二十一年	遣唐大使多治比广成船	不明		与荣睿一同邀请鉴真赴日，或与普照为同一人	《续日本纪》
40	玄朗	天平五年(733)	开元二十一年	同上	不明		原计划与鉴真等一同归国，但743年因被诬告与海盗勾结而被逮捕。被释放还俗	《东征传》
41	玄法	天平五年(733)	开元二十一年	遣唐大使多治比广成船	不明		虽与玄朗一同被逮捕和释放，但还俗后消息不明	《东征传》
42	理镜	天平五年(733)？	开元二十一年？	同上？	不明		与多治比广成一同邀请南天竺婆罗门僧菩提仙那赴日	《续日本纪》《南天竺婆罗门僧正碑》
43	行贺	天平胜宝四年(752)	天宝十一年	遣唐大使藤原清河船	不明		研习唯识和法华，并带回圣教要文五百余卷。784年任少僧都，796年任大僧都	《僧纲补任》《类聚国史》卷一四七
44	善议	不明			不明		受教于道慈，《元亨释书》载其“入唐请教”。被誉为三论宗法将	《日本后纪》《元亨释书》卷二
45	戒融	不明			天平宝字七年(763)	送渤海使船（船师板持镰束）	虽为入唐学问僧，但入唐时期不明。搭乘送渤海使船归国	《续日本纪》

续表

序号	僧名	入唐年份（日本年·西历）	入唐年份（中国年）	入唐船	归国年份	归国船	事项	出处
46	圆觉	不明			不明		东大寺僧。将淡海三船所注释《大乘起信论》携带至唐，交于越州龙兴寺佑觉	金刚寺藏《龙论钞》所引《延历僧录》
47	护胜	不明			不明		《华严经讲师等交名案并僧护胜状案》载“日本国学生”，但详情不明	《大日本古文书》卷十八
48	永忠	宝龟三年（772）	大历七年	渤海使船	延历二十四年（805）	遣唐大使藤原葛野麻吕船	居住于长安西明寺，携归《律吕旋宫图》等	《日本后纪》 《元亨释书》卷十六 《御请来目录》
49	戒明	不明			宝龟九年（778）	不明	大安寺僧。归国之际携归经论、志公十一面观世音菩萨像等。或与诫明为同一人	《日本高僧传要文抄》所引《延历僧录》
50	诫明	宝龟三年（772）？	大历七年？	渤海使船？	不明		记为“日本国僧使”。与得清一同持《胜鬘经义疏》《法华经义疏》入唐，并赠予扬州龙兴寺灵佑	《胜鬘经义疏私钞》
51	得（德）清	宝龟三年（772）？	大历七年？	渤海使船？	不明		记为“日本国僧使”。与诫明一同持《胜鬘经义疏》《法华经义疏》入唐，赠予扬州龙兴寺灵佑	《胜鬘经义疏私钞》

续表

序号	僧名	入唐年份（日本年·西历）	入唐年份（中国年）	入唐船	归国年份	归国船	事项	出处
52	玄觉	宝龟八年（777）?	大历十二年?	不明	不明		奉八岛圣皇（早良亲王）之命“遣唐请教”，但详情不明	《三论祖师传集》所引《三论师资传》
53	灵仙	不明			客死		在长安醴泉寺任译语，被赐号为“三藏”，任内供奉。后隐居五台山灵境寺，遭毒杀身亡	《灵仙三藏行历抄》《巡礼行记》
54	最澄	延历二十三年（804）	贞元二十年	遣唐副使石川道益船	延历二十四年（805）	遣唐大使藤原葛野麻吕船	自明州达天台山，与道邃一同向行满学习天台教学，从翛然学禅，在越州跟随顺晓研习密教，携归诸多经典（入唐八家之一）	《睿山大师传》《续日本后纪》
55	义真	延历二十三年（804）	贞元二十年	同上	延历二十四年（805）	遣唐大使藤原葛野麻吕船	作为最澄的译语入唐，在台州受具足戒，在越州学习密教，后归国。初代天台座主	《睿山大师传》《元亨释书》卷二
56	空海	延历二十三年（804）	贞元二十年	遣唐大使藤原葛野麻吕船	大同元年（806）	遣唐判官高阶远成船	于长安青龙寺跟随惠果学习密教，携归诸多新译经、佛像、佛具等（入唐八家之一）	《性灵集》《御将来目录》
57	圆基	延历二十三年（804）?	贞元二十年?	不明	不明		作为“天台法华宗留学生”入唐，不久后自称有眼病而归国	《睿山大师传》《行历抄》
58	妙澄	延历二十三年（804）?	贞元二十年?	不明	不明		虽与圆基同被选为“天台法华宗留学生”，后消息不明	《睿山大师传》

续表

序号	僧名	入唐年份（日本年·西历）	入唐年份（中国年）	入唐船	归国年份	归国船	事项	出处
59	金刚三昧	不明			不明		《酉阳杂俎》载："倭国僧金刚三昧言尝至中天（竺）。"元和十三年（818）与蜀僧广升参拜峨眉山	《酉陽杂俎》卷三、续集卷二
60	法道	不明			不明		安然之父。与空海一同入唐。虽去过天竺，但详情不明。或与金刚三昧是同一人	《法道和尚传考》
61	常晓	承和五年（838）	开成三年	遣唐判官菅原善主船	承和六年（839）	遣唐使船	在淮南跟随华林寺元照学习三论教学、随栖灵寺文璨学习密教和大元帅法，携佛像法具归国。840年于法琳寺传授大元帅秘法（入唐八家之一）	《续日本后纪》《巡礼行记》《僧常晓请来目录》《小栗栖律师传》
62	戒明	承和五年（838）	开成三年	遣唐使船	承和六年（839）	遣唐使船	作为法相请教法师入唐。未被允许入京。归国后，在药师寺创建唐院	《巡礼行记》《药师寺唐院记》
63	义澄	承和五年（838）	开成三年	同上	承和六年（839）	遣唐使船	戒明的弟僧。乔装成遣唐判官傔从入长安	《巡礼行记》《三代实录》
64	圆行	承和五年（838）	开成三年	遣唐判官菅原善主船	承和六年（839）	遣唐使船	作为真言宗请益僧入唐。于长安跟随青龙寺义真学习密教，携归经论、佛具、佛舍利等（入唐八家之一）	《巡礼行记》《灵严寺和尚传》《圆行请来目录》

续表

序号	僧名	入唐年份（日本年·西历）	入唐年份（中国年）	入唐船	归国年份	归国船	事项	出处
65	真济	承和五年(838)	开成三年	遣唐判官丹墀文雄船	—	—	作为真言宗请益僧乘船赴唐，但途中遭难漂流，未能至唐	《续日本后纪》《三代实录》《纪家集》十四
66	真然	承和五年(838)	开成三年	同上	—	—	作为真言宗请益僧乘船赴唐，但途中遭难漂流，未能至唐	《三代实录》
67	圆仁	承和五年(838)	开成三年	遣唐大使藤原常嗣船	承和十四年(847)	新罗人金珍船	在扬州随宗睿研习梵语，立志从赤山法华院前往五台山巡礼，随后在长安跟从元政、义真学习密教，向南天竺僧宝月学习悉昙等，携归许多经典（入唐八家之一）	《巡礼行记》《慈觉大师传》
68	惟正	承和五年(838)	开成三年	同上	承和十四年(847)	同上	圆仁随从僧。在五台山受具足戒。归国后向安然教授唐音韵	《巡礼行记》《悉昙藏》
69	惟晓	承和五年(838)	开成三年	同上	客死		圆仁随从僧。在五台山受具足戒。死于长安	《巡礼行记》
70	圆载	承和五年(838)	开成三年	同上	遇难	唐人李延孝船	为解决天台的“难义”而赴天台山，得到广修、维蠲的唐决。在唐40年，877年归国途中因暴风雨遇难	《巡礼行记》《行历抄》《扶桑略记》
71	仁好	承和五年(838)	开成三年	同上	承和十年(843)	新罗人张公靖船	圆载弟子。携归于天台山获得的唐决（第一次入唐）	《续日本后纪》《巡礼行记》

续表

序号	僧名	入唐年份（日本年·西历）	入唐年份（中国年）	入唐船	归国年份	归国船	事项	出处
72	顺昌	承和五年(838)	开成三年	同上	承和十年(843)	新罗人张公靖船	圆载弟子。与仁好一同归国	《续日本后纪》《巡礼行记》
73	仁济	承和五年(838)	开成三年	同上	不明		圆载弟子。作为使僧向圆仁传达情报。归国与否不明	《巡礼行记》
74	圆觉（田口圆觉）	不明			不明		自840年起在五台山修行；855年在长安遇见圆珍，协助其抄写圣教绘曼荼罗。856年，与圆珍同赴天台山。此后与真如一行赴天竺，消息不明	《圆珍请来目录》《入唐略记》
75	惠萼	承和八年(841)	会昌元年	不明	承和九年(842)	唐人李邻德船	巡礼参拜五台山、天台山，为求供养料自楚州归国(第一次入唐)	《日本文德天皇实录》《巡礼行记》
76	惠运	承和九年(842)	会昌二年	唐人李处人船	承和十四年(847)	唐人张友信船	巡礼五台山，在长安师从青龙寺义真学习密教。归国后成为安祥寺开山祖师(入唐八家之一)	《安祥寺惠运传》《安祥寺资财帐》
77	圆修	承和九年(842)?	会昌二年?	唐人李处人船?	承和十一年(844)	不明	843年与惠运一同登天台山。844年归国	《行历抄》《山王院藏书目录》

续表

序号	僧名	入唐年份（日本年・西历）	入唐年份（中国年）	入唐船	归国年份	归国船	事项	出处
78	坚惠	承和九年（842）?	会昌二年?	唐人李处人船?	承和十一年（844）	不明	圆修随从僧。与圆修一同赴天台山，携归《付法血脉图记》。创建佛隆寺，于863年制作梵钟	《大唐国日本国付法血脉图记》《室生山坚惠传考》
79	仁好	承和十一年（844）	会昌四年	唐商船?	承和十四年（847）	唐人张友信船	携带朝廷资助圆仁、圆载的黄金再次入唐，后携带圆载书信归国（第二次入唐）	《巡礼行记》《续日本后纪》
80	惠萼	承和十一年（844）	会昌四年	不明	承和十四年（847）	唐人张友信船	携带五台山供养钱赴唐。因会昌废佛滞留于苏州，抄写《白氏文集》。招聘唐僧义空，并与惠运等一同归国（第二次入唐）	《续日本后纪》《巡礼行记》《白氏文集》《元亨释书》卷六
81	性海	承和十三年（846）	会昌六年	唐人李邻德船	承和十四年（847）	新罗人金珍船	圆仁弟子。将日本书信等送给圆仁，并与其一同归国	《续日本后纪》《巡礼行记》
82	惠萼	不明			嘉祥二年（849）	唐人徐公佑船?	招请五台山无无和尚（第三次入唐）	《高野杂笔集》所收《唐人书简》
83	惠萼	不明			仁寿二年（852）	唐人徐公佑船?	与义空的唐僧友人进行交流（第四次入唐）	《高野杂笔集》所收《唐人书简》

续表

序号	僧名	入唐年份（日本年·西历）	入唐年份（中国年）	入唐船	归国年份	归国船	事项	出处
84	圆珍	仁寿三年(853)	大中七年	唐人钦良晖船	天安二年(858)	唐人李延孝船	在福州学习悉昙，巡礼天台山，在越州开元寺学习天台宗。经洛阳至长安，师从青龙寺法全学习密宗。携归大量佛典、佛具(入唐八家之一)	《行历抄》《圆珍请来目录》
85	闲静	仁寿三年(853)	大中七年	同上	天安二年(858)	唐人李延孝船	圆珍随从僧。据《台州府公验》载，圆珍巡礼天台山时，其居留在国清寺	《行历抄》《唐房行履录》
86	丰智（智聪）	仁寿三年(853)	大中七年	同上	元庆元年(877)	唐人骆汉中船	圆珍随从僧。途中改名留唐。真如一行入唐时，赴越州迎接，引导至长安。后与圆载一同归国时遇难，漂流返唐。归国后传授安然唐音韵	《行历抄》《三代实录》《入唐略记》《悉昙藏》
87	真如法亲王（高岳亲王）	贞观四年(862)	咸通三年	唐人张友信船	客死		从明州经汴州、洛阳至长安，在圆载协助下入西明寺。为继续求法，865年经广州从海路赴天竺。传说途中死于罗越国	《入唐略记》《三代实录》
88	贤真	贞观四年(862)	咸通三年	同上	贞观五年(863)	唐人张友信船	真如法亲王随从僧。途中与真如一行道别，自明州归国。865年，铸造梵钟，寄赠明州开元寺	《入唐略记》《都氏文集》卷三
89	忠全	贞观四年(862)	咸通三年	同上	贞观五年(863)	唐人张友信船	真如法亲王随从僧。途中与真如一行道别，自明州归国。	《入唐略记》

续表

序号	僧名	入唐年份（日本年・西历）	入唐年份（中国年）	入唐船	归国年份	归国船	事项	出处
90	宗睿	贞观四年(862)	咸通三年	唐人张友信船	贞观七年（865）	唐人李延孝船	与真如法亲王一同入唐，在汴州分别后巡礼五台山、天台山。后师从汴州玄庆、长安法全学习密宗后归国。879年为东寺长者，升任僧正（入唐八家之一）	《入唐略记》《三代实录》《禅林寺僧正传》
91	安展	贞观四年(862)	咸通三年	同上	不明		真如法亲王随从僧。与圆觉等赴天竺	《入唐略记》
92	禅然	贞观四年(862)	咸通三年	同上	不明		真如法亲王随从僧。905年补任权律师	《入唐略记》《僧纲补任》
93	惠池	贞观四年(862)	咸通三年	同上	不明		真如法亲王随从僧。详情不明	《入唐略记》
94	善寂	贞观四年(862)	咸通三年	同上	不明		真如法亲王随从僧。详情不明	《入唐略记》
95	原懿	贞观四年(862)	咸通三年	同上	不明		真如法亲王随从僧。详情不明	《入唐略记》
96	猷继	贞观四年(862)	咸通三年	同上	不明		真如法亲王随从僧。详情不明	《入唐略记》
97	惠萼	贞观四年(862)	咸通三年	同上	贞观五年（863）	唐人张友信船	随真如法亲王入唐。与贤真、忠全等自明州归国（第五次入唐）	《入唐略记》
98	一演	贞观四年（862）？	咸通三年？		贞观五年（863）？		真如法亲王弟子。曾赴唐，详情不明。865年被任命为权僧正	《今昔物语集》卷十四《僧纲补任》批注

续表

序号	僧名	入唐年份（日本年·西历）	入唐年份（中国年）	入唐船	归国年份	归国船	事项	出处
99	以船	贞观十六年（874）	乾符元年	不明	不明		为入唐，请求太宰府管内赏赐正税稻千束，详情不明	《三代实录》
100	齐（济）诠	元庆元年（877）	乾符四年	唐船	—		延历寺僧。乘唐船渡海途中遭难或被贼杀害	《三代实录》《扶桑略记》《明匠略记》
101	安然	元庆元年（877）	—	—	—	—	与济诠一同渡海，未能成功至唐	《三代实录》《扶桑略记》《明匠略记》
102	玄昭（照）	元庆元年（877）	—	—	—	—	与济诠一同渡海，未能成功至唐	《三代实录》《扶桑略记》《明匠略记》
103	观汉（溪）	元庆元年（877）	—	—	—	—	与济诠一同渡海，未能成功至唐	《三代实录》《扶桑略记》《明匠略记》
104	中瓘	不明			不明		881年，将真如法亲王赴天竺并于途中的罗越国死亡之事传递回国。894年，委托赴日唐商王讷上奏废止遣唐使派遣。909年，请求牒状署印	《三代实录》《菅家文草》《扶桑略记》批注

续表

序号	僧名	入唐年份（日本年·西历）	入唐年份（中国年）	入唐船	归国年份	归国船	事项	出处
105	三慧	元庆六年(882)	中和二年	唐人张蒙船	不明		受圆珍之命，为求写阙经340余卷而入唐	《圆珍传》
106	好真	不明			不明		据893年在唐僧好真牒，随师良大德入唐。在长安期间，曾邀请上都崇圣寺长讲经律弘举大德赴日	《入唐略记》
107	师良	不明			客死		据好真牒可知，与好真一同入唐	《入唐略记》
108	智藏	不明			不明		《文苑英华》收录刘禹锡诗《赠日本僧智藏》	《文苑英华》卷二二一
109	鉴禅师	不明			不明		《文苑英华》收录韦庄诗《赠日东鉴禅师》	《文苑英华》卷二二四
110	敬龙	不明			不明		《全唐诗》收录韦庄诗《送日本国僧敬龙归》	《全唐诗》卷六九五

注：

1. 此表在参考木宫泰彦《日华文化交流史》（富山房1955年版）、森克己《遣唐使》（至文堂1966年版）、佐藤长门《入唐僧の情報ネットワーク》（铃木靖民：《円仁と石刻の史料学》，高志书院2011年版）的基础上制成。关于恵萼先后五次入唐，参照田中史生编《入唐僧恵蕚と東アジア（附恵蕚関連史料集）》（勉诚出版2014年版）。

2. 出典略称：

《传通缘起》（《三国佛法传通缘起》）、《灵异记》（《日本国现报善恶灵异记》）、《东征传》（《唐大和上东征传》）、《巡礼行记》（《入唐求法巡礼行记》）、《行历抄》（《入唐求法行历抄》）、《入唐略记》（《头陀亲王入唐略记》）、《圆珍伝》（《天台宗延历寺座主圆珍传》）、《安祥寺资财帐》（《安祥寺伽蓝缘起资财帐》）、《明匠略记》（《阿娑缚三国明匠略记》）。

主要参考文献

［日］大谷萤润：《新中国見聞記》，河出书房1955年版。

［日］大津透：《日唐律令制の財政構造》，岩波书店2006年版。

［日］道端良秀：《宿坊としての唐代寺院》，《中国仏教史全集十一》，书苑1985年。

［日］荒川正晴：《ユーラシアの交通・交易と唐帝国》，名古屋大学出版会2010年版。

［日］荒野泰典、石井正敏、村井章介编：《アジアのなかの日本史V》，东京大学出版会1993年版。

［日］铃木靖民编：《円仁と石刻の史料学》，高志书院2011年版。

［日］铃木靖民编：《円仁とその時代》，高志书院2009年版。

［日］末木文美士：《日本仏教思想史論考》，大藏出版1993年版。

［日］齐藤圆真：《渡海天台僧の史的研究》，山喜房佛书林2010年版。

［日］日比野丈夫、小野胜年：《五臺山》，平凡社1995年版。

［日］日野开三郎：《日野開三郎東洋史学論集》第17卷，三一书房1992年版。

［日］森安孝夫：《ソグドからウイグルへ：シルクロード東部の民族と文の交流》，汲古书院2011年版。

［日］森部丰：《ソグド人の東方活動と東ユーラシア世界の歴史的展開》，关西大学出版部2010年版。

［日］森克己：《遣唐使》，至文堂1966年版。

［日］上川通夫：《日本中世仏教形成史論》，校仓书房2007年版。

［日］田村爱理：《世界史のなかのマイノリティ》，山川出版社1997年版。

［日］小野胜年：《入唐求法巡礼行記の研究》（全4卷），法藏馆1989年版。

［日］圆仁著，足立喜六译注，盐入良道补注：《入唐求法巡礼行記》（全2册），平凡社1985年版。

［日］圆仁撰，顾承甫、何泉达点校：《入唐求法巡礼行记》，上海古籍出版社1986年版。

［日］中村太一：《日本古代国家と計画道路》，吉川弘文馆1996年版。

［日］佐藤信、藤田觉编：《前近代の日本列島と朝鮮半島》，山川出版社2007年版。

［日］铃木靖民：《入唐僧円仁に関する新資料の出現》，《日本歴史》第750号，2010年11月。

［日］江草宣友：《円仁の求法・巡礼と新羅人》，《史叢》第92号，2015年。

［日］高桥忠彦：《唐詩にみる唐代の茶と仏教》，《東洋文化》第70号，1990年。

［日］石见清裕：《唐の国際秩序と交易》，《アジア遊学》第26号，2001年。

［日］石川重雄：《巡礼者の道と宿—伝統中国の巡礼—》，《sinica》第419号，1993年。

白化文等校注，周一良审阅：《入唐求法巡礼行记校注》，花山文艺出版社2007年版。

程喜霖：《唐代过所研究》，中华书局2000年版。

董志翘：《〈入唐求法巡礼行记〉词汇研究》，中国社会科学出版社2000年版。

顾诚：《明末农民战争史》，中国社会科学出版社1984年版。

李利安：《释迦塔与中国佛教》，宗教文化出版社2009年版。

刘敦桢：《河南省古建筑调查笔记》，《刘敦桢全集》第3卷，中国建筑工业出版社2007年版。

吕宏军：《嵩山少林寺》，河南人民出版社2002年版。

唐耕耦、陆宏基编：《敦煌社会经济文献真迹释录》（全5辑），全国图书馆文献缩微复制中心1990年版。

天一阁博物馆、中国社会科学院历史研究所天圣令整理课题组编：《天一阁藏明钞本天圣令校正（附唐令复原研究）》，中华书局2006年版。李锦绣：《唐代制度史略论稿》，中国政法大学出版社1998年版。

严耕望：《唐代交通图考》（全6卷），上海古籍出版社2007年版。

郁贤皓：《唐刺史考全编》（全6册），安徽大学出版社2000年版。

杜文玉、谢西川：《唐代起居制度初探》，《江汉论坛》2010年第6期。樊文礼、史秀莲：《唐代公牍文“帖”研究》，《中国典籍与文化》2007年第4期。

河南省文物考古研究所：《河南登封市法王寺二号塔地宫发掘简报》，《华夏考古》2003年第2期。

黄正建：《唐代的“传”与“递”》，《中国史研究》1994年第4期。

刘敦桢：《河南省北部古建筑调查记》，《中国营造学社汇刊》1937年第6卷第4期。

马一虹：《古代東アジアのなかの通事と訳語》，《アジア遊学》第3号，1999年。

汪海波：《佛牙考察》，《佛学研究》第17期，2008年12月。

后　记

为探寻古代东亚文化交流的实况，本书对人、物、信息的移动进行了细致考察，将交流的主体入唐僧及其移动轨迹作为研究主线。主要内容包括以下几个方面：平安时代的入唐僧以何种方式，将何物传至日本，如何在唐进行旅行，经由何地、如何获取最新的物品与信息。本书汇集了为探究上述问题而开展的个人研究和共同研究成果。

具体而言，本书以平安时代的入唐僧圆仁的求法巡礼活动为中心，梳理东亚佛教交流的情况及时代背景，探讨入唐僧所经中原地区交通线路的社会景观状况。

第一部分（第一章、第二章）论述了圆仁等入唐僧在唐的交友关系、获取的信息，进而探讨支撑入唐僧求法巡礼的唐人交友圈。同时，通过对近年发现的圆仁石刻进行研究分析，论述了该时期地域社会与佛教交通的相关性，考察了以石刻为研究材料的佛教交流等课题。

第二部分（第三章、第四章）旨在探究圆仁在唐期间求法巡礼及东亚地区佛教交流的情况。该部分对《巡礼行记》中所载的相关文书进行分析研究，对日本古代入唐僧群体进行全面考察，并对《巡礼行记》在中国的流传情况作了梳理，不仅厘清了入唐求法日僧在唐的交流情况，也明确了唐代文书在东亚文化交流过程中所起到的媒介作用。

第三部分（第五章、第六章）对圆仁的登陆地点以及其在唐期间的活动轨迹作了深入研究，对连接东西二都（洛阳、长安）的两条交通要道进行了详细梳理。此外，还以唐代的交通住宿设施以及“馆”的功能为中心，考察了唐代的交通制度。

上述六章十四篇论文中也有许多待深入考证的内容，尤其是第三章是在硕士论文的基础上修订而成。前人在论述东亚交流时，很少着眼于佛教交通的研究。本书便是在这方面的尝试之作。另外，参照前人的研究成果，制作了《入隋唐日僧一览表》。

了解日本入唐僧如何与唐人交流，以及途经哪一条路线等情况，对探究东亚文化交流的实态意义重大。梳理入唐僧与何人相识、受何人所助、选择何路、经由何处，尤为重要。因相识对象和路线的不同，入唐僧所获取的物品及信息也不同。对这些相识对象和路线进行分析，可以厘清交流的实际情况。同时，为了考察东亚文化交流情况、探究贸易实情，需要对交通路线进行实地调查，并复原相关地区的交通路线及社会景观。

希望本书能在研究东亚交流实态及交通路线方面为读者提供参考。本书主要以中原及沿海地区为中心展开探讨，所能窥得的不过是唐代交通及国际交流之一斑。今后我们将从地域史及国际关系史两方面入手，致力于实地勘察与地域景观复原。通过追寻中日往来人员的足迹，以期还原当时东亚文化交流的实态。

本书收录了葛继勇先生及其弟子齐会君女士与笔者的个人及共同研究成果。笔者与葛继勇先生，相遇于2005年12月国学院大学COE研究的实地调查时。当时，笔者在导师铃木靖民教授的带领下实地考察中国江南地区，在浙江大学师从王勇教授的葛继勇先生也应邀参加。此后，我们在以铃木靖民教授、酒寄雅志教授、佐藤长门教授、田中史生教授为代表的《入唐求法巡礼行记》研究会的实地调查中多次会面，交谈的机会也随之增加。笔者惊叹于葛继勇先生对学术研究的热情、对文字史料的执着及对学问探究的痴迷，不禁萌生诸多敬意。笔者愚拙，不擅中文，曾多次得到葛继勇先生及其家人无微不至的帮助。

葛继勇先生获批中国教育部“入唐僧圆仁的求法巡礼与唐代中原交通”科研项目。笔者作为共同研究者，也参与研究中原交通及中日交流史。遗憾的是，我们多各自在异国他乡开展研究。葛继勇先生广搜海内外典籍，关注石刻资料，笔者则更多关注中原地区交通线路的复原。

本书得以完成，得益于在《入唐求法巡礼行记》研究会开展的共同研究。在此谨向以铃木靖民教授及酒寄雅志教授为代表、不吝赐教的各位专家及研究会的诸位表示衷心的感谢。

需要说明的是，本研究成果是集体努力、辛勤付出的结晶，参与者撰写的相关章节对应如下：

绪论“研究对象、研究视角与内容构成”（李雪花译）以及第一章第一节“圆仁与唐人杨敬之——圆仁求法巡礼的唐人交友圈”（杨亚莹、王谈谈译）、第二节“圆仁的禅法受容与唐人萧庆中”（龚凯歌译）、第二章第一节“圆仁石刻的发现及相关课题”（叶朝霞译）、第二节“圆仁石刻的诸问题”（苏亦伟译）均由葛继勇撰写。第三章第一节“圆仁文书的功能性分类及格式分析——与圆珍文书、敦煌文献之比较”（李雪花译）由齐会君撰写；第三章第二节“圆仁文书所载疑难词语校释”由葛继勇、齐会君撰写。第四章第一节“圆仁的入唐与在唐新罗人的活动——基于贸易离散社群的视角”（张淑君译）、第二节“日本入唐僧与五台山”（毋慧婕译）、第三节“《入唐求法巡礼行记》传入中国与民国时期的中日佛教交流”（许浩译）由河野保博撰写。第五章第一节“圆仁的足迹与唐代交通路线——山东至河北的交通路线复原”（余水秀译）、第二节“连接长安和洛阳的两条道路——以《临泉驿碑》铭石刻为中心”（龚凯歌译）由河野保博撰写；第五章第三节“圆仁的中原交通路线——从渭南至开封”（李雪花译）由葛继勇、齐会君撰写。第六章第一节“唐代的交通住宿设施——以宗教设施的供给功能为中心”（葛继勇、齐会君译）、第二节“对唐代‘馆’的再探讨”（崔玥杰译）由河野保博撰写。附录“入隋唐日僧一览表”（李雪花译）。主要参考文献由葛继勇、河野保博编撰。后记（王谈谈译）由河野保博撰写。

此外，本书中收录的大部分章节原为日文撰写，发表于日本相关学术杂志，除第三章、第四章第三节、第六章第二节之外，均收录于《入唐僧の求法巡礼与唐代交通》（日本大樟树出版社，2019年）。感谢上述译者倾力翻译为中文。

本书能顺利出版，得益于主编王勇教授、浙江人民出版社编辑团队的理解和鼎力支持，在此谨致谢忱。

河野保博于日本东京

图书在版编目（CIP）数据

圆仁《入唐求法巡礼行记》研究 / 葛继勇，齐会君，（日）河野保博著；李雪花等译. —杭州 ：浙江人民出版社，2021.11

（新中日文化交流史大系）

ISBN 978-7-213-10341-4

Ⅰ. ①圆… Ⅱ. ①葛… ②齐… ③河… ④李… Ⅲ. ①中国历史-古代史-史料-唐代 ②圆仁（794-864）-日记 ③《入唐求法巡礼行记》-研究 Ⅳ. ①K242.406 ②B949.931.3

中国版本图书馆CIP数据核字(2021)第219851号

圆仁《入唐求法巡礼行记》研究

葛继勇 齐会君 （日)河野保博 著 李雪花等 译

出版发行	浙江人民出版社（杭州市体育场路347号 邮编 310006） 市场部电话:(0571)85061682 85176516
责任编辑	傅 越 郦鸣枫
责任校对	何培玉
封面设计	敬人工作室
电脑制版	杭州兴邦电子印务有限公司
印 刷	浙江新华数码印务有限公司
开 本	880毫米×1230毫米 1/32
印 张	9 插 页 6
字 数	232千字
版 次	2021年11月第1版
印 次	2021年11月第1次印刷
书 号	ISBN 978-7-213-10341-4
定 价	78.00元
